APRENDENDO A LIDAR

Editora Appris Ltda.
1.ª Edição - Copyright© 2020 dos autores
Direitos de Edição Reservados à Editora Appris Ltda.

Nenhuma parte desta obra poderá ser utilizada indevidamente, sem estar de acordo com a Lei n° 9.610/98. Se incorreções forem encontradas, serão de exclusiva responsabilidade de seus organizadores. Foi realizado o Depósito Legal na Fundação Biblioteca Nacional, de acordo com as Leis n°s 10.994, de 14/12/2004, e 12.192, de 14/01/2010.

Catalogação na Fonte
Elaborado por: Josefina A. S. Guedes
Bibliotecária CRB 9/870

B214a 2020	Bandeira, Maximiliano Fillus de Alcantara Aprendendo a lidar / Maximiliano Fillus de Alcantara Bandeira. - 1. ed. – Curitiba : Appris, 2020. 301 p. ; 23 cm. – (Literatura). Inclui bibliografias ISBN 978-65-5523-718-4 1. Técnicas de autoajuda. 2. Autorrealização. I. Título. II. Série. CDD – 158.1

Livro de acordo com a normalização técnica da ABNT

Editora e Livraria Appris Ltda.
Av. Manoel Ribas, 2265 – Mercês
Curitiba/PR – CEP: 80810-002
Tel. (41) 3156 - 4731
www.editoraappris.com.br

Printed in Brazil
Impresso no Brasil

Maxwell Fillus

APRENDENDO A LIDAR

FICHA TÉCNICA

EDITORIAL
: Augusto V. de A. Coelho
Marli Caetano
Sara C. de Andrade Coelho

COMITÊ EDITORIAL
: Andréa Barbosa Gouveia (UFPR)
Jacques de Lima Ferreira (UP)
Marilda Aparecida Behrens (PUCPR)
Ana El Achkar (UNIVERSO/RJ)
Conrado Moreira Mendes (PUC-MG)
Eliete Correia dos Santos (UEPB)
Fabiano Santos (UERJ/IESP)
Francinete Fernandes de Sousa (UEPB)
Francisco Carlos Duarte (PUCPR)
Francisco de Assis (Fiam-Faam, SP, Brasil)
Juliana Reichert Assunção Tonelli (UEL)
Maria Aparecida Barbosa (USP)
Maria Helena Zamora (PUC-Rio)
Maria Margarida de Andrade (Umack)
Roque Ismael da Costa Güllich (UFFS)
Toni Reis (UFPR)
Valdomiro de Oliveira (UFPR)
Valério Brusamolin (IFPR)

ASSESSORIA EDITORIAL
: Beatriz de Araújo Machado

REVISÃO
: Cindy G. S. Luiz

PRODUÇÃO EDITORIAL
: Juliane Scoton

DIAGRAMAÇÃO
: Daniela Baumguertner

CAPA
: Sheila Alves

COMUNICAÇÃO
: Carlos Eduardo Pereira
Débora Nazário
Kananda Ferreira
Karla Pipolo Olegário

LIVRARIAS E EVENTOS
: Estevão Misael

GERÊNCIA DE FINANÇAS
: Selma Maria Fernandes do Valle

COORDENADORA COMERCIAL
: Silvana Vicente

AGRADECIMENTOS

Agradeço, primeiramente, a Deus, por toda a clareza de ideias na realização deste projeto.

Agradeço a toda a minha família pelo apoio na finalização desse material.

Dedico este livro a todos aqueles que precisam de auxílio por causa dos seus transtornos da mente. Espero que eu possa ajudá-los de alguma maneira.

Ademais, desejo que todo o meu esforço por o escrever tenha, pelo menos, valido a pena.

É melhor tentar e falhar, do que preocupar-se e ver a vida passar. É melhor tentar ainda que em vão, que sentar-se fazendo nada até o final. Eu prefiro na chuva caminhar, que em dias tristes em casa me esconder. Prefiro ser feliz embora louco, que em conformidade viver.

(Martin Luther King)

SUMÁRIO

INTRODUÇÃO 13

UMA RÁPIDA HISTÓRIA 17

O GRANDE CÍRCULO VICIOSO 19

OS QUATRO INCAPACITANTES 23

    O que é o Transtorno do Pânico? 23

    O que é a Fobia social? 24

    O que é o Transtorno Obsessivo Compulsivo (TOC)? 25

    O que é a Depressão? 26

APRENDA A LIDAR 29

    Como poderemos fazer isso? 30

        1. Adquirindo o Autoconhecimento 31

        2. Em Busca do "Eu" Interior 32

APRENDA A LIDAR COM O TRANSTORNO DO PÂNICO 35

    Passo a passo 1 40

APRENDA A LIDAR
COM A FOBIA SOCIAL 41

        1. Uma doença vaidosa 42

        2. Botão Reset 44

        3. Técnica do Reforço Mental 45

    Episódio: vivendo uma situação temerosa 50

        4. Rubor Facial 52

        4.1 Direcione a sensação em outro lugar 56

        4.2 Preste atenção na outra pessoa 57

        4.3 Se mesmo assim o rubor vier 58

    Quando ficar deslocado e não souber posicionar os seus movimentos,

    o seu olhar, ou a sua fala 59

        5. A Técnica do Ator 61

MODOS DE PENSAR 67

    Modo A: não se preocupe com o que os outros pensam de você 67

    Modo B: pense na morte 67

    Modo C: liberte-se do seu perfeccionismo 68

    Modo D: assuma posição de chefe ou de seu personagem favorito 72

Modo E: diminua o café 73

Modo F: pratique exercícios 74

Modo G: respire 74

Modo H: feche os seus olhos 75

Modo I: aprenda a rir de si mesmo 75

Modo J: construa em sua mente as situações específicas 76

Modo K: descanse 77

Modo L: faça tudo isso por alguém 78

FORTALECENDO A SUA MENTE 79

Passo a passo 2 79

APRENDA A LIDAR COM O TRANSTORNO OBSESSIVO COMPULSIVO (TOC) 81

1. Os rituais 83

2. As imagens e as palavras 87

3. O medo de contaminação 92

4. Os pensamentos agressivos 93

O GATILHO LUTA 97

Usando a Razão 98

Esses pensamentos não são você 100

Pensamentos de imagens, cenas e palavras insistentes 101

Quando surge um pensamento de algo que aconteceu e reage-se chacoalhando a cabeça em sentido de negação 103

Quando conferir portas, janelas, gás, ou realizar outros rituais por diversas vezes 105

Quando tiver pensamentos blasfemos 108

Quando surgem imagens e cenas diversas insistentes 111

Quando tiver medo de contaminação 114

Quando depois de todo esse processo sente-se culpa 116

Trabalhe o seu medo 117

Falar alivia as dores emocionais 119

Conteste as suas crenças 119

Trabalhando o seu foco 121

Modelo de atitude mental indicado 122

RESUMINDO IDEIAS FINAIS 127

Modelo de abordagem ligeiramente grosseira 128

TEIAS NEURAIS 131

REFORÇANDO ENTENDIMENTOS 133

Passo a passo 3 133

APRENDA A LIDAR COM A DEPRESSÃO..135
    A pílula da felicidade...138
        1. Entendendo mais sobre a depressão..............................139
        2. Algumas verdades a serem ditas...................................142
        3. A depressão é uma doença egoísta..............................147
LIDANDO COM A DEPRESSÃO..153
    Utilizando a técnica..154
        O vício da mente..159
        Pensamentos intrusivos...159
ANTIDEPRESSIVOS...163
    Conscientização sobre a medicação..165
    Em busca do brilho interior..166
A VONTADE DE FICAR DEPRIMIDO...171
A VONTADE DE CHORAR...175
PESSOAS ENGRAÇADAS...179
PENSAMENTOS NEGATIVOS..183
    Convidados inesperados...183
        Parte I..185
        Parte II...187
SENTIMENTO DE CULPA...193
VIVENDO NO PASSADO...199
    O passado..199
    O futuro...200
    O presente..201
        Aviso I..201
        Aviso II...202
        Aviso III..203
TÉCNICA DE CONFRONTO...205
SENTIMENTO DE INFERIORIDADE...209
    O tesouro escondido...209
ANGÚSTIA..213
A RAIVA..217
O TEMPO...221
NADA DÁ CERTO..227

A DOENÇA DA ALMA 229

SUICÍDIO É O INIMIGO 231
   The big game 232

O FALAR 241

A SEROTONINA E A DOPAMINA 245
   Alimentos 246
   Exercícios 247
   Música 247
   Reforçando entendimentos e afirmando ideias 247
   Passo a passo 4 249

FAÇA ALGUM EXERCÍCIO 251

DIGA QUE ESTÁ BEM 253
   Pequeno passo a passo 256

EM BUSCA DA FELICIDADE 257

MEDITAÇÃO 259
   Passo a passo meditativo 262

SEJA UM MOTIVADOR DE SI MESMO 263

OS OUTROS COM DEPRESSÃO 271
   Passo a passo final 275

O LADO BOM DESSES TRANSTORNOS 279
   Vivendo e aprendendo 280

CONSIDERAÇÕES FINAIS 283

FASE DE BÔNUS I 285
   Como livrar-se do cigarro 285
   Como lidar 289
      Passo I 289
      Passo II 290

FASE DE BÔNUS II 297
   Acne 297

FASE DE BÔNUS III 299
   O Herói Interior 299

INTRODUÇÃO

Inúmeras informações são disponibilizadas sobre a depressão, a fobia social, o transtorno obsessivo compulsivo e a doença do pânico. Basta pesquisar na internet que diversos sites aparecerão esclarecendo sobre as causas, os sintomas e os tratamentos propícios para esses grandes males atuais. De tempos em tempos, novos medicamentos são criados e ofertados no mercado. Resolvendo, assim, a situação para uns, mas não trazendo o mesmo conforto para outros. Isto é, cada pessoa reage de uma forma diferente para um tipo de medicação. Sabemos ainda que não existe, até o momento, qualquer tipo de pílula milagrosa no comércio. Tudo requer certo tempo até que surjam os efeitos apropriados para o paciente angustiado. Ocorre que esse "tempo" de espera pode não ser importante na visão da maioria das pessoas. Porém, para aqueles que sofrem desses transtornos psicossomáticos, eles podem durar uma eternidade. Inclusive, ao falarmos sobre o tempo, podemos destacar duas outras questões:

Uma se refere à "espera" que o paciente passa até marcar uma consulta para tomar o seu remédio. Visto que a vontade de sentir rapidamente esses efeitos benéficos torna-se algo muito desejado.

A segunda questão abrange ao período que dura essa enfermidade. O que é algo muito importante para ser ponderado, pois, muitas vezes, uma pessoa perceberá que os anos passaram, e a sua dosagem de remédios triplicou; as suas idas aos médicos aumentaram; a sua memória decaiu; a sua alma parece estar vazia; os seus sentimentos tornaram-se dormentes; o seu peso subiu; a sua história não é mais interessante; os seus amigos afastaram-se; a sua felicidade tornou-se um conceito vazio; a sua dor é uma inimiga contínua; o seu sofrimento laçou os seus lábios; a angústia agarrou o seu coração; o seu amor dissolveu-se, e a sua vida encontra-se sem uma aparente saudável saída.

Além do fato de que o fruto de todos esses sintomas traz a sensação de que a única solução restante possível, talvez, esteja na forma de cometer o ato do suicídio.

Infelizmente, sabemos a quantidade de pessoas que se suicidam todo ano por causa do conflito gerado em suas mentes. Essas atitudes desesperadoras podem ser uma forma de eles(as) dizerem que não são mais aptos(as) a encontrar esperança para os seus transtornos respectivos. Em suma, muitas recomendações são disponibilizadas para aqueles que passam por algum dos vários transtornos da mente. Como por exemplo, temos o argumento de que deveriam (ao menos) fazer exercícios físicos, ou se alimentar bem, ou procurar ajuda especializada, ou se motivar, ou não desanimar, ou ter companhia de semelhantes que entendam a sua doença etc. Porém a grande verdade para todas esses fatores são que eles não se resolvem por "completo". Pois, nessa fase delicada da vida, o paciente encontra-se muito sensível e mais limitado do que o normal.

Desse modo, precisaria haver algo mais complementar para se garantir a sólida eficácia desses posicionamentos. Em outras palavras, baseado nesses aspectos (assim como em outros), foi desenvolvido este livro. No sentido de esclarecer essas informações, bem como em elucidar muitas outras grandes verdades escondidas sobre esses tormentos do momento. Trazendo, diante disso, um conhecimento correto e aplicado ao usuário portador de seu transtorno respectivo. Sendo que o acometido por essas doenças poderá pensar e entender melhor os seus sentimentos, igualmente como o seu tormento. Nesse circulo vicioso destruidor de dor, quem melhor para compreender uma pessoa depressiva, ou com transtorno do pânico, ou com transtorno de ansiedade social, ou com transtorno obsessivo e compulsivo, do que aquele que também passou por todas essas enfermidades e as venceu? Portanto com essa missão evidenciada na busca da vitória quanto essas doenças da mente, demonstraremos alguns respeitáveis conhecimentos existentes, em conjunto a técnicas simples dispostas em dados envolventes. Tudo para poder possibilitar uma resposta "urgente" àquele que anseia por uma vida mais equilibrada emocionalmente.

Vale lembrar que o objetivo deste livro não é questionar médicos, psicólogos ou outros profissionais da saúde, ou mesmo indicar qual melhor tratamento atual. Nem temos aqui o propósito de instigar ninguém a largar a sua medicação estabelecida por um profissional qualificado. Uma das principais ideias contidas será a de transmitir os ensinamentos da forma mais simples possível e sem adentrar em quesitos muitos complexos. Tudo isso para facilitar os entendimentos de forma clara e objetiva a todos os leitores envolvidos.

Outra verdade será em deixar as pessoas utilizarem o seu poder de escolha, em que acatarão o que acreditam ser o melhor para o seu tratamento atual. Sobretudo, esse livro traz principalmente informações do porquê de estar deprimido, ou em estado de pânico, ou com TOC, ou outros sintomas estabelecidos nesse rol. Ensinando ao leitor como exatamente deveria lidar com essas sensações desagradáveis. Ou seja, teremos um real interesse de melhorar a saúde mental de quantas pessoas pudermos alcançar. Do mesmo modo, para que essas soluções sejam humanamente alcançáveis, é necessário haver o mínimo de esforço, força de vontade e alguma disciplina por parte do seu participante.

Impossível? Talvez pense que sim. Mas acredite: nada é impossível se o comprometimento for sincero. Se a busca for direcionada no encontro da verdadeira saúde mental, a vitória poderá ser mesmo conquistada. Certamente que, se uma pessoa adquirir uma "nova" abordagem para o seu problema, terá outro meio (até mais eficiente) na luta contra essas perturbações mentais. Enfim, acreditem que se tornarão livres depois de lerem todo o conteúdo deste livro. Isso porque contemplaram que é possível vencer esses intimidadores empecilhos mentais.

UMA RÁPIDA HISTÓRIA

Quando adolescente, fui diagnosticado com uma acne severa que não cedia pelos tratamentos usuais, por isso, foi necessário utilizar uma medicação nova e controlada, que, na época, era supostamente a única solução para esse presente problema. Incrivelmente, depois de poucas semanas, a severa acne desapareceu por completo. Tornando a realização de ter encontrado uma cura algo evidentemente possível (depois de muito tempo de sofrimento usufruído).

Ocorre que não sabia que toda eficiente medicação vem acompanhada de efeitos colaterais diversamente desabonadores[1]. Originando-se, dessa forma, no aparecimento de todos os sintomas incapacitantes que estão descritos neste livro[2]. Assim, precisei recorrer a diversos médicos para tratar desses novos sintomas indesejados. O que significa que foi assim que começou a minha trajetória de tomar um coquetel de medicamentos, acompanhado por um processo longo de terapia.

Durante muitos anos (sem trégua) com altas dosagens no organismo que não estavam sendo mais eficientes e nem surtindo efeitos apropriados. Além do mais, sem qualquer informação ou meios apropriados para saber o que fazer com essa situação desesperadora que se estendia sem

---

[1] Roacutan (Isotretinoína. Dentre seus efeitos colaterais encontram-se: **Desordens do sistema nervoso central e psiquiátricos:** aumento da pressão intracraniana (pseudo tumor cerebral), alterações comportamentais, tentativa de suicídio, suicídio, convulsões, tontura, insônia, letargia, síncope, parestesia, depressão. **Desordens sensoriais:** distúrbios visuais, catarata lenticular, visão turva, distúrbios visuais de cor, opacidade da córnea, visão noturna diminuída, fotofobia, ceratite, papiledema como sinal de hipertensão intracraniana benigna, audição comprometida em algumas frequências e zumbido no ouvido. **Desordens do sistema respiratório:** broncoespasmo (particularmente em pacientes com histórico de asma), ressecamento da faringe. **Desordens do sistema gastrintestinal:** colite, hemorragia gastrintestinal, náusea, diarreia grave, doença inflamatória intestinal (doença de Crohn. Pacientes tratados com Roacutan, especialmente aqueles com altos níveis de triglicérides apresentam risco de desenvolver pancreatite. **Desordens hepáticas e biliares:** hepatite. **Desordens cardiovasculares:** palpitação, taquicardia. **Pele e anexos:** exantema, acne fulminante, piora da acne (ocorre no início do tratamento e persiste por várias semanas), dermatite facial, distrofia ungueal, hirsutismo, granuloma piogênico, paroníquia, sudorese, hiperpigmentação da pele, fotossensibilidade, aumento na formação de tecidos de granulação. **Desordens do sistema musculoesquelético:** hiperosteose, artrite, calcificação dos ligamentos e tendões, redução na densidade óssea, fechamentos epifisário prematuro, tendinite. **Outras reações:** glomerulonefrite, vasculite (inflamação da parede dos vasos), vasculite alérgica, edema e fadiga. Para mais informações, veja a bula.

[2] Na década de 90, não existia tanto acesso à informação quanto nos dias de hoje. O que dificultava num diagnóstico correto para poder entender esses complicados distúrbios da mente humana.

fim. Fazendo-me, por diversas vezes, beirar ao declínio mental final ou à derrota iminente. Aconteceu que comecei a utilizar de uma minuciosa análise, da mais profunda reflexão, para achar a resposta exata para todos esses dilemas mentais.

A luta foi árdua e cansativa. A espera foi longa e frustrante. Mas foi possível encontrar um método que trouxesse respostas eficazes para abrandar permanentemente o meu mal. Assim, ao beneficiar-me em lidar com esses distúrbios podendo viver livre e feliz por minha conquista[3]: Percebi que outros passavam pelas mesmas dificuldades, ou aflições, sem saber quando poderão sair desses tormentos. Com receio por eles – que também perdessem muitos anos roubados de vida pela incapacitação dos transtornos inconvenientes –, afirmei-me no grande ideal de escrever um livro de superação baseado nesse propósito real. De fato, juntei um grande material de informações, agregadas com atitudes de pensamentos e distintas técnicas conhecidas.

Inclusive, vislumbrei tudo o que podia transmitir de todas essas legiões de acontecimentos e vi que era algo bom. Portanto, nessa breve história de poucas linhas, mas de longos tortuosos anos, compreendi que os grandes transtornos podiam ser tecnicamente derrotados. Em definitivo, tudo o que tinha que fazer era somente interpretá-los sob uma nova óptica.

---

[3] Somados foram praticamente 16 longos anos com todos os transtornos incapacitantes, em que, por diversas vezes, ouvi que "nunca" conseguiria me curar, por fim, com determinação pude realmente a encontrar.

O GRANDE CÍRCULO VICIOSO

O grande círculo vicioso é uma busca incessante de um bem estar que nunca ocorre por completo. Nesse grande círculo, a pessoa vitimada pelos transtornos da mente nota que os anos passaram, muita pouca coisa mudou, diversas perguntas surgiram, e o tempo consumiu a esperança de que uma vida saudável algum dia retorne.

Mais ou menos a história do indivíduo tornou-se num vai e vem de idas a muitos médicos, em que estes cada vez mais aumentam a dosagem de sua medicação. Mesmo fazendo acompanhamento com psicólogos, psiquiatras ou afins para reforçar o seu tratamento, pouca ou nenhuma mudança aconteceu de verdade. Sobrando, tão somente, em continuar seguindo a sua vida da melhor maneira que pode. Tem dias que nenhum sintoma surge fazendo-a pensar que está melhorando. Contudo, em outros momentos, tudo volta à tona. Dando a impressão de que se intensificou a sua condição. Acontece que todas essas desagradáveis situações proporcionam novas preocupações, juntamente a muito desespero para aquele que não sabe se sairá desse lamentável estado. Apesar de todas essas dificuldades, ainda existem as muitas oportunidades que foram ou estão sendo perdidas nesse exato momento. Pois os seus amigos, amigas, parentes, familiares ou conhecidos prosperaram. Mas o indivíduo (aparentemente saudável[4]) está no seu interior destruído pela doença invisível que o mata aos poucos. Também, o tempo, as pessoas e a sociedade nunca pararão esperando que ela ou ele volte a ser um indivíduo novamente apto.

Nessa vereda, um círculo de giro vai se formando e consumindo-o por completo.

A sua doença continua vencendo e roubando os seus muitos anos de produtividade. A pessoa praticamente está à mercê desse infinito círculo de dor. Não tendo mais nenhuma esperança ou prazer na realização das suas atividades cotidianas. Mesmo que se esforçasse para alcançar os

---

[4] Fisicamente, vemos uma pessoa que aparenta estar dentro da normalidade. Porém o seu interior desmente essa falsa impressão.

seus objetivos, ela não consegue. Tudo está mais difícil que o normal. É preciso um tremendo esforço para realizar as pequenas tarefas. Então, o que falar dos grandes deveres? Assim, os ponteiros do relógio do tempo continuam a correr, e o grande círculo vicioso vai completando mais uma volta. Inclusive, pode acontecer de a pessoa sentir-se da mesma forma quando iniciou a busca para a sua cura (ou tendo até piorado com o passar dos anos).

Logo, ela poderá pensar que não há mais salvação para o seu caso e que deveria tentar uma única brutal saída. No geral, isso significa que precisa haver um caráter de urgência quanto a esses transtornos da mente humana. Isso porque existem muitas pessoas desesperadas, desmotivadas e prontas para cometer sérios atos extremos. Basicamente, elas estão sem rumo, infelizes, limitadas e com a sensação de uma vida completamente perdida.

No outro lado, estão os seus familiares angustiados por qualquer solução que traga algum alívio imediato para o seu parente adoentado. Nessa conflitualidade de dilemas, nasceu a questão: não seria melhor adquirirmos informações, ou técnicas, ou meios desejáveis para lidarmos com esses transtornos típicos antes que uma tragédia aconteça?

Em rápidas pinceladas, o entendimento baseia-se no seguinte: a) se um indivíduo está tomando remédio contra esses distúrbios durante algum tempo, e a sua vida vai bem, logo, isso será considerado ótimo. Devendo ser mantido esse procedimento a critério do seu médico especializado (embora se quiser adquirir mais conhecimento o achará no decorrer da leitura deste livro); b) se tudo vai de mal a pior. Estando confuso a maior parte do tempo, ou se sentindo doente, ou não encontrando a ajuda necessária que tanto gostaria mesmo com o passar dos anos. Nesse caso, talvez, as informações aqui contidas possam finalmente ajudá-lo. Não custa nada tentar. Ressalte-se que o principal direcionamento dessas questões comentadas diz respeito àquelas pessoas que mesmo fazendo tratamento médico continuam não tendo resultados condizentemente adequados. Em contrapartida, sabemos que esse círculo vicioso ininterrupto pode "não ocorrer" com outros sujeitos que tiveram uma boa resposta com a sua medicação. Então, por que existem essas diferenciações?

É inegável que essa falta de igualdade ocorreu graças a cada ser humano ser absolutamente único no universo de sua mente. Perceptivamente, essa visão diferenciada influenciou, de algum modo, nas suas escolhas, no seu desenvolvimento e principalmente na chave para o seu tratamento, ajudando

APRENDENDO A LIDAR

essa pessoa a agir de uma maneira ideal (sendo que isso lhe deu uma boa resposta para o seu transtorno complicado).

Nessa análise de situações diversificadas, alguns outros questionamentos também foram surgindo, tais como: por que algumas pessoas superam esses transtornos sem tratamentos, outros têm uma resposta positiva com o medicamento e ainda existem aqueles que não têm nenhum resultado favorável? Haverá um fator desconhecido que fez com que algumas dessas pessoas superassem a sua doença somente com o seu modo de pensar? Será que, ao descobrir esse enigma, poderemos finalmente romper esse grande círculo vicioso?

Para que as respostas não se tornem confusas[5], desenvolveremos, no decorrer desses assuntos (de forma clara, direta e mais objetiva possível), qual é essa grande diferença oculta. Isso é claro, na razão de que se resolvam esses graves transtornos incapacitantes. Quanto à resposta para todas essas perguntas, afirmamos que ela está contida no conhecimento especializado. Conhecimento em entender as reais raízes, ou origens, ou sintomas que compõe o quadro desestabilizador que afeta muitas pessoas despreparadas.

É bem verdade que, se um sujeito não souber o porquê de estar com esses sintomas, nunca poderá saná-los. Isto significa dizer que ele terá que interpretar a causa dos seus problemas de forma mais objetiva. Portanto, como quebraremos esse grande círculo vicioso? A resposta mais simples do que imagina encontra-se dentro de cada um de nós. O que, infelizmente, por falta de informação não foi captada de maneira assertiva. De modo geral, todos têm a capacidade de aprender o que quiserem, contanto que estejam dispostos a se submeterem a isso. Então, podemos dizer que é totalmente viável alcançar esse objetivo. Registre-se, ainda, que a mente humana é um artefato complexo que pode ser muito bem expandido. Também não há como negar que ela pode ser mudada ao nosso favor. Devendo, ao menos, que uma pessoa aplique certas atitudes positivas com a mais absoluta grande força de vontade.

Enfim, em virtude desses entendimentos, proponho, a partir das próximas páginas, a ajuda necessária para todos aqueles que necessitem sair desses prejudiciais sintomas mentais. Tendo a existente possibilidade de demonstrar isso através de técnicas, ou de antigos conhecimentos, ou

---

[5] Pode ocorrer alguma confusão em vista da grande complexidade de informações que podem ser retiradas desse extenso conteúdo.

de dicas simples, ou por um passo a passo legal, ou por aplicações úteis do dia a dia, ou por outras questões que podem ser usadas quando bem entenderem. Cumprindo o enfoque de melhorar a vida mental de todos os cansados e oprimidos pelo tempo decorrido de debilitação. Dando-lhes, nesse aspecto, novamente a palavra esperança. Assinando, por último, a missão de trazê-los finalmente para luz ao dar terminantemente fim à sua sombria escuridão.

OS QUATRO INCAPACITANTES

Ao falarmos sobre os quatro incapacitantes, confirmamos que são as doenças mais subestimadas do momento. Isso por causa de não deixarem sinais "visivelmente" externos dos seus fatídicos ataques. Por essa razão, torna-se essencial reconhecermos e classificarmos corretamente esses quatro agravantes, a fim de disponibilizarmos armas informativas adequadas aos que padecem com esses instáveis comportamentos. Partindo desses princípios, traremos algumas informações já conhecidas, mas que precisam ser recordadas. Tudo em prol de proporcionar nesta primeira análise (ou melhor, nessa linha de defesa primária), uma observação bem mais informativa, esclarecida e identificativa no que concerne a esses distúrbios danosos.

O QUE É O TRANSTORNO DO PÂNICO?

Conhecida também como a síndrome do pânico, essa doença conceitua-se como sendo um medo intenso, seguido de um mal-estar físico e psíquico. Não há um perigo real e iminente nessas crises súbitas, porém o corpo porta-se como se isso realmente existisse. Na verdade, o conjunto de mecanismos de alerta do organismo de um sujeito que reage a uma ameaça, tende a ser acionado de forma desnecessária na crise de pânico. De forma que a duração desses ataques pode perdurar em torno de cinco ou de até 20 minutos. Isso, é claro, variando de pessoa para pessoa. A ansiedade é a principal causadora dessas sensações, seguido do estresse, das perdas, ou das derrotas, ou dos sucessivos aborrecimentos, ou das frustrações diárias, ou de qualquer outro motivo negativo variado. A cada nova crise, a pessoa passa a evitar mais e mais as situações sociais. O que, inclusive, aumenta a possibilidade de desenvolver outros distúrbios mais sérios, como a depressão ou a agorafobia. Geralmente, os sintomas são como uma espécie de preparação para lutar ou fugir contra uma possível ameaça.

A adrenalina aumenta, a frequência cardíaca sobe, a falta de ar aparece, e a boca fica completamente seca. Também ocorre: sudorese, tremores, medo intenso, sensação de perigo de morte iminente, formigamento, palpitações, taquicardia, dores abdominais, ou aperto no peito, náusea, calafrios, ondas de calor, tontura, desmaio e, por fim, dificuldade para engolir (esses sintomas podem vir juntos ou em separado). Muitas vezes, um ataque de pânico pode ser confundido com um ataque cardíaco. Por isso, o ideal é fazer exames de rotina para não deixar qualquer dúvida nascer. A crise pode manifestar sem qualquer aviso prévio. O que gera na sensação de perda de controle, somados com a antecipação de medo quanto ao surgimento de novos ataques. A pessoa poderá procurar amenizar a sua crise por qualquer método possível ao seu alcance. O que inclui em abusar do álcool ou recorrer ao uso de substâncias entorpecentes. Caso não tratada, o comprometimento da qualidade de vida social e profissional pode ser seriamente comprometido. Em geral, o seu tratamento consiste em medicação em conjunto à psicoterapia.

O QUE É A FOBIA SOCIAL?

Transtorno de ansiedade social (TAS), chamado também de fobia social, é descrito como um medo de ser avaliado negativamente em situações que se precise interagir com outras pessoas. Perfeccionismo, alto senso de responsabilidade, baixa autoestima e autoimagem negativa são uma das características de quem sofre com esse distúrbio. Costumeiramente, a doença é erroneamente confundida com a timidez excessiva. Mas, longe disso, se não tratada, a fobia vira crônica é altamente incapacitante para o indivíduo. É bem certo que as pessoas predispostas por essa patologia tendem a ter um padrão de estilo de vida associado por uma educação autoritária, ou superprotetora, ou com insegurança paterna, ou talvez isso simplesmente aconteça por causa de fatores genéticos. Obviamente, mesmo que o paciente compreenda a irracionalidade dos seus receios não poderá proceder de forma diferente como a de costume. Isso porque a sua reação está agora presa nesse modo automático de agir. O prejuízo pessoal começa a aparecer até em vários setores de sua vida. Como por exemplo, nas demissões, nas perdas de relacionamentos, ou na de amizades, ou nas de oportunidades distintas, ou nas de trabalhos, ou nas de crescimentos profissionais e afins.

Qualquer meio de interação social será alvo de um novo ataque ansioso (mesmo tendo total consciência que o seu medo de julgamento pelos outros seja algo completamente irracional). O fóbico não sente nenhum alívio quando se isola, mas sim um alto grau de incômodo. Não somente psicológico, como também extremamente físico. Dentre os sintomas do transtorno de ansiedade social, encontram-se: o medo de ser julgado; o medo de atitudes constrangedoras em público; o medo de sentir vergonha, ou de ser ridicularizado, suor excessivo, rubor facial, voz trêmula, corpo tremulo, tensão muscular, mal estar abdominal, ansiedade antecipatória (em que também podem surgir ataques de pânico), boca seca, palpitações, desejo de fuga, angústia, pensamentos turvos, medo de enrubescer, choro e isolamento social. Cada intensidade ou reação fóbica variará de indivíduo para indivíduo. Nessa intensa batalha mental de desgaste emocional severo, o fóbico procurará utilizar de qualquer método para curar essa sua tenebrosa condição. O tratamento para fobia social consiste na terapia cognitiva comportamental e o uso de fármacos.

O QUE É O TRANSTORNO OBSESSIVO COMPULSIVO (TOC)?

O transtorno obsessivo compulsivo conhecido como TOC apresenta crises recorrentes de obsessão e compulsão. As pessoas com esse distúrbio sofrem com pensamentos, imagens, palavras, cenas, ou sons que causam preocupações e medos incontroláveis que insistentemente perturbam o seu modo de vida. Ao passo que, num ato de controlar essa ansiedade, ou mal estar, acabam realizando rituais que podem ser repetidos por diversas vezes ao longo do dia. Essa compulsão irracional segue um padrão de regras e etapas estabelecidas pela própria pessoa, a fim de causar certo alívio emocional ou mental. Os pacientes acreditam que, ao deixarem de cumprir o ritual, algo terrível acontecerá. Note que agravamento desses comportamentos evolui à medida que não se faça qualquer tratamento adequado para coibi-los. Os sintomas consistem em pensamentos, imagens, ou ideias fixas que insistentemente vêm à mente da pessoa sem que ela possa controlar. Como por exemplo: o medo de contaminação, ou obsessão por limpeza, ou lavar as mãos repetidamente, ou pensamentos negativos, ou pensamentos agressivos, ou pensamentos de tragédias, ou pensamentos indesejados que incluem temas sexuais, ou religiosos, ou blasfêmias, ou medo de fazer mal a alguém, ou medo de descartar objetos, ou procurar conferir portas, torneiras e gás várias vezes ao dia, ou obsessões com simetria, ou com colecionismo.

Observe que pode apresentar diversos sintomas, embora geralmente exista um que predomine, de forma que não existem limites para a variedade possível do conteúdo dessas obsessões. Todavia esses comportamentos são considerados compulsivos no momento que a frequência ocorre bem acima do necessário. Tais pensamentos ou imagens são tão fixos, aflitivos e insistentes que causam muito sofrimento ao sujeito vitimado por esse distúrbio, surgindo a possibilidade de ocorrer um desgaste tanto físico quanto emocional, bem como no aparecimento da famosa depressão.

Como nos demais transtornos, a pessoa sabe que os rituais não fazem sentido algum, mas sente-se compelido a executá-los para prevenir, ou impedir, ou evitar que algo ruim venha futuramente acontecer. O medo e a vergonha de contar aos outros sobre as suas obsessões é muito grande. Fazendo-o esconder seus problemas por receio de ser rejeitado ou ser avaliado negativamente. Insere-se como um problema incapacitante pelo fato de as obsessões consumirem muito tempo no cumprimento dos rituais. Interferindo no padrão de qualidade de vida, ou nos relacionamentos, ou nas suas atividades sociais como um todo. Em resumo, trazem constrangimentos, sofrimento e angústias ao seu portador. O sujeito com transtorno obsessivo compulsivo sente vergonha e incômodo pela falta de sucesso no afastamento dessas imagens e pensamentos. Em casos mais graves, esses impulsos podem levá-lo a fazer algo indesejável contra algo ou alguém. Surgindo, assim, um forte receio de perder o controle por temer as suas ações. O tratamento recomendado para esse distúrbio consiste em psicoterapia com medicação.

O QUE É A DEPRESSÃO?

Chamado também de transtorno depressivo, esse distúrbio varia conforme cada caso, podendo aparecer em qualquer fase ao longo da vida. Os seus sintomas mais comuns são: a apatia recorrente, a perda dos prazeres das atividades diárias, a falta de capacidade de concentração adequada, a dificuldade em tomar decisões, a lentidão psicomotora, a fadiga em excesso, as dores pelo corpo, as queixas continuadas, o aumento ou a diminuição do apetite, a redução da libido, a inquietação, a piora do desempenho profissional, ou escolar; a fraqueza, o isolamento social, a amargura, a alteração do sono, a tristeza profunda, a baixa autoestima, a sensação de irritabilidade ou a de inutilidade, a culpa, a vontade de chorar o tempo todo, os comportamentos autodestrutivos, a desesperança e as ideias recorrentes de suicídio.

Quanto à sua intensidade e duração, podemos classificá-la como sendo leve, moderada, ou grave. Quanto às suas causas, temos: a genética, o estresse, as doenças crônicas, os traumas, algum efeito colateral medicamentoso, ou certos fatores sociais que colaboraram para o surgimento dessa doença etc. (um desequilíbrio em certas substâncias no cérebro, como a serotonina, poderia ser o fator responsável pela ausência de prazer no indivíduo depressivo).

Considerada uma doença psiquiátrica crônica de tristeza persistente, mesmo não havendo motivos para isso, a pessoa permanece nesse estado praticamente todos os dias e sem qualquer melhora significativa. Portanto, a sua vida necessita de cuidados imediatos, aceitação, apoio da família, monitoramento médico, e o mais importante, informação sobre os seus males, os seus riscos e os seus sintomas diversificados.

Os antidepressivos tendem a ser o tratamento ideal, somado ao aconselhamento da psicoterapia.

APRENDA A LIDAR

Sabemos que a mente consciente registra um infindável número de informações com o passar dos anos. Esses "dados" são muito mais fáceis de serem relacionados ou guardados quando agregados a fortes emoções. Às vezes, esses informes podem ficar meio que desajustados, alterando profundamente alguns arquivos que anteriormente estavam em perfeita sintonia. Mas o que isso quer dizer? Nessa linha de raciocínio, digamos (ou vamos imaginar) que uma pessoa se apaixonou pela primeira vez quando viu aquela bela pessoa na sua frente.

Note que toda uma química percorrerá pelo seu corpo. Pois foi associado à ideia de que esse outro ser humano "ideal" será muito importante a partir desse (mágico) momento. Consequentemente, algum grau de obsessão também poderá surgir. Fazendo com que o ser amado não saia assim tão fácil dos seus pensamentos. No geral, todo o seu sistema interno ficará ansioso para querer estar bem pertinho desse querido indivíduo (mesmo que isso somente seja possível no mundo imaginário de sua mente[6]). Agora pense em outro exemplo:

Imagine que um trauma ocorreu por causa de uma atitude imprudente de uma pessoa aleatória qualquer. Ao se pensar nesse irresponsável sujeito, uma forte qualidade negativa se manifestará na memória da pessoa prejudicada. Pode ser que com o tempo esse "abalo" venha a ser superado. No entanto, a ideia referente a esses acontecimentos traumáticos ficou inserida como sendo muito ruins e de difícil esquecimento.

Compreendemos que não existe nada de extraordinário ou anormal nessas circunstâncias. Pois o poder do subconsciente tem uma capacidade vasta de guardar ou de associar informações de forma rápida. Principalmente se essas vierem reunidas com potentes emoções inesperadas. Ou seja, uma pessoa poderá ter sérios desgastes mentais continuados se não souber trabalhá-los desde o seu início. Isso porque tal informação origina em um fator, que gerará numa sensação, que multiplicará em várias outras

---

[6] **Observação:** Não há nada de errado em ficar apaixonado. Este exemplo foi dado só para que se entenda como é que a mente humana funciona.

manifestações, para subdividirem-se em diversos sintomas subsequentes. Fazendo com que uma pessoa não descubra qual é o fator chefe que produziu todos esses sintomas prejudicáveis. Sendo que ela não saberá mais reconhecer qual é a raiz principal que tem lhe atormentado ultimamente. Em outras palavras, a função desses novos sintomas consistirá em mascarar **o real** causador de todo o colapso que está ocorrendo no íntimo de um ser humano perturbado.

Vale frisar que esse "núcleo originário" é o ponto chave que desencadeou toda essa condição prejudicial. O que leva à conclusão de que não basta somente tratar dos diversos sintomas existentes da mente humana: tem que se examinar, principalmente, qual é o âmago da questão. Em linhas gerais, devemos **encontrar o pilar da falha estrutural dessa construção e trabalhá-la.** Com o objetivo de firmá-la novamente para que não favoreça a grande e inesperada ruína mental.

COMO PODEREMOS FAZER ISSO?

Primeiramente, tem-se que descobrir qual é o distúrbio que está atormentando uma pessoa nesse exato momento. Em seguida, aplicam-se os ensinamentos, ou conhecimentos, ou as informações corretas para esse tipo de problema. Como assim? Ao rever o capitulo anterior e listar os sintomas descritos de cada transtorno incapacitante, será possível uma pessoa descobrir **qual o transtorno incapacitante que está lhe acometendo neste instante.** Feito isso, restará (tão somente) em querer aprender a conquistar uma atitude mental mais equilibrada e produtiva. Portanto preste atenção.

Sabemos que os sintomas ficam mais complexos ou complicados, quanto maior for o tempo na demora em achar o causador primário. Mas, com uma análise minuciosa e certeira, poderemos descobrir essas circunstâncias misteriosas. Ou melhor dizendo, para pôr em prática tal entendimento, devemos usar três meios de investigações convenientes, em que esse "trio" solucionador servirá como um tipo de instrumento para elucidar o real vilão comprometedor dessas situações manifestas. Seria mais ou menos como num trabalho de detetive em que o sujeito explora no seu universo mental e pessoal uma forma para encontrar as verdadeiras respostas para o seu dilema.

Nesse cenário, tais meios de verificação seriam os seguintes: a) **informação**; b) **eliminação**; c) **gatilho**. Seguido desses três momentos de análises, o próximo passo baseia-se em saber como lidar com o entendimento oferecido (o que será mais bem descrito no decorrer dos capítulos). Porém fica um alerta:

Antes de entrarmos nesse assunto, devemos estabelecer algumas informações e questionamentos essenciais que complementarão essas técnicas, em que, somente depois de esclarecermos isso, seria o correto voltarmos para essa matéria. Ademais, se fosse fácil escrever sobre as soluções dos tormentos da mente humana, existiriam inúmeros livros demonstrando esses fatos. Por esse motivo, vamos caminhando devagar – por etapas – e tomando cuidados essenciais para não transmitirmos mensagens confusas ou enganosas. Ok?

Nesse começo de estágio esclarecedor, precisaremos buscar algo primordial que tenha garantia de que funcione. Sendo que esse artefato solidificará as estruturas que estão meio que inseguras. Mas ao que estou me referindo? Estamos falando em aprender a conhecer a intimidade do nosso "ser".

1. Adquirindo o Autoconhecimento

Levante-se de sua cadeira, pegue um pedaço de papel e comece a enumerar todos os prós e contras sobre a sua personalidade. Sabendo atribuir quais são os seus verdadeiros valores, ou quais foram as suas conquistas, ou derrotas, ou o que te dá mais orgulho na vida. Escreva também sobre o que gosta, ou não gosta em si mesmo, ou do que tem medo, ou inclusive sobre o que te dá coragem em dias de queda.

O que é considerado bom aos seus olhos ou o que é considerado mau? Qual a sua visão do mundo? Quais são as suas limitações? O que você realmente quer fazer? Não se sinta envergonhado se não souber o que responder. Diga para si mesmo: quem é você de verdade quando ninguém mais está olhando, ou julgando. Seja o seu próprio analista. Descreva tudo o que sente em todos os aspectos existentes. Sendo o mais sincero possível nas respostas ao fazer uma minuciosa análise do real você.

Muito bem! Depois de ter escrito tudo isso no papel, tente ler em voz alta o conteúdo do que foi grafado. A ideia é que se entenda a sua verdadeira imagem mental. Aquela longe das amarras do "ideal" que a sociedade impõe.

Acabada essa autobiografia ou autoanálise, compreenda a seguinte ideia: veja que esses são os seus verdadeiros sentimentos, limites, e valores inatos que compõe a sua estrutura interior. Isto é, esse é a sua real personalidade numa situação de emergência qualquer. Não se envergonhe se o que foi escrito não foi algo admirável. Valorize-se sem receios. Observe que foi extremamente sincero e corajoso quanto às suas presentes limitações. Note que nesse processo de aprendizado pôde reconhecer as suas fraquezas, os seus medos e as suas dependências emocionais.

Creia que um grande passo foi dado no esclarecimento de como realmente funciona o seu mecanismo interno. Dado que quem adquire um correto autoconhecimento conquista uma boa inteligência emocional. Pode ser que algumas dúvidas lhe sobrevenham nesse caminho, tais como:

Por que estou escrevendo tudo isso? No que isso vai me ajudar? Qual o fundamento de tal ensinamento? Ou por que comprei este livro? Para tudo isso, eu peço calma! Saiba que toda essa autodescrição serviu para reforçar o seu **"Eu" interior**. E o seu "Eu" interior é aquele que é o real você.

"Ele" é a sua essência ou aquilo que foi construído (todos esses anos), mesmo tendo passado por tantas adversidades, quedas ou derrotas. Repare que nem a sua índole foi corrompida nessa difícil trajetória. Ainda que nada aparentasse ter uma solução possível, havia uma palavra no seu íntimo que dizia para continuar seguindo em frente. Na verdade, o que ocorreu foi um pequeno desvio de atenção – em virtude desses distúrbios mentais – que gerou essas confusões generalizadas. O que deveria ter sido ignorado **foi seguido,** e o que era para ser escutado **foi abafado**. Resumidamente, devemos reforçar o nosso "Eu" interior fragilizado para não cairmos mais nas armadilhas de nossa mente. Na razão de que tendo um "Eu" interior forte, condiz com o primeiro passo para transpassar esses terríveis transtornos incapacitantes. Só com muita força de vontade que será possível reprogramar o nosso cérebro para prosseguirmos no caminho da mentalidade organizada.

2. Em Busca do "Eu" Interior

A busca do "Eu" interior é um reforço para dizer o que já tínhamos exposto anteriormente. Ou seja, o "Eu" interior é aquilo que existe dentro de uma pessoa e ninguém pode lhe tirar. É quem ela é definitivamente e fim de conversa. Ela(e) foi moldada(o) dessa forma pelos seus tutores na influência do seu habitat. Dando-lhe valores fundamentais ou pilares de sustentação que somente podem ser transformados caso propriamente se permita.

> *– Mas eu não gostei dessa brincadeira. Nem também de nada do que eu escrevi a respeito da minha pessoa. Acho que os meus valores estão em completo estado de alerta depois de tudo o que já passei[7].*

Entendo a sua frustração! É completamente normal não ter gostado do que escreveu sobre as suas qualidades ou defeitos. O que também configura como sendo ótimo. Mas sabe por quê? Porque não estamos aqui para sermos julgado ou condenado por ninguém, mas sim para aplicarmos a honestidade com nós mesmos.

O passo de querer mudar o que não gosta em você é outro processo. Lembre-se deste pequeno aviso: "Se o seu objetivo for a busca da perfeição em sua vida, você já falhou"[8]. A busca do seu "Eu" interior é mais classificado como um resgate da sua autoestima perdida. Isso porque sabemos que "ela" é a primeira a cair nessa batalha contra esses inúmeros sintomas depreciativos. Por fim, absorva que o primeiro passo foi dado para sair dessa aterrorizante prisão sem muros.

---

[7] **Nota Importante:** ao longo deste livro, esse distinto cavalheiro aparecerá fazendo inúmeras perguntas quanto aos assuntos dos temas apresentados. Tudo em prol de não deixar de forma muito séria as informações aqui contidas. Portanto teremos a meta de proporcionar uma leitura informativa em conjunto a uma pequena pitada de comédia.

[8] Esse assunto será tratado mais adiante neste livro.

APRENDA A LIDAR COM O TRANSTORNO DO PÂNICO

O pânico pode ser considerado como um tipo de resposta que se desencadeou, graças a uma intensa tensão ansiosa que estava acumulada. O estresse contido ficou tão insuportável que precisou ser transbordado de algum modo. Comparando-se a um vulcão prestes entrar em erupção que não pôde mais se conter. Precisando liberar suas lavas para que pudesse começar a escorrer. Obviamente, essa liberação também continha todos os sintomas conhecidos do ataque de pânico.

– Isto é um processo bizarro? Quer dizer que sou uma bomba relógio prestes a estourar?

É claro que não. Assim como a natureza precisa se movimentar para liberar certas energias acumuladas, o organismo humano também necessita percorrer esse procedimento para poder se renovar. O que nos leva a uma indiscutível verdade: quanto mais um sujeito sente medo desse processo, maior é a chance que outra nova crise apareça mais forte.

– Mas porque tantas pessoas têm esse transtorno?

Porque a cada dia estamos: A) absorvendo mais e mais dados informativos; B) vivendo uma vida agitada no limite; C) competindo uns com os outros sem trégua para deixarmos uma marca num mundo extremamente desproporcional; D) esquecendo-se fundamentalmente de priorizar a nossa delicada saúde; E) não deixando a mente e o corpo descansarem apropriadamente. Essa gama de novos dados absorvidos pode ocasionar numa sobrecarga do sistema[9], o que acarretará para que essa doença do pânico irrompa a toda hora.

Basicamente, a síndrome do pânico seria como uma forma de aviso registrado. Informando que nosso organismo está padecendo de um tipo de esgotamento mental ou emocional severo. Podemos colocar desse

---

[9] Nosso cérebro é como uma espécie de computador vivo que armazena uma infinidade de informações importantes. Tendo o ofício de organizar arquivos, registrar dados e realizar milhares procedimentos.

modo: nosso sistema, como um todo, é tão complexo que utiliza de métodos arrojados para se autoajudar. Alertando de que existe algo de errado com o nosso corpo através desses sintomas de pânico. Dessa maneira, libera toda essa tensão nervosa concentrada na forma das sensações que estamos citando. Pense quando a febre surge. Por acaso, ela não é também um mecanismo de defesa contra a infecção? Da mesma forma, seria interessante analisarmos a doença do pânico nessa perspectiva. Vale um alerta: como esse distúrbio é algo originário da mente humana, teremos que tomar outras medidas mais sábias para que esse estado de "alerta" não continue se ativando sem maiores necessidades. Isto é, vamos ter que aplicar um meio que encerre esse intenso medo descontrolado. Tudo porque essa doença do pânico – como é geralmente conhecida – intensifica-se, ainda mais, quando a pessoa sente muito **receio** em sofrer novos ataques.

*

Chamando a atenção

Faço uma pequena pausa explicativa quanto ao aspecto patológico dos sintomas apresentados.

Talvez o leitor esteja perguntando-se sobre o porquê foi dito que (mais ou menos) a síndrome do pânico seria como um tipo de mecanismo de defesa do organismo, porém, adiante, informamos que ela é uma doença. Pois bem, explicarei isso da seguinte maneira:

Acredito que, apesar do pânico e dos outros transtornos incapacitantes serem considerados uma moléstia, também (de certa forma) são uma resposta natural do organismo, visto que só fazem essa exagerada manifestação quando algo se encontra errado com uma pessoa.

O que "separa" todas essas questões da normalidade está contido mais na **intensidade** que elas veem desenvolvendo-se, em que se transformam numa espécie de doença e, a partir desse ponto, serão tratadas como um problema.

Na possibilidade de serem novamente **entendidos** e **trabalhados** adequadamente, poderão voltar aos seus devidos eixos. Sendo reconhecidos, ou postos, como unidades de mecanismos de alerta que todo organismo propriamente tem que utilizar.

*

Entendeu tudo até aqui? Percebeu que esse distúrbio é um tipo de acúmulo nervoso contido que precisa ser liberado? Nunca se esqueça do fator "medo" que é o ponto crucial para o surgimento dessas crises ansiosas. Se partirmos do ideal que o gatilho **medo** é o gerador de toda a ansiedade generalizada, poderemos combater de forma inteligente essa "patologia". Note que (subconscientemente) a pessoa tem muito medo de passar (outra vez) por todas essas situações de desconforto (em que acha que vai morrer)[10]. Desse modo, alimenta uma "nova" tensão nervosa ansiosa que vai precisar ser liberada. Vejamos o que fora dito até o presente momento:

Primeiro, foi relatada a informação sobre a doença do pânico. **Segundo**, ignoramos os outros sintomas. **Terceiro**, encontramos o gatilho ideal que cessará esses sintomas alarmantes. Observamos, principalmente, que existem três importantes mecanismos de investigação que vão ser utilizados contra esses transtornos. São eles: a) informação; b) eliminação; c) gatilho.

Depois de empregados esses mecanismos de averiguação – com o objetivo de descobrir o gatilho específico desses transtornos – restará, tão somente, aprender a lidar com eles. Perceba que não há nenhum segredo ou complicação no método. Ele é praticamente muito simples e traz resultados bem poderosos. Basta que a pessoa queira aplicá-lo. Explicando um pouco mais minuciosamente, a ideia transmitida é a seguinte: primeiro, adquirimos a **informação** sobre a doença do pânico e todos os seus sintomas. Por segundo, **eliminamos** os sintomas que atrapalham a análise correta. Ou seja, fizemos isso para observar qual o fator traz a raiz do problema. Terceiro, informamos qual é o **gatilho** gerador principal da síndrome do pânico (sendo que esse é o elemento "medo").

> – *O que fazemos quando estamos passando pelos sinto-*
> *mas fóbicos?*

Como descobrimos que o real causador de todos esses sintomas é o fator medo, o que deveria ser feito quando estiver padecendo por esses sintomas será em parar de ficar "reagindo" contra essas intensas manifestações de temor.

> – *Como assim?*

---

[10] O medo da morte é outro temor recorrente dos fóbicos.

Aguarde até que essas sensações desapareçam por completo. Na sequência, faça o contrário do que costumeiramente faz: isto é, não tente espantar essas péssimas emoções. Prefira começar a "**querer**" ter (logo em seguida) outro ataque de pânico. Lembre-se do vulcão que precisa expelir as suas lavas para poder se acalmar.

Pergunte-se: o que mais o fóbico evita? A resposta é o medo de sentir essas sensações desconfortantes novamente. A pessoa fica tão ansiosa para saber quando terá uma nova crise que, quando ela vem, desfruta-a com muito mais intensidade. Esse ciclo eterno de medo continuará ocorrendo até que ele possa ser dominado. A solução para lidar com esses sintomas está na forma de como se "reage" com todos esses temores. Pois se percebe que não adianta mais fugir desse medo. Já que o ideal é procurar abraçá-lo.

– Como farei isso?

Dirá para si mesmo que quer ter um novo ataque de pânico. Mesmo que isso pareça uma grande loucura. No entanto, entenda que essa resistência em tentar fugir desses sintomas não faz um bom efeito. Ela só faz com que piore a sua situação. A solução mais assertiva seria em querer (com vontade), ter outro ataque de pânico. Mesmo depois de ter sofrido um agora há pouco. Seguindo esse procedimento, liberará toda tensão nervosa acumulada e eliminará o seu medo fixado. Pois aprendeu que esse é o gatilho principal que inicia todo esse ciclo desgastante. Consequentemente, o transtorno vai diminuir ou até mesmo sumir com o tempo. Isso ocorrerá porque se adaptou ao seu temor. Aceitando-o onde esse devia ser devidamente superado.

– O que é isso? Eu li todas estas páginas para somente usar esse tipo técnica? Não acredito que comprei este livro esquisito. ☹

Sim! As técnicas são simples. Mas acredite, ou não, elas resolvem. Pense em quando surgiu o ataque de pânico. Qual foi a sua reação? Você queria ter outro ataque? Desejou intensamente sentir todo aquele desconforto, ou dor no peito, ou tremor, ou alta tensão? É claro que não! Quantas vezes teve que ir ao hospital achando que era um ataque cardíaco, porém não havia nada de errado com você? Até quando terá que evitar situações comuns por causa desses episódios fóbicos?

– Acho que vou continuar com o meu tratamento atual. Não quero me arriscar com um método maluco como esse que não tem garantia de cura.

Prefere ficar com os seus medicamentos habituais? Saiba que não existe nenhum problema quanto a isso. Utilize sempre o que lhe der mais conforto ou segurança. O poder de escolha é totalmente seu. Você, melhor do que ninguém, sabe qual é a medida ideal para a sua condição. No entanto raciocine comigo: o único efeito colateral dessa técnica será em **saber o que acontecerá se resolver adotá-la.** Outro ponto interessante que também não pode ser deixado de lado é a questão do fator "desconhecido". Todas as vezes em que um ataque de pânico surge, vem o medo do obscuro. A pessoa não sabe o que está acontecendo com ela e, fatalmente, desespera-se achando que vai morrer. Para lidar com esse medo de fatalidade iminente, deve-se aplicar o seguinte entendimento: 1) autorreconhecer os seus sintomas; 2) diagnosticar-se corretamente. Isso para eliminar de vez qualquer dúvida surgida quanto a esses episódios de medo.

– Mas como vou fazer isso? Estou um pouco confuso com essas explicações.

Tal questão será satisfatoriamente respondida com um exemplo. Imagine que está tranquilamente fazendo as atividades rotineiras de sua vida quando, de repente, um súbito mal estar percorre todo o seu corpo. Seu peito fica pesado, a falta de ar aparece, ondas de frio ou de calor evolvem-lhe, a boca fica seca, a náusea surge, e os tremores completam esse quadro assustador. A sensação é tão desagradável que parece que você morrerá. É muito importante considerar que esteja tendo um ataque cardíaco ou outro problema diferenciado[11] qualquer. Isso, é claro, se nunca procurou ter cuidados com a sua saúde.

Nesse panorama crítico mentalizado, a questão que deve ser fixada é a seguinte: 1) primeiro, baseia-se na pessoa que já tem um histórico com essa síndrome do pânico, pois, quando foi às pressas para um hospital, era só um ataque de ansiedade; 2) adquiriu o fator conhecimento para identificar esse distúrbio perturbador. Como descobriu o que lhe aflige, poderá aprender

---

[11] Lembre-se de que estamos tratando das doenças da mente, portanto não recomendamos ignorar qualquer desses preocupantes alertas. O melhor é fazer um check-up completo para ter a certeza de que não sofre de alguma doença coronária.

a se tranquilizar com as técnicas necessárias. Em outras palavras, notou que é um problema da mente e vai usar o que aprendeu para se acalmar.

Perceba que existem alguns fatores para reconhecer que é um ataque de pânico. Como por exemplo: A) o sujeito já tem histórico desse transtorno; B) teve um momento em que foi ao hospital e não tinha nada; C) um pensamento anterior surgiu dando lugar a essas inúmeras sensações desagradáveis.

Dessa maneira, reconheça o que está lhe afetando através da informação adequada. Identifique esses sintomas e aprenda a se tranquilizar nos episódios de medo. Observe que o melhor método é não resistir e nem ficar com medo. Compreenda que uma doença da mente pode ser sanada com atitudes mentais coerentes. É claro que, se mesmo assim a dúvida persistir, então, procurará um profissional especializado para lhe dar algum conforto.

PASSO A PASSO 1

- Identifique através dos seus sintomas o que está acontecendo com você.

- Percebeu que está tendo uma crise de pânico? Ótimo! Não lute e nem resista. Simplesmente, espere a crise passar.

- Depois de longos minutos, ela irá embora.

- Agora, vai começar o processo de superação.

- Não fique com medo de ter outra crise. Ao invés disso, queira ter outro episódio de pânico. Deseje-o com toda a sinceridade. No sentido de programar a sua mente para não mais rejeitar esses ataques fóbicos. A meta é absorvê-los sem qualquer tipo de receio.

- Continue com a sua vida normalmente. Não antecipe o surgimento de uma nova crise. Pare de alimentar as chamas do medo com mais temor. Assopre essa vela sem receio de que poderá se queimar.

APRENDA A LIDAR
COM A FOBIA SOCIAL

Considero o transtorno da ansiedade social como sendo o mais arrasador, desolador, incapacitante e aflitivo que poderia existir. Essa patologia torna-se muito difícil de ser tratada, mesmo com a utilização de fármacos. Já que o mero enfrentamento dos medos não apazigua esses graves sintomas. Ou seja, eles podem vir muito piores do que antes por causa da falta de triunfo em nunca poder saná-los. Parecendo restar somente uma única solução para o triste portador desse distúrbio.

– Qual seria essa solução?

Em continuar eternamente aprisionado na sua específica zona de conforto.

Entendemos que existem medos que se materializam de diversas maneiras. Sendo esses acionados na presença de objetos, animais, insetos, sons e outros tipos variados. Tais sensações já são complicadas de se conviver, fazendo com que um sujeito assuma posições de evitação para não se deparar com o seu grande temor. Agora, pense no fóbico social e imagine qual é o seu intenso receio. A resposta é esta mesma: o fóbico social tem medo de pessoas. Sim! São as situações de exposição em público que fazem esse medo se ativar. Mas quem está nesse ambiente público? Quem se encontra no medo do fóbico de ser avaliado? Quem ou qual é o ícone que ativa essas atitudes temerárias? Isso mesmo, a resposta são as pessoas. É óbvio que todas essas desagradáveis sensações acontecem de forma automática e irracional. Na verdade, o fóbico sabe que não há lógica para os seus temores. Porém ele sempre reage do mesmo modo.

Acredito que não há nada pior no rol de medo do que ter medo de outras pessoas. Para deixar claro sobre esse medo, entenda que ele não se manifesta na primeira vista que se vislumbra outro ser humano, fazendo a pessoa ficar incapacitada permanentemente para qualquer tipo de função.

Não! Não é desse modo que essa doença funciona.

Esse temor ocorre em variadas situações e de formas diferentes. Mas que, geralmente, ativa-se quando o fóbico precisa se expor de alguma maneira. Por exemplo, pode ser que essa fobia se acione nos seguintes casos: a) num contato visual com outro alguém; b) no caminhar de uma rua movimentada; c) na hora de um almoço em público; d) numa conversa com outros indivíduos; e) numa entrevista de emprego; f) nas compras do supermercado; g) quando for fazer qualquer tarefa importante que tenha um ser humano por perto (ou na área) observando-lhe[12].

Um aspecto vital (e ignorado), mas que sempre acompanha a vítima desse transtorno, consiste no surgimento de algum tipo de pensamento anterior depreciativo que já o inferiorizava. Faltando somente existir um pequeno gesto de outro alguém (o do foco do seu temor) para desencadear todos os sintomas típicos desse distúrbio que estamos falando. Em outras palavras, a autoestima fragmentada colaborou em muito para ocorrer toda essa variedade de situações fóbicas. Além, também, dos pensamentos negativos que se tornaram viciantes com o passar do tempo. Tudo para o quê? Para mantê-lo nesse estado mental de incapacitação. Nesse caso, ficam as perguntas:

Como lidaremos com um medo irracional e automático como esse? Como vamos superá-lo? Sabemos que o medicamento indicado deixa o paciente bastante dopado. Também a terapia comportamental pode levar muito tempo para fazer efeito. Entendemos, ainda, que a autoestima é algo que deve ser muito bem trabalhado, já que oferece uma boa recuperação para uma pessoa prejudicada. Então, qual é a melhor ideia para que possamos reaver o nosso equilíbrio perdido?

Antes de respondermos a essas perguntas, teremos que fazer algumas importantes informações. De forma que os leitores captem um pouco mais como é que funciona esse distúrbio complicado.

l. Uma doença vaidosa

Conscientemente ou inconscientemente, somos atingidos por milhares de imagens e informações de que o ideal do ser humano seria aquela pessoa forte, magra, bela, inteligente ou com um ótimo salário. Por motivos de contínuas comparações com os outros (isto é, a grama do

---

[12] A sensação é de que todos estão lhe notando. Mesmo que não tendo "ninguém" fazendo isto realmente.

APRENDENDO A LIDAR

vizinho é mais verde), transpassamos a sensação de inconstante desgosto pela nossa forma de viver. Criando, assim, tensões desnecessárias que serão refletidas através de nossas emoções. No geral, isso ocasionará num turbilhão desregulado de sensações negativas que possibilitarão para que se manifestem algum tipo de fobia futura. Mas por que isso ocorre? Por causa desse estado mental controverso. Por exemplo: se uma pessoa repetir (todos os dias) que é um fracassado, sabe o que vai acontecer? Ela vai começar a acreditar que isso é uma grande verdade. Não é de fato? Com esse conflito já enraizado em sua mente – juntamente ao incômodo de ter uma imagem física desproporcional –, teremos o nascimento de uma sensação de vulnerabilidade em sua mente.

Quando ela(e) for sair de sua casa – ou da sua zona de conforto –, a sua fobia social vai se ativar rapidamente, pois foi enraizado o pensamento de que está vivendo num estado de eterno desconforto. Em resumo, esse sujeito praticamente deu todos os motivos do mundo para criar um auto-julgamento precipitado e desfavorável para o seu lado.

– Em virtude do quê?

Dessas suas imaginárias imperfeições corporais que lhe incomodam, ou pode ser que ela se sinta inferiorizada em outro aspecto que não envolva a sua aparência física, mas que lhe oprime de outra maneira. Como por exemplo, na falta de um emprego. Com o tempo, esse tipo de pensamento vai tornando-se automático. De tanto que foi pensado nele. Fazendo com que a pessoa fique sempre focada nos atributos menos atrativos que "acha" que possui. Evidentemente, isso reforçará o pensamento de que o melhor é se recolher para não se machucar.

*

Você sabia?

Para o fóbico social, a mera vestimenta que não está confortável (ou lhe incomoda) ativa o seu estado de alerta. A sua autoimagem fantasiosa – do ideal do que gostaria de ser – encontra-se errática no momento. Causando, assim, sintomas fóbicos para ansioso que busca incansavelmente segurança e satisfação na forma de uma imaginária beleza. Não que ele queira esse processo. Mas, como ele se "permitiu" almejar essa imagem de perfeição (e não alcançou esse ideal), originou-se esse desarranjo de emoções. Criando-se a brecha necessária para que um conflito interno permanecesse dentro de sua cansada mente.

*

– *Como posso sair dessa cilada mental?*

O que deveria ser feito baseia-se em construir uma "autoimagem mental forte, estável e segura de si". De modo que se desmanchem esses fortes medos involuntários.

2. Botão Reset

Existe uma peculiaridade muito importante que dificulta o tratamento desse transtorno. Mais ou menos seria como se existisse um tipo de botão de "reset" na mente de um fóbico que o impede de atingir os seus objetivos. Mas o que isso quer dizer? Isso significa que tudo que uma pessoa aprendeu ou registrou naquela situação de medo específica não pôde ser aprendida corretamente. Em prol de um melhor enfrentamento para os seus episódios de medo. Confuso? Explicarei melhor com o seguinte exemplo: imagine-se sendo um palestrante que precisa encarar todos os dias uma multidão de pessoas. Agora pense na primeira vez que teve que realizar essa importante palestra. Sinta aquela vontade de querer fugir dessa temerosa situação, em virtude do forte receio de que não poderá agradar o seu público.

Apesar de tantas preocupações a palestra transcorre sem maiores dificuldades. Visto que conhecia bem o assunto que ia falar e tinha se preparado exaustivamente durante várias horas no espelho. A cada nova apresentação vai ficando até mais fácil de lidar com o seu nervosismo. Criando assim maiores seguranças para efetuar o seu bom trabalho. No decorrer do tempo age com extrema naturalidade. Conseguindo assumir de vez o papel que lhe propuseram. Deveras, o seu modo de se expressar tornou-se muito mais condizente do que era antes. Havendo até uma espécie de boa **evolução**. Por outro lado (ao que consta) tal processo evolutivo não acontece com o fóbico social. De algum modo a sua mente só registra a "sensação" da primeira vez que apareceu em público. Ou seja, o seu medo é tão intenso que faz surgir os famosos brancos e esquecimentos. Gerando em registros defeituosos de como deveria atuar acertadamente numa exposição de medo qualquer. O que não o deixa crescer de algum modo.

APRENDENDO A LIDAR

A predominância da vontade de correr – ou de se esconder – torna--se muito mais forte do que numa pessoa que não tem esse transtorno. Já que não existe um aprendizado positivo nessas situações temerosas. Essa **eterna primeira vez não evolutiva** pode ser conceituada como sendo uma ausência de amadurecimento emocional – ou mental – no enfrentamento dessas circunstâncias. Possibilitando no surgimento de novas ondas crescentes de episódios fóbicos. Mesmo que a pessoa queira lutar com todas essas sensações, ela não consegue. Pois a sua mente não criou nenhum mecanismos de defesa correto para operar nessas ocasiões. O seu medo gerou o esquecimento (inesperado) de como é que deveria aprender a superar os seus terríveis obstáculos. Da mesma forma que a sua mente registrou processos defeituosos para conduzir-se erroneamente naquele momento de visualização temerária. Com todas essas informações tendo sido armazenadas de maneira falha, dificilmente o fóbico agirá de forma diferente do que o habitual. Não importará o quanto tente, ou escute, ou se informe de como deveria agir quanto a sua doença. Sempre que acontecer uma situação dessas – o cérebro que já registrou como precisa atuar nesse momento de temor –, continuará procedendo do mesmo jeito que fora programado.

– O que podemos fazer quanto a isso?

Para quebrar esse ciclo de sentimentos danosos, a pessoa deverá – "antes de tudo" – encontrar uma sensação de **bem estar inicial**[13] e espelhar-se nela. As suas falhas automaticamente programadas serão finalmente corrigidas. Com essa conduta, adquirirá um novo registro mental para resolver todas essas situações que envolvem o seu medo, passando a proceder de forma mais adequada nos diversos cenários cotidianos. Evidentemente, para que isso possa se tornar possível, terá que utilizar o seguinte passo que mostraremos a seguir.

3. Técnica do Reforço Mental

Essa técnica consiste em fazer a pessoa acreditar que não há nada de errado com a sua condição atual.

– Creio que está precisando urgentemente de ajuda médica,
senhor escritor.

---

[13] O objetivo é criar um estado mental que transmita a mais profunda harmonia.

Acha loucura? Nada disso, meu amigo ou amiga. Para falar a verdade, não há nada de errado com o seu cérebro, mas sim com a sua **forma de pensamento**. Esta, por sinal, está influenciando-o a ter um registro mental duvidoso. Procure entender que toda a sua percepção interna está necessitando de uma *new vision**[14] que proporcione confiança.

> *– Tentar falar em inglês não vai melhorar este livro.*

Mas talvez possa dar uma pequena pitada de estilo, não é?

> *... (silêncio)*

Ok! Vamos prosseguir: se aprimorarmos essa falta de confiança e a transformarmos em algo sustentável, poderemos receber resultados satisfatórios nesse processo de recuperação das atividades normais de um indivíduo prejudicado. Isso, é claro, se a trabalharmos adequadamente. Talvez consigamos sozinhos, mas, por garantia, isso deveria ser dado por alguém confiável. Um meio que proporcione reforços concretos "reais" garantidos que realmente funcione. Do que estou falando? O que estou transmitindo consiste no seguinte sentido.

Como o portador do transtorno da ansiedade social não tem mais condições de se ajudar ou de se afirmar como realmente gostaria, o melhor é encontrar algum meio que lhe dê essa confiança de volta.

> *– Qual é a solução?*

A proposta é trazer um bem estar que o faça retomar aos afazeres de sua vida costumeira. Ou, melhor dizendo, queremos transmitir uma percepção importante de que algo irá realmente funcionar e será válido. Partindo desse aspecto, proponho trazer um reforço condizente que não cause efeitos colaterais, nem deixe futuras sequelas. Em prol de não destruir ainda mais a motivação da pessoa fragilizada. Direcionado nessa vontade idealizadora: qual método eficaz visará à utilização do devido firmamento adequado? Para responder a essa questão, analisaremos a pequena história do elefante Dumbo.

> *– O quê? Eu li isso direito? Dumbo? Qual é! Caro autor deste livro esquisito, você acha que eu estou aqui para ouvir uma historinha infantil de um elefantinho que voa? Faça-me o favor e*

---

[14] * Nova visão.

> *chega de enrolação! Vá logo para a parte que me interessa porque eu quero me curar.*
>
> *Atenciosamente, leitor "muito" indignado.*

Calma, por favor! Explicarei certinho para não haver qualquer confusão. Mas, antes, relaxe escutando a bela história do nosso amiguinho o elefantinho Dumbo, que tem muito a nos ensinar.

Todos nós conhecemos a história do elefante que, apesar de voar, não acreditava nisso se não estivesse em posse de sua bela pena mágica. E o que isso quer dizer? Significa, basicamente, que a pena dava a segurança necessária para que ele realizasse o seu belíssimo voo. Considerando que em sua mente – sozinha – não conseguiria tal empreendimento. Somente no final da história, Dumbo percebe que não precisava da pena mágica para se elevar. Realizando, por fim, o que era seu por direito desde o começo. Isto é, Dumbo consegue reforçar a sua capacidade mental, adquirindo a proeza de voar sem auxílio de nenhum artefato milagroso.

Se prestarmos atenção, tal história revela-nos a resposta dada à pergunta anterior. Note que é necessário ocorrer **um empurrão concreto** para se conseguir alguma mudança interna funcional. Criando um cenário verdadeiro que ajudará a pessoa a adquirir a sua confiança perdida, no enfrentamento das situações mentais fóbicas que se tornaram automáticas. Logo, poderíamos indicar algum "objeto qualquer", ou simples, assim como Dumbo utilizou da pena mágica. No entanto esse meio não seria a resposta mais eficiente para o que temos em mente. Note que esse utensílio tem que trazer uma mensagem "forte" de que poderá funcionar de verdade. Para falar a verdade, o melhor método aplicado deve ter um reforço real dado, por alguém que transmita uma **eficácia comprovada**. Também não pode trazer efeitos colaterais preocupantes. Mas o que seria útil nesse caso? A ideia é em usar um medicamento homeopático que: 1) acalme uma pessoa; 2) traga-lhe certa segurança; 3) seja prescrito por um profissional habilitado; 4) não tenha nenhum efeito colateral perigoso.

Como isso funcionaria? Primeiramente, ao ter que utilizar um medicamento homeopático – ou seja, uma pena mágica moderna –, um sujeito passará a acreditar que os seus medos poderão ser definitivamente recuados. Isso porque existirão vários processos mentais seguidos que gerarão importantes sensações.

Esses processos são os seguintes: a) um profissional especializado (e não o enfermo) trará algo comprovado que poderá melhorar a sua condição; b) o medicamento não acrescentará efeitos nocivos ao seu organismo; c) um cenário verdadeiro será criado fazendo-o acreditar que tomará algo eficaz. A visita no consultório médico formará uma imagem mental forte no paciente, que gerará a certeza de que ele poderá se recuperar. Toda essa metodologia organizada em consonância, com a mente, o comportamento e a medicação acarretarão o inicio da transformação de uma situação ruim, em um novo estado mental propício a mudanças.

É vital a utilização dessa técnica de programação comportamental quando uma pessoa for confrontar essas situações fóbicas. Mas sabe por quê? Porque praticamente esse medo irracional virou num péssimo hábito que precisa ser mudado. Somente tendo um "**novo bem estar**" organizado que haverá alguma modificação completa para essa doença.

*

Uma informação importante

O fóbico social está tão cansado de sentir esses sintomas desagradáveis quando interage com outras pessoas, que a sua mente praticamente esqueceu como é que é se sentir normal novamente. O seu atual registro mental acredita que aquela situação de medo é o modo costumaz (ou certo) de proceder num lugar fora de sua zona de conforto. Portanto, teremos que fazê-lo se sentir equilibrado (outra vez) nesses ambientes temerosos.

*

Basicamente, a ideia é esta: a medicação homeopática, em conjunto à consulta com um médico, deve transmitir uma imagem mental ideal de que um tratamento está sendo elaborado, e esse surtirá os efeitos desejados. Note que a mesma ideia da história do elefante Dumbo processa nesse método, de modo que é preciso existir algum "artefato mágico" para prevalecer o pensamento de que uma recuperação poderá ser realizada. A medicação homeopática funcionará como um amenizador dos sintomas fóbicos, ao se servir de um mecanismo propulsor para reforçar a recuperação em si.

Vale enfatizar um alerta: saiba que nenhum medicamente é realmente milagroso, ou o simples ato de utilizá-lo poderá rapidamente curá-lo. **Observação:** Poderíamos ter indicado outro medicamento alopático e não um homeopático para esse tipo de distúrbio. No entanto, **não é o propósito deste livro prescrever qual é a medicação ideal para algum dos transtornos da mente** humana, conforme já salientamos. A escolha feita pelo tratamento homeopático foi adotada por não ocasionar em sérios efeitos perigosos para o seu usuário.

– Ainda não entendi nada. Estou confuso e muito preocupado com o andamento deste livro. ☹

A ideia consiste em trazer uma espécie de âncora para aquele que não está mais apto – por si próprio – em se socorrer nesse caso. Assim, o portador da fobia social saberá (quando passar novamente por um episódio fóbico) que consultou um médico especializado para o seu problema. Sendo que esse simples fato gerará num forte registro em sua mente (insegura) de que; 1) houve "realmente" uma visita num consultório médico com um profissional respeitado; 2) foi dada uma medicação que vai fazer um efeito agradável.

– Em que isso me ajudará? Será que eu deveria continuar lendo este livro?

Isso proporcionará numa espécie de segurança (ou reforço mental) consciente que o auxiliará no tratamento disposto. Também será armado o cenário mental perfeito que poderá acabar – de vez – com essas sensações de medo. Apesar de toda essa explicação, pode ser que o leitor esteja questionando:

– O que vai acontecer comigo quando estiver utilizando esse método?

Podemos dizer que o seguinte mecanismo será realizado na passagem de uma situação fóbica.

EPISÓDIO: VIVENDO UMA SITUAÇÃO TEMEROSA

De praxe, imagine que está num ambiente com muitas pessoas. Observe como toda a sua concentração fica direcionada no temor de que os outros notem a sua frágil condição. Logo em seguida perceba o seu corpo reagindo com o medo de sofrer novos ataques. A ansiedade preencheu toda a sua percepção onde de alguma forma precisará ser rapidamente liberada. Como ela irá se revelar? Isso mesmo, na forma do transtorno da fobia social. Muito parecido com a doença do pânico, não é mesmo? Por isso é que elas são meio que interligadas. **Você sabia** que esse transtorno pode originar a depressão? Agora vamos começar a utilizar a técnica do reforço mental: lembre-se de três coisas: primeiro, está tomando a sua eficiente medicação. Segundo, perceberá os seus bons efeitos. Terceiro, poderá se sentir seguro.

Tranquilize-se dizendo que não terá mais esses sintomas da ansiedade social, visto que o seu remédio está dando-lhe todo conforto necessário para enfrentar essas crises de medo. Prossiga com o que estava fazendo sem dar tanta importância aos seus receios, falhas, ou se alguém reparou que ficou momentaneamente desajeitado. Praticamente, as pessoas estão muito mais interessadas nelas mesmas do que em ficar reparando nos outros à sua volta. Sabia disso? Muito bem! Esse foi o primeiro pequeno passo numa série de outros que serão realizados. Aprecie as suas menores vitórias e note o quanto já evoluiu interiormente. Com o tempo, não fará mais uso de qualquer medicamento pesado. Observará que poderá sobressair sem maiores empecilhos qualquer situação que se apresentar tenebrosa. Acredite de verdade que essa técnica poderá fortalecer a sua mente ao seu favor, em que não precisará mais sofrer com os sintomas impulsivos da ansiedade social. Entretanto pode ser que esteja perguntando-se por não vir nenhuma técnica empregada aqui. Tudo o que notou foi a ideia de que somente ocorreu uma consulta com um médico especializado para resolver o seu caso de fobia social. Não é verdade?

> – *Você acabou de tirar as palavras da minha boca.*

Quanto a isso, afirmo-lhe que a técnica existe realmente e ela se chama técnica do reforço mental. Mas sabe por quê? Pelo simples motivo de nomear um objeto de **segurança** (que é a sua medicação) para dar o

APRENDENDO A LIDAR

reforço necessário para sanar a sua frágil condição[15]. No que tange à ida ao médico para criar a "situação mental perfeita", ela condiz como uma complementariedade para que a técnica funcione. Resumindo: A intenção consiste em cada vez que for utilizar a sua medicação homeopática, faça-a acreditando que se sentirá absolutamente "bem" e curado(a). Tenha em mente a imagem segura de prosseguir livre dos sintomas da fobia social. É claro que todo esse processo leva certo tempo. Uma vez que as mudanças não acontecessem da noite para o dia.

Também não se deve aumentar a dosagem medicamentosa por conta própria. É o seu médico que faz isso. Não é a dose que conta, mas a sua motivação em acreditar que está ótimo e que vai melhorar. Enfim, haverá um dia que não mais precisará ficar preocupado com o seu "aparecimento" em um ambiente público incerto. Já que entendeu que poderá se autoajudar. Inclusive, nunca se esqueça da história do Dumbo. Recorde-se de que ela ensina uma lição de confiança sobre nós mesmos.

> *– Achei tudo isso uma grande baboseira e perda de tempo.*
> *Acho que vou parar de ler este livro por aqui. Ps.: sou um leitor*
> *revoltado.*

Espere! Não pare ainda. Pense no quanto todos os meios empregados anteriores – sem utilização de alguma pena mágica – não trouxeram melhoras significativas. Pratique essa atitude mental de transformação de um cenário aterrorizante para outro que pode ser interpretado ao seu favor. Sirva-se dessa técnica acreditando que ela vai dar certo. Isso inclui em: ao deitar, ou ao acordar, ou ao se alimentar, ou ao se vestir etc. E irá repetir para si mesmo os seguintes dizeres: não tenho mais esse transtorno fóbico; estou tomando a minha eficiente medicação (ou, estou com a minha famosa pena mágica que irá me amparar); sinto-me muito bem todos os dias; e vou ficar melhor ainda; não há nada de errado comigo que eu não possa consertar. Esse exercício prático e mental servirá para te dar segurança na realização do seu objetivo. O que obviamente é em se livrar da fobia social. Entenda que você é o seu real motivador, o seu mais sensato psicólogo e

---

[15] Isso significa dizer que a ideia central da técnica do reforço mental reside no seguinte experimento: em **olhar o seu vidro de medicamento** como sendo um artefato que te dará segurança quando for enfrentar uma situação fóbica qualquer. Por exemplo: 1) imagine que irá confrontar o ambiente do seu medo; 2) agora, lembre-se do objeto **real** que é a sua medicação; 3) pense que ela te dá a confiança necessária para encarar os seus enormes temores; 4) mentalize a imagem deste pequeno objeto em sua mente sem nenhum receio; 5) cogite que a medicação está funcionando corretamente; 6) afirme que não tem mais problemas com que se preocupar; 7) continue utilizando este tipo de pensamento em todas as circunstâncias de sua vida; 8) por fim observe o que aconterá.

o seu principal amigo[16]. Comprometendo-se na meta de encontrar a sua estabilidade mental. Portanto lute, meu filho e minha filha: preserve-se na certeza de que poderá prosperar.

O que aconteceu até agora?

Recapitulando: depois de preparado o seu território mental, os mecanismos de informação, gatilho e mudança de pensamento foram devidamente utilizados. Significando que o método de como lidar com esse transtorno foi amplamente desenvolvido. Aprendeu sobre esse transtorno incapacitante e também quando ele aparece. Soube que o gatilho causador é o elemento medo de pessoas. Entendeu quais as diversas situações fóbicas e as reais dificuldades em superar esses medos sem o reforço condizente. Restando tão somente em aprimorar o pensamento afetado para eliminar – de vez – toda essa carga emocional negativa. Por tais razões, informaremos alguns dos sintomas mais incômodos dessa enfermidade, com a intenção de diminuirmos as suas intensidades até que sumam por completo.

4. Rubor Facial

Um sintoma muito comum para o fóbico social é o medo de conversar com outras pessoas e ficar ruborizado[17]. Mesmo nas situações normais ou até banais esse sintoma acontece. Trazendo incapacidade para o indivíduo em lidar com essa sua forte passagem. O medo em não querer que esse rubor surja ocasiona em mais ansiedade, e consequentemente, em maiores probabilidades dele insistir em aparecer. Aliás, um grande problema de que os portadores desse transtorno padecem é o medo de serem caracterizados como se estivessem fazendo algo errado, ou parecerem fracos, ou desonestos, ou tímidos para com os demais. Para entendermos melhor como são essas sensações, vamos examiná-la no exemplo de uma entrevista de emprego.

---

[16] Uma ótima dica para quem tem fobia social é em fazer o contrário do que os seus temores dizem. Ou seja: Tem medo de pessoas? Não gosta de interações sociais? Sente-se encabulado, aflito ou atrapalhado nesses ambientes? Prefere animais em vez de seres humanos? Tudo bem! Não é errado se sentir assim. Porém se quiser acabar com os sintomas dos transtornos da ansiedade social terá que pensar de forma diferente, como por exemplo, de que adora conversar com outros seres humanos. Ou que anseia em estar rodeado por outros semelhantes que não têm as mesmas opiniões que as suas. Difícil? Impossível? Arriscado? Maluquice? Talvez! Mas quem sabe essa seja a resposta para a diminuição dos seus tormentos. Reflita sobre isso.

[17] A força descontrolada que esse rubor aparece é tão intensa que gera muito desconforto para àquele que o sente.

O indivíduo portador da fobia social ao concorrer por uma possível vaga de trabalho que muito deseja, poderá ter os seus sonhos permanentemente frustrados. Pois, se o empregador notar que o candidato "ruborizou" no meio da entrevista poderá pensar que essa pessoa esteja mentindo ou escondendo algo sobre o seu currículo. O contratante não vai querer contratar alguém que possa gerar dúvida em sua empresa. Tanto que preferirá entrevistar outro que se adequa melhor a essa vaga. O que acontecerá com o fóbico social? Sofrerá recriminadamente por ter ruborizado na hora errada[18]. Praticamente, se culpará por ter agido desse modo, caindo mais um degrau da sua autoestima despedaçada. Pode até ser que a pessoa não fique realmente enrubescida. O problema é que o rubor vem por diversas vezes acompanhado com um calor intensificado em toda a região do rosto, gerando numa sensação de intensa queimação nos olhos. Isso incapacita a pessoa para manter um nível adequado de comunicação com o seu interlocutor. Todos esses fatores inabilitam cada vez mais o fóbico social que sempre temerá que essas sensações voltem quanto mais ficar exposto. Fazendo-o ficar somente tranquilo no recolhimento de sua zona de conforto[19].

*

Você sabia?

Não importa qual assunto envolvido numa conversa, o rubor facial aparece inesperadamente e sem qualquer motivo. Deixando uma sensação de incapacidade para o sujeito doente.

*

Como rubor é um dos sintomas que mais causam sofrimento ao fóbico, faz-se necessária uma manobra para saber como lidá-lo. A seguir, um breve exemplo de como ocorre: a partir do momento em que a pessoa está num círculo social, os seus pensamentos ficam voltados para a sua doença.

---

[18] Você sabia que as pessoas que se envergonham facilmente são consideradas como as mais confiáveis, honestas e verdadeiras do que aquelas que nunca ficam assim? Mas o que isso sugere? Isso declara que está na hora de parar de se recriminar quando o seu rubor brotar. Acha difícil? É claro que é complicado. Porém, agora, é a hora de agir e começar a se armar com todas as armas informativas disponíveis para vencer este intrigante sintoma.

[19] Sabia que as pessoas introvertidas têm uma quantidade de energia limitada para poder se socializar? Ao acabar esta energia tudo o que essa pessoa quer é voltar logo para a sua zona de conforto. Mas o que isso quer dizer? Isto significa que é muito importante se autoconhecer para não se sentir mais culpada ou culpado quando ficar dessa estranha maneira. Se souber quais são as suas limitações poderá entender que não há nada de errado em tomar atitudes próprias de preservação. Resumindo: Não queira ir contra a sua natureza. Se você é introvertido não force a barra para demonstrar que não é. Assuma as suas qualidades priorizando-se em primeiro lugar.

O fóbico ainda não teve nenhum sintoma, mas a sua mente está altamente concentrada na vinda desse rubor. Esse tipo de pensamento tornou-se automático por causa de tantas vezes que esse fator "enrubescer" ocorreu. Por diversas vezes, nem mesmo consegue se concentrar no assunto que é tratado nas conversações. Seus músculos estão praticamente tensos, rígidos, e o medo de ficar corado causa-lhe o combustível de crescimento ansioso necessário – para a qualquer momento – surgir o que ele mais teme. De repente, alguma pergunta surge formulada naquele recinto.

Seu conteúdo é variado e sem qualquer procedência maldosa. Podendo nem mesmo ser dirigida ao próprio fóbico. Os exemplos podem ser inúmeros, mas o resultado é sempre o mesmo para o portador desse distúrbio, causando um momento de sobressalto – ocorre um tipo de susto ao fóbico já tenso com todas essas tensões acumuladas e antecipatórias – do qual o rubor emerge. Um calor cobre a sua face, o seu ritmo cardíaco aumenta, e o seu corpo treme. A sua única vontade será a de fugir daquela situação vexatória. Depois de alguns momentos, tudo se normaliza. A sensação desagradável passou. Alguns perceberam a sua reação, e outros nem ligaram. Infelizmente, para o fóbico social, o desanimo e as constantes autopunições invadirão a sua mente por extensos longos dias. Num outro dia, ocorrerá uma nova situação de medo. Fazendo com que o ciclo se repita novamente. Compreendeu como esse processo é exaustivo para o fóbico? Sabe por que isso acontece?

Existem fatores em evidência que podem ser revelados quando analisamos essas sensações somadas. São eles: o controle, a ansiedade, o foco, o perfeccionismo, a culpa e o medo de julgamento alheio. Ao falarmos sobre esse assunto, devemos fixar a seguinte mensagem (ou carta) para quem sofre com esse transtorno:

Ao Senhor Portador do Distúrbio de Ansiedade Social,

Pare urgentemente de controlar ou de lutar contra esse rubor. No propósito de amenizar o processo fóbico. Não dá para fazer nada quanto a isso. Portanto, impeça todas as tentativas de domínio quanto a esse sintoma. Saiba que somente o ato de pensar nesse rubor gerará a **"ansiedade"** necessária para que ele surja inesperadamente. Além do fato de quanto mais se resiste, maior é a chance de aparecer.

Considere que todo o segredo para se livrar dessa fobia encontra-se no seu "**foco**". Porém "esse" está totalmente voltado para a sua delicada situação. Isto é, ele está na espera de quando é que surgirá outro novo episódio de temor. Mas sabe por quê? Devido a registros traumáticos passados que ficaram gravados profundamente na sua memória. Além do mais, a falta de confiança em si mesmo gerou todo esse desordenado de emoções conflitantes. Precisando agora ser postas em linha reta para poder funcionar ao seu favor. Sim! Não será uma tarefa fácil limpar todos esses registros danosos. Nem também será impossível construir novos dados saudáveis para essas situações fóbicas. Mas acredite que poderemos chegar lá.

Entenda que o seu "**perfeccionismo**" está afetando a sua vida de uma forma geral, como por exemplo, na sua não aceitação quando ocorre uma situação fóbica. Esse processo de não aceitação é um tipo de "**controle**" exercido, em que você decidiu que iria resistir ou lutar de algum modo contra a sua fobia. Porém isso somente originou em mais ansiedade, frustração, ou em "**culpa**". Visto que não houve até o momento nenhum sucesso palpável. Inclusive, temos a preocupação excessiva com "**julgamento alheio**" que têm minado a sua recuperação. O que significa está na hora de parar de se preocupar com o que os outros pensam a seu respeito.

Aliás, nem é o ideal antecipar cada fala ou atitude sua quando estiver se relacionando com outro ser humano. Absorva que todos esses eventos trazem unicamente, tensão e desespero. Saiba que o primeiro pensamento que vem em sua mente de forma automática é o que mais **tenta evitar**. Na verdade, o que deveria realmente ser controlado a partir desse momento é o seu **foco**. Seu foco doente é o primoroso aspecto que deve ser comandado com maestria. De forma a não mais ficar direcionado nas suas reações de "**medo**". Devido a estar tão centrado em todas as suas sensações desagradáveis (isto é, o seu foco está direcionado em si mesmo) que, fatalmente, irá sofrer com o que não quer mais passar. Por exemplo: se a pessoa pensa que não quer ficar ruborizada por medo de ser vista como uma pessoa fraca ou não confiável, então esse **pensamento primário** colaborará como um propulsor no acionamento de todo o processo fóbico guardado. O que deve ser feito para quebrar toda essa variedade de etapas ansiosas está na intenção de alterar essa sintonia mal executada (e danosa) ocorrida na sua mente.

A princípio não tem como lutar com as sensações de calor diversas que impedem até mesmo de olhar para o seu interlocutor. O que deveria ser aplicado está baseado em: a) trabalhar o seu foco; b) construir uma autoestima forte. Por causa da visão errática de si mesmo, o seu equilíbrio interno (que necessita ser aprimorado) está sendo afetado de diversas maneiras. O molde de insegurança corrompeu as suas emoções dando-o uma busca incessante de comparação e perfeccionismo que julga afirmativamente adequado. Apesar de negar, a grande verdade é que em algum momento da sua vida escolheu viver atrelado a uma visão perfeccionista. Por motivos de não poder alcançar esse ideal de perfeição, uma frustação originou-se e cresceu, gerando um medo que agora trava a sua confiança.

Por fim, insiro alguns meios de realizar o direcionamento desse sintoma fóbico para que cesse de uma vez essa sua intensa tensão nervosa. Note que as técnicas de pensamento podem ser usadas em conjunto ou separadamente. Escolha qual se aplica melhor no seu caso.

Atenciosamente,

Seu amigo,

o autor.

4.1 Direcione a sensação em outro lugar

Quando estiver em uma situação social fóbica, em vez de se preocupar quando ela irá surgir, direcione o calorão (ou rubor) para outra parte do seu corpo, como por exemplo, para o seu pé. Basicamente o esquema funciona assim: sentiu que tá quase ficando com esse calor ou que ele está na iminência de aparecer? Imagine a sua atenção (ou foco) sendo direcionado de sua face para o seu pé.

Ao invés de lutar, permita-se adotar a técnica de deslocar esse sintoma para um lugar que não seja mais o seu rosto. Pense: quem poderá notar que o meu pé ficou enrubescido? Com isso conduzirá a sua atenção de um lugar que não quer, para outro que deseje. Consequentemente, não irá mais negar o surgimento dessas sensações de rubor. Aprenderá a relaxar e evitará a ruinosa ansiedade. Pois não as negou ou lutou, mas sim as aceitou fazendo só uma pequena mudança de sentido.

Outra boa atitude é a de começar a ver todo esse processo como sendo uma sensação agradável, transformando o conceito de luta ou fuga em o mais puro acolhimento. O que ocorrerá se fizer isso? Fará com que ambientes sociais sejam vistos mais como harmoniosos ou amistosos, do que propriamente como um eterno campo de guerra.

4.2 Preste atenção na outra pessoa

Lembre-se que a intenção é sempre alterar o seu "foco" ou a sua "atenção" para outro lugar que valha mesmo a pena. Retirando essa concentração de si, bem como das conhecidas sensações fóbicas.

O que faremos será em depositá-las para o seu interlocutor: notando todos os movimentos da pessoa com que está conversando (e se concentrar nesses sinais elementares). Tentando descobrir o que esse outro ser humano está dizendo obscuramente. Não somente com as suas palavras, mas também com a sua linguagem corporal. O que inclui em analisar a sua vestimenta, o seu corte de cabelo, a cor dos seus olhos, ou ver se seus dentes estão tortos etc. Observando todos os detalhes como se estivesse num papel de detetive que procura alguma grande mentira. Com que propósito? Para mudar a sua atenção para outro sentido que realmente importa.

*

Muito cuidado

Em hipótese alguma, adivinhe os pensamentos dessa pessoa no sentido que sejam exclusivamente para você. Como por exemplo: imaginar como ela o vê, ou o que acha da sua maneira de se comportar, ou de agir, ou de pensar, ou se percebeu que está ruborizando. Não é isso que deve ser feito, pois estará voltando o foco para a sua condição doente anterior. Portanto não proceda dessa maneira.

*

Faça um trabalho de **detetive emocional** adentrando na mente do outro ser humano, avaliando quais são as suas emoções, ou como ela reage no decorrer de uma longa conversa, ou desvendando o que há de mais profundo no tom de suas falas ou buscando entender profundamente como é que está à vida daquele que está participando de sua interação social. A ideia é retirar todo o foco de sua condição fragilizada. Tendo o objetivo de se desapegar das suas antigas sensações ruins, ao se concentrar nesse outro sujeito. Todo esse exercício mental extinguirá a ansiedade do fóbico e (principalmente) irá fazê-lo "pensar mais" no andamento de um contato social respectivo.

Mesmo que a mente insista em voltar para o seu anterior estado emocional prejudicado – acredite que ela vai fazer isso devido a estar viciada nesse tipo de pensamento – não perca o foco dessa missão. Mostre-se firme em prestar a atenção no seu interlocutor[20].

4.3 Se mesmo assim o rubor vier

Não se desespere se o rubor surgir, pois ele vem quando menos se espera. O que lhe restará fazer (quando isso acontecer) será em aceitá-lo. Apesar de não ser uma tarefa fácil[21].

Se tentar controlá-lo, ficará frustrado. Mas sabe por quê? Porque não é assim que conseguirá tratar desse malvado distúrbio. Na verdade, se resolver seguir esse caminho, terá a soma de uma boa dose de deterioração emocional. Em suma, as conhecidas más sensações serão intensificadas. Lembre-se de que o ponto original é o foco que está todo direcionado na sua condição. Conjuntamente ao medo de não querer que apareça mais esse rubor.

Não se esqueça de que ninguém melhor do que você sabe da luta que está passando, ou no quanto já sofreu com esses complicados sintomas. Não se cobre "tanto" se não tiver obtido o resultado esperado. No tempo certo as boas mudanças irão acontecer.

Se entendeu as informações contidas até aqui, então, percebeu que essas sensações não podem ser controladas, mas sim desviadas. Além do fato de que a preocupação com o futuro – ou a ansiedade de imaginar como mecanicamente deveria interagir com as outras pessoas – incendeia o mecanismo que gera medo.

> *– Esse comentário me lembrou de que minha vida é um belo caminho de pedras. Tenho tantos obstáculos que acho que não é mais possível nem tentar contorná-los.* ☹

Não pense desse modo. Acredite que ainda é possível mudar a sua condição para algo bem melhor. Observe a água que contorna as barreiras

---

[20] Sabia que a meditação é uma grande aliada nesses casos? Ela auxilia a sua atenção para a retomada do momento presente, consolidando o equilíbrio necessário que tanto as suas emoções carecem.

[21] Uma boa saída é pensar que este rubor está ocorrendo porque você está com muita raiva, ao invés de estar com uma vergonha de algo ou alguém. Pensando desse jeito, diminuirá a tensão acumulada e lidará melhor com essa situação.

para chegar ao seu destino final. Fatalmente, outro empecilho surgirá logo adiante. Sendo que a energia gasta para confrontar essas dificuldades o desgastará. Para tanto, adquira a missão de sempre seguir em frente. Não mais brigando ou lutando com os seus problemas. Flua-os e transpasse-os. Compreendendo que esse pequeno aprendizado aplicado será uma arma poderosa na busca de sua completa serenidade.

QUANDO FICAR DESLOCADO E NÃO SOUBER POSICIONAR OS SEUS MOVIMENTOS, O SEU OLHAR, OU A SUA FALA

Existe outro sintoma que é muito pouco discutido na fobia social, mas que traz várias limitações para o sujeito doente. Nesse caso, a pessoa pode não conseguir fixar o seu olhar de maneira apropriada, ou não se portar direito em algumas situações rotineiras, ou sempre permanecer desconfortável em grupos, ou os seus movimentos corporais tornam-se destrambelhados. A exemplo disso, temos a situação onde fóbico social olha involuntariamente para onde não deveria avistar, o que acarreta mais culpa, angústia ou vergonha por seu comportamento inapropriado.

– Isso seria uma timidez excessiva? Ela poderia usar óculos escuros para disfarçar o seu comportamento suspeito? ☺

Sim! A fobia social é uma espécie de timidez excessiva, mas que nunca evolui para melhor, conforme descrito anteriormente sobre o botão *reset*. Note que toda essa situação, geralmente, acontece num ambiente social, podendo até mesmo ocorrer num lugar composto por seus próprios familiares.

– Como poderemos lidar com isso?

É importante destacar que essa conduta desordenada se deve principalmente e exclusivamente ao transtorno conhecido como fobia social.

– Sério? Não sabia disso! Obrigado por me avisar, Mr. Óbvio. Achei que era por causa da minha imaginação. ☺

Quanto mais se evita esse comportamento destrambelhado, maior é a chance de ele se desenvolver. Em outras palavras, não é culpa da pessoa ter esses sintomas, mas sim do transtorno da ansiedade social. Logo, em vez de se lamentar apressadamente por seu comportamento inconveniente; reconheça que o principal causador de toda a sua situação é o fator transtorno de ansiedade social. Utilize esse modo de pensamento, ao invés de sempre achar que a culpa é somente sua.

– Ok, tem mais alguma dica incrível?

Uma boa dica é parar de se portar de forma programatizada e ser uma pessoa mais espontânea. É bom deixar de se preocupar "tanto" com que os outros pensam a seu respeito. Por que senão esses sintomas continuarão aparecendo indefinidamente. Observe que o fóbico se preocupa de verdade com o que os outros pensam sobre o seu comportamento ou sobre as suas ações, o que nada mais é do que um medo de julgamento alheio. Devendo ser alterado esse tipo de pensamento para poder restabelecer essas emoções em conflito. Quanto à questão da distorção visual, chegamos a essa conclusão:

A mera vontade de não querer olhar onde não se deve, colabora ainda mais na realização dessa conduta. Isto é, quanto mais se refreia, mais se sabota.

– Como posso vencer isso?

A solução para esse caso pode ser elucidada em dois pontos: um ponto é a pessoa entender que todo esse processo repetitivo é originário do transtorno da mente humana. Significando que não é mais saudável recriminar-se por ter tido esses impulsos automatizados. Particularmente esses sintomas podem ser combatidos, se a pessoa lembrar-se de usar o seguinte método: A) reconhecer o seu transtorno; B) ignorar essas atitudes desordenadas; C) aplicar o seu autoconhecimento corretamente, sabendo distinguir os seus valores morais, para não dar mais crédito a atitudes mentais negativas que vão contra a sua índole.

O segundo ponto sugere que o indivíduo deveria tentar fixar o olhar nos olhos do outro ser humano. Se mesmo assim ocorrerem alguns deslizes, o ideal é não se afligir, já que não tem como atuar mecanicamente (ou sem nenhum deslize) numa situação que se demonstra imprevisível. Lembre-se de que o perfeccionismo é o fator chave que colabora no aparecimento desses sintomas. Portanto é válido acatar a ideia de que o erro pode ser uma boa forma de acontecer um interessante acerto.

*

Relembrando certos assuntos

Percebemos que existem outros fatores que tornam a fobia social muito mais frequente ao longo do tempo. Essa conexão em busca do belo é um exemplo que pode ativar e piorar a fobia social. Mas sabe por quê? Porque muitas pessoas almejam alcançar uma imagem de perfeição humana que é agradável aos olhos da maioria das multidões, o que é um grave problema. Pois, quando não se chega nesse nível desejado, podem-se criar fortes sentimentos de rejeição com elas mesmas, originando em diversos sintomas fóbicos que vão se fortalecendo com o passar do tempo. Com a autoestima já abalada, será preciso somente outro pequeno detalhe para desequilibrar (de vez) o fóbico que necessita fazer qualquer atividade social. Assim, o seu sonho de beleza transformar-se-á numa visão negativa de si mesmo. Contribuindo para que novos sintomas venham a se desenvolver subsequentemente.

*

5. A Técnica do Ator

Essencialmente, essa técnica consiste em analisar as situações temerosas pelo processo de duas formas:

Forma l: Análise das situações sociais sob a perspectiva da sua personalidade.

Perceba o quanto a sua personalidade é reservada, humilde, caridosa, bondosa, gentil, não gosta de barulho, deseja agradar aos outros, é até mesmo calma (quando não tem esses ataques fóbicos), possui tendências perfeccionista (gosta que tudo saia de acordo com o que mentalmente moldou a acontecer) e é basicamente pacífica. Além de outras qualidades importantes, geralmente, você é assim. Ao fazer uma biografia de si mesmo, pôde adquirir o autoconhecimento indispensável para saber como lidar com os seus temores. Nesse raciocínio, imagine como é ter realmente a sua personalidade e precisar sair para conversar com outras pessoas num ambiente temeroso qualquer. Vislumbre como é ter esses ataques fóbicos nesses recintos. Observe, também, como você se sentiu depois de ocorrido todo esse processo danoso. Percebeu? Viu o quanto foi ruim ter a sua **boa** personalidade, e mesmo assim, passar por todo esse processo fóbico prejudicial? Tudo o que gostaria que acontecesse era de continuar sendo quem sempre foi, e nunca aborrecer mais ninguém. O que inclui em ser correto, ou viver uma vida normal como as outras pessoas, ou lutar para conseguir uma vaga na sociedade, ou realizar os seus sonhos, ou ter orgulho de você, ou querer futuramente casar e ter filhos. Porém só obteve muito desapontamento ou tormento quando saiu da sua zona de conforto, não é mesmo?

– Por que essa doença faz isso comigo?

Porque esse é o seu papel. Incapacitar uma pessoa em todos os níveis da sua vida. Antes de qualquer interpretação mal colocada, é importante ressaltar que não há nada de errado em ser quem você (realmente) é. Saiba que a sua boa personalidade responsável não deve ser mudada. Suas qualidades honrosas são únicas e raras. Aliás, tenha muito orgulho disso.

– Você nem me conhece direito. Por que acha isso?

Obviamente, porque eu acredito que é verdade.

– Então qual é o meu problema?

É a sua maneira de pensar. Por sinal, ela está sabotando a existência de uma vida tranquila, boa e feliz. Devendo a nós (autor e também ao leitor) buscarmos um método certeiro para que isso seja permanentemente resolvido.

Forma 2: Análise das situações sociais sob a perspectiva da técnica do ator.

Pense que, agora, não possui nenhuma dessas boas qualidades que citamos anteriormente. Tente imaginar que se tornou (ou transformou) em outra pessoa completamente diferente daquela que conhece.

Substitua os seus antigos atributos para que sejam transformadas em outras características não tão adequadas assim. A ideia é esquecer o real "você" e fazer igualzinho como os atores de cinema fazem ao interpretar um importante papel.

Assuma uma personalidade mais agressiva, um pouco rude, meio egoísta, autoritária, forte, atlética, bonita(o), elegante, ou que tem uma carreira de chefe e comanda muitas pessoas. Sendo que elas temem e respeitam a sua superioridade. Absorva até um novo modo de andar mais relaxado, firme, largado, despreocupado e bastante espaçoso.

Incorpore a ideia de que é um líder nato. Não sendo mais bonzinho, mas sim uma espécie de vilão perigoso. É claro que não é para sair machucando as pessoas. A ideia é de ser um vilão água com açúcar de uma novela mexicana qualquer. Pense que não se importa mais com o que as pessoas dizem de sua aparência física ou de sua personalidade. Por sinal, quem pensa algo diferente de você é porque está errado. Crie a imagem mental de que não existe mais a palavra medo no seu vocabulário. Enxergue esse "termo" como sendo um conceito ilógico usado por aqueles que não almejam alcançar o sucesso. Assuma o compromisso de que não se importa mais quanto aos seus temores, pois absorveu uma nova personalidade nesse momento, em que se considera forte, inteligente, destemida(o), bonita(o), criativa(o), sarcástica(o), decidida(o), corajosa(o) e muito enigmática(o).

Pensou em tudo isso? Incorporou todas essas personalidades? Conhece um personagem assim e gostaria de imitá-lo(a)? Ensaiou o seu andar ou o seu discurso no espelho? Ótimo! Mantenha esse novo modo de comportamento. Apegue-se nessa forte imagem mental aplicando a sua melhor *performance*. Vista-se conforme manda o figurino e apronte-se para o grande desafio.

Na sequência, depois de toda essa construção mental, virá a melhor parte. Eu quero que saia na rua, converse com as pessoas e faça tudo isso imitando esse personagem. A ideia é pôr em prática esse experimento para observar como é que a sua reação emocional atuou. Isso é claro, quando você não era você mesmo. Entendeu?

Ao fazer esse teste, procurará colocar em evidência dois importantes quesitos: **primeiro**, ninguém precisa saber quem você está interpretando, esse exercício mental só diz respeito à sua escolha; **segundo**, considere tudo como sendo um experimento em que o resultado será uma divertida aventura.

Essa será a tarefa de casa do momento. Portanto, faça toda essa grande encenação para descobrirmos como é que a sua fobia social se comportou. Vamos lá, assuma o papel de ator que existe dentro de você.

Observação: Devido à realização desse importante experimento, faremos uma pequena pausa dramática para um café (ou pode ser um chá também). Somente após ter realizado esse seu ensaio na vida real, será permitido continuar com o restante da sua leitura.

> **AVISO URGENTE:**
> **ESPAÇO RESERVADO PARA A SUA ATUAÇÃO NA VIDA REAL.**
> **VOLTE DAQUI A DUAS HORAS.**
> **OBRIGADO PELA SUA COLABORAÇÃO.**

– O que está acontecendo aqui?

Este espaço está reservado para o leitor praticar o que aprendeu até agora. Você também deveria tentar aplicar a técnica do ator.

– Não posso. Estou com preguiça de sair lá fora.

Ok! Mas considere a hipótese de, ao menos, tentar realizar essa atitude de mudança de personalidade em outra oportunidade.

– Eu gosto da minha personalidade e não quero alterá-la no momento.

Não precisa alterá-la definitivamente. Tente fingir que é um ator de cinema vestindo a roupagem (mentalmente falando) de que é outro indivíduo.

– Na verdade, eu gostaria de usar um traje de fantasia com capa, máscara, chicote, espada e escudo. Isso me lembrou de que eu tenho uma roupa que eu nunca usei no dia das bruxas. Posso trajá-lo para realizar esse seu projeto?

Acho que não é bem assim que deve ser conduzido esse experimento.

Obviamente, você deveria fazer o que acha correto, porém utilizar um traje de dias das bruxas não dará a resposta adequada para sanar esse transtorno da mente conforme foi explicado. Pronto, tempo esgotado!

Espero que tenha utilizado a técnica do ensaio da vida real (e não tenha me enganado). Ou seja, agora, está entendendo melhor o que aconteceu com as suas emoções. Notou que a sua fobia social não se manifestou? Ela pode até ter tentado aparecer, mas **você não era o mesmo**, e sim uma pessoa completamente diferente. Com uma atitude totalmente nova e indiferente aos problemas habituais. Percebeu o quanto se sentiu mais confiante? Notou o seu corpo agindo de modo distinto do que o usual? Entendeu todo o procedimento adotado que lhe proporcionou melhor controle interno, flexibilidade e menos sofrimento? Se a resposta foi positiva, então, saiba que tudo o que foi realizado não muda quem você é realmente por dentro. Essa técnica visa a, prioritariamente, reforçar a sua estrutura mental, no sentido de prepará-lo(a) para as inúmeras situações distintas. A técnica também serve como um tipo de pena mágica da história do Dumbo.

– O quê? De novo esse Dumbo? Chega disso! Por favor!

Sim! Aliás, o que você tem contra o elefantinho? Mas tudo bem, isso não importa. O que interessa é que toda essa técnica traz a "confiança" necessária que lhe falta para sobrepor esses ambientes sociais angustiantes. Pode ter certeza que um dia não precisará mais interpretar nenhum personagem para se sentir novamente forte, ou equilibrado, ou feliz. Isso porque estará mais seguro emocionalmente. Para falar a verdade, a única figura que se espelhará será na sua própria. Pois quem vence a si mesmo triunfa sobre qualquer obstáculo inesperado da vida, será até uma pessoa digna para se admirar. Acredito que você já é assim.

Enfim, aproveite a técnica ensinada. Permita-se enxergar que, dentro do seu interior, há um mundo complexo de possibilidades. Maravilhe-se com a certeza de que sabe que é o portador da maior arma construída. Surpreenda-se com a infinita variedade de criações que ele pode realizar. Um universo extraordinário e inexplorável que se encontra dentro da mente humana. De modo geral, os métodos procedimentais descritos valem para a maioria dos sintomas da fobia social. Entretanto mostraremos outras informações pertinentes que reforçam ainda mais a forma de como poderá lidar com esse transtorno atribulado.

MODOS DE PENSAR

MODO A: NÃO SE PREOCUPE COM O QUE OS OUTROS PENSAM DE VOCÊ

O que as outras pessoas acham do seu jeito de falar, de se expressar, de andar, de se vestir ou de viver é totalmente problema delas. No momento que interromper essas preocupações, a sua fobia melhorará. Portanto a primeira dica de ouro será esta: não se importe com o que pensam de você.

Outra verdade é a de parar de tentar agradar a todo mundo. Em algum momento da vida (não importa se fez algo bom ou ruim), vai encontrar alguém que não vai gostar de você. E o motivo? Talvez nem essa pessoa saiba qual é. Provavelmente, de alguma forma, ela simplesmente não foi com a sua cara. Desculpe ser direto, mas infelizmente é isso mesmo. O que fazer? Nada! O modo como ela pensa é problema dela, portanto respeite a sua opinião. Também você não tem nada a haver com isso. Logo, não insista. Desista de agradar todo mundo à sua volta.

MODO B: PENSE NA MORTE

Apesar de ser meio mórbido pensar nisso, esse tipo de pensamento traz bons resultados para sanar essa fobia. No sentido de que se coloca numa situação em que o seu fim está próximo. O que acontecerá se adotar isso? Acarretará a eliminação de preocupações desnecessárias que geralmente trazem medo. Em outras palavras, as situações banais não serão mais vistas com tanto temor. Passará a enxergar o mundo de outra maneira, porque começará a dar valor ao que antes não dava tanta importância.

Essa atitude mental auxilia em diversas situações de conflito. Forçando-o a adquirir uma nova visão reflexiva de suas ações. Ao confrontar a dura realidade do seu fim, conceitos como beleza, comparações e competitividade deixarão de serem importantes. A sua única vontade será em desfrutar cada minuto crucial que ainda lhe resta. Entendeu o poder desse modo de pensamento? Ele elimina o que nos empobrece interiormente, fortalecendo a vontade de aproveitar o que ainda pode ser realizado. Um tipo de coragem surge onde antes os medos tinham absoluta dominância. Tal pensamento extremo desperta algo desconhecido, porém muito forte em seu interior. Se ainda não se convenceu do poder desse tipo de mentalidade, cogite a seguinte questão: imagine que o mundo vai acabar amanhã. Porém você gosta muito de uma pessoa e ela não sabe disso. O que você fará? Vai deixar tudo acabar sem nem ao menos tentar? Pense nisso.

Da mesma forma, considere que esse é o seu último dia na Terra. Pense que vai morrer[22] por causa de um meteoro que vai destruir o planeta. A grande questão será a seguinte: ainda continuará temendo mesmo sabendo o seu fim? Ou transformará isso numa atitude de coragem para realizar o que sempre sonhou em fazer?

MODO C: LIBERTE-SE DO SEU PERFECCIONISMO

O perfeccionismo é o maior inimigo do ser humano. Devendo ser deixado de lado para que não aconteça um dano com a sua saúde mental. Saiba que a falha pode ser considerada algo muito válido, se notarmos que podemos aprender a não cometer o mesmo equívoco duas vezes. E se cometermos? Paciência! Porque errar é humano.

Comece a permitir a querer errar mais do que somente em acertar. Assim como dizia um velho ditado: "o nosso maior professor será o nosso último erro".

*

Você sabia?

O verdadeiro ser humano é aquele que sofre, padece, chora, luta, trabalha, esmorece, cai, levanta, perde e às vezes nem é reconhecido por tudo isso. Mas mesmo assim continua seguindo em frente apesar das grandes dificuldades. Isto que é ser um herói na vida real. Talvez esse "indivíduo"

---

[22] Lembrando que essa atitude de reflexão sobre a sua mortalidade é um exemplo que foi colocado para poder lidar contra o transtorno chamado de fobia social. Em nenhum momento está sendo inserida a ideia de que morrer é uma forma correta de libertação. Que fique registrado que abominamos o suicídio, ou qualquer tipo de violência contra a própria pessoa, ou para com outro semelhante. *Detalharemos melhor esse assunto no tópico sobre o transtorno depressivo.

vença no final do seu filme. Mas pode ser que não consiga "da maneira" como queira. O que realmente importa é que ele continue tentando. Quem saberá quando os frutos de sua cansativa colheita poderão ser, um dia, colhidos? Isso só o tempo mostrará.

*

Aceite essa atitude e liberte-se da visão de querer tudo milimetricamente perfeito nos bons moldes. Algumas séries de deslizes fatalmente ocorrerão no seu percurso. Basta que se aprenda com cada um deles. Com toda a certeza do mundo, podemos dizer que ninguém chega a algum lugar sem cometer certas falhas.

*

Uma grande verdade

Todos nós temos medo de errar ou de passarmos por ridículos na frente dos outros. Ficamos em silêncio esperando que ninguém nos veja e rezamos terminar o dia sem maiores aborrecimentos. Temos medo do que as pessoas falarão se virem algum tropeço nosso. Esse medo constante gera vários desconfortos internos e podem transformar-se em algum transtorno no futuro. Tudo por quê? Por medo de errarmos e sermos julgados como sendo incapazes de realizarmos algum ato diferenciado. Medo originário de onde? Da nossa capacidade de querermos fazer as coisas perfeitas sem qualquer falha. Somos praticamente o quê? Um apanhado de perfeccionistas.

*

Ilustraremos esse assunto de perfeccionismo, analisando alguém basicamente dotado de grande saber mental e considerado o arquétipo desejado da maioria dos jovens. Poderia ter escolhido uma pessoa "real", mas assim não teria graça, visto que esse indivíduo escolhido apresentaria certas falhas que não gostaríamos de ver.

Dessa forma, nada melhor do que utilizar uma comparação com outro personagem que muita gente almeja ser, mas que infelizmente não consegue. Um homem que faz justiça com as próprias mãos. Sendo que, ao final de seu trabalho, volta ao seu lar com a sensação de mais uma missão sendo cumprida. De quem eu estou falando? Sim! Estou me referindo ao herói chamado de Batman.

> **Robin:** *quando eu vou chegar ao seu nível, Bruce?*
> **Batman:** *há, há, há. Não me faça rir menino prodígio. Agora, vá limpar o batmóvel.*

O Batman não erra! Faz tudo com a maior graça e perfeição de um atleta bem treinado. Ele resolve todos os crimes, enfrenta diversos inimigos, conquista o impossível, tem um plano para tudo, é rico, bonito, forte, inteligente e musculoso. Ao contrário de seu parceiro mirim (ridículo de ceroula) que ainda está aprendendo a ser como o seu mentor. Pode ser que algum dia ele chegue ao nível de seu professor, mas isso levará um longo tempo. Entretanto tudo isso leva a uma única e grande pergunta: esse escritor tem algum problema por colocar um exemplo desses? Talvez sim! Mas temos uma lição escondida aqui que se resume no seguinte ensinamento: não deseje se espelhar nos moldes de agir do Batman, devido à possibilidade de você ficar profundamente frustrado. Sabe por quê? Porque todos nós somos – de certa forma – como o seu ajudante chamado de Robin.

Isso mesmo! O garoto maravilha que é um ser humano falho (desesperado) em tentar alcançar o seu projeto de ser humano ideal, mas que nunca consegue. Contudo, Robin é um sujeito para lá de teimoso que acredita que os seus sonhos possam se tornar realidade. Até aí não tem problema nenhum. Sonhar é muito bom e quem sabe ele consiga? Porém até isso acontecer: Robin deve fazer o quê? Pegar leve consigo. Ou seja, ir com muita calma e treinar bastante. Principalmente, ele errará muito até chegar aonde quer alcançar.

Desse modo, abrace os seus erros assim como o Robin, uma vez, abraçou-os, procurando não ficar mais antecipando mentalmente uma futura situação, ou nem como deveria tentar perfeitamente procedê-la. Em outras palavras, prefira ser mais espontâneo. Aprenda a rir de si mesmo, cometa mais falhas e viva sem o sentimento destrutivo da culpa. Se, mesmo depois de todo esse processo, alguém te julgar (ou rir das suas ceroulas verdes) decida ler a primeira dica dada nesse rol, que é a de não mais se importar. Consequentemente, a sua mente, o seu corpo, a sua alma e o Robin que existe dentro de você um dia agradecerão.

*

APRENDENDO A LIDAR

A idealização humana

Agora faço uma pequena pausa explicativa para entendermos a nossa ânsia de buscarmos algum líder que nos represente, pois compreendemos o quanto a nossa mente gosta de idealizar as pessoas que estão numa posição bem mais vantajosa do que à nossa. Ou seja, teremos aqui o fator expectativa em relação aos outros que pode virar numa séria desilusão futura. Não entendeu? Repare, por exemplo, nos muitos atores famosos que demonstram atuações (na vida real) desfavoráveis do que realmente idealizamos num herói.

De certa forma, temos um choque de valores, por nos depararmos com as suas sérias atitudes brutais. Dando-nos o acionamento de uma resposta na forma de ira, ou de descontentamento, graças a esse seu péssimo comportamento. Isso por quê? Por causa de que achávamos que eles jamais poderiam errar desse jeito. Mas o que isso quer dizer? Na minha concepção, acredito que todos nós somos extremamente carentes em termos um alguém que possa transmitir valores incorruptíveis, mesmo diante da fúria da mais insana tempestade. Por outro lado, devido às nossas presentes limitações, nunca alcançamos a vontade de atuarmos desse modo. Então, **projetamos automaticamente uma forma ideal de agir nos outros, por não acharmos possível conseguirmos em nós mesmos.**

Categoricamente sabemos que nada de extraordinário se resume nesse fato, contudo, o real problema consiste no seguinte episódio. Sabe qual? De que, talvez, ainda não tenhamos percebido que essas pessoas são falhas iguaizinhas a nós. Aliás, quem sabe esse erro (de espelhamento) seja mais nosso, do que propriamente da pessoa idolatrada? Inclusive, temos a idealização daquele "ser" que não deveria ter sido afeiçoado de modo algum. Visto que foi percebido que ele também tinha muitas mais falhas do que imaginávamos. Dando ao esperançoso a sensação de uma extrema frustração, ou de revolta por ter se disposto dessa maneira. Para falar a verdade, quando estamos querendo ser iguaizinhos a essas celebridades estamos (de certa forma) desvalorizando-nos aos poucos. O que seria todo esse apanhado de situações? Nada mais do que a pura busca da vontade de agir com perfeição, num mundo repleto de imperfeição.

Assim como a exigência de projetação de idolatria mental na imagem de outro ser humano que também é muito limitado[23].

*

MODO D: ASSUMA POSIÇÃO DE CHEFE OU DE SEU PERSONAGEM FAVORITO

Apesar de ter explicado técnica semelhante faz necessário reforçar alguns entendimentos.

A ideia se insere em posicionar o seu jeito de andar, falar, se movimentar, ou de se comportar, de maneira a alterar a sua forma de pensar. Não basta somente uma atitude interna, mas também tem que ser externa. Perceba como são os seus movimentos quando está fora da sua zona de conforto. Como é que você se enxerga? Retraído? Apático? Fraco? Temeroso? Derrotado? Saiba que as ações de um indivíduo refletem o que se passa no seu interior. Se sentir-se inferiorizado, fatalmente o seu corpo demonstrará isso na forma dos seus ombros caídos. Para reverter esse processo assuma a posição de chefe.

Pense que está no comando de um grande negócio e é bastante requisitado. Você é agora o patrão que paga os seus salários. Endireite as suas costas, fique espaçoso e assuma uma posição de autoridade. Cuidado! A ideia não é tornar-se arrogante ou humilhar as pessoas. Assuma uma posição mental em que possa enxergar os outros, no sentido de não terem o mesmo conhecimento que possui. Por sinal, eles necessitam saber do seu grande segredo. Se quiser, pode escolher ser um grande professor que dá o verdadeiro ensino para os seus ansiosos alunos. Crie uma imagem de líder nato. Transmitindo essa mensagem, principalmente, através da sua linguagem corporal.

A intenção é utilizar uma brincadeira mental, onde a pessoa poderá virar um novo personagem que tenha certa autoridade, como anteriormente explicado.

---

[23] Ao analisarmos psicologicamente os ensinamentos bíblicos, entenderemos o significado de Deus dizer à humanidade para exclusivamente adorá-lo. Não entendeu? Isso quer dizer que Deus sabe de nossas inúmeras limitações humanas. O que colabora na afirmação de que quanto mais as pessoas insistirem em idolatrar aos outros, maiores serão as chances delas ficarem frustradas com elas mesmas. **Obs.:** Não é religioso e nem acredita em nada? Tudo bem, a escolha é totalmente sua. Porém mantenha a sua mente aberta para todo o tipo de temática que chegar aos seus ouvidos. Acredite que o nosso objetivo é torná-lo um indivíduo conhecedor de diversos assuntos, e fazê-lo muito mais sábio do que de outrora.

APRENDENDO A LIDAR

– Para que isso servirá?

Isso será feito para extinguir a sua antiga autoimagem negativa. Outro meio de utilizar essa técnica é quando não se gosta das suas atitudes inseguras. Querendo agir de outro modo (mais seguro) fora de sua zona de conforto. Por exemplo, faz de conta que você terá que recepcionar muitas pessoas num evento qualquer. Por não ter a aplicabilidade conversacional que tanto deseja, se permitirá fazer a seguinte pergunta interna: como o personagem do Tom Hanks agiria nessa situação? Isso, é claro, se você gosta do Tom. Ao criar essa imagem mental – de como ele se posiciona numa conversa com outras pessoas –, passará a agir e falar como ele, visto que conhece os seus filmes e sabe como ele atua. Tal técnica te dará maior confiança quando for conversar com outras pessoas.

– Que legal. Posso assumir qualquer personagem?

Sim, você pode.

– Oba, então eu quero ser o Pato Donald.

Sério? Você está brincando, não é? Pato Donald? Mas ele tem uma dicção horrível.

– Ele é legal (quack)!

Ok, aham. Contanto que isso funcione para você, "acho" que será válido. O importante é sentir-se bem quanto a isso. Com o passar do tempo, não precisará mais usar o Tom Hanks ou o Pato Donald (no bom sentido), estando muito mais confiante para lidar com os seus presentes receios.

Compreenda que muitos líderes usam tal técnica na hora de se dirigi-rem a grandes multidões. Outro ponto interessante é a utilização de quantos personagens acharem úteis. A capacidade de criação é ilimitada. Cabendo à pessoa escolher o melhor que puder desfrutar.

MODO E: DIMINUA O CAFÉ

O café é um bom estimulante que aumenta o ritmo cardíaco de uma pessoa desmotivada. Porém, para o fóbico social que já se encontra tenso no enfrentamento das situações sociais, tornará ainda mais frequente à inci-dência de novos ataques (se utilizá-lo). Nesse caso, o ideal seria em diminuir o seu constante uso por tempo, de forma a não agravar os sintomas desse distúrbio que estamos falando.

MODO F: PRATIQUE EXERCÍCIOS

Apesar de não estar com vontade alguma de se exercitar, faça exercícios físicos assim mesmo. Não importa se estiver frio ou calor no ambiente que se encontra. Tente procurar a motivação necessária para realizar essa tarefa básica. Escolha qual exercício funciona melhor para a sua situação e comece a realizá-lo. Sua vida vai mudar com esse objetivo em prática, porque o seu corpo precisa, e a sua mente implora para que se tome logo essa iniciativa. Não basta somente mudar o seu modo de pensar. Deve-se também exercitar os seus músculos para aliviar as tensões acumuladas.

Estamos falando do transtorno da ansiedade social, em que a baixa autoestima tem um papel fundamental no aparecimento dos episódios fóbicos. Quanto mais a pessoa sentir-se inferiorizada, maior será a incidência de que a sua doença continue manifestando-se. Se adotar o hábito de fazer atividades físicas (pelo menos três vezes por semana) substâncias químicas essenciais se ativarão. Proporcionando no devido mecanismo de motivação e prazer que todo o ser humano necessita. Evidentemente, esse será o início para que ocorra alguma recuperação sobre esse transtorno da mente. Leia mais sobre os benefícios dos exercícios físicos no capítulo sobre a depressão. A sua autoestima se fortalecerá, deixando-o pronto para as diversas situações de enfrentamento que surgirem ao longo de sua vida.

MODO G: RESPIRE

Sabia que a meditação é a melhor forma de realizar esse empreendimento? Ao manter o seu foco nos seus movimentos respiratórios, a sua mente eliminará os pensamentos que se tornaram tendenciosos. Os benefícios meditativos se manifestarão na diminuição de sua ansiedade, na restauração do seu equilíbrio emocional e na alteração de sua percepção. De certa forma, adotará um olhar até mais compreensivo para com as outras pessoas daqui para frente.

É claro que, devido às inúmeras crises ansiosas, fica muito difícil aplicar essa técnica quando estiver passando por esses sintomas da fobia social. Por esse motivo, tente praticá-los num lugar tranquilo. Escolha um recinto silencioso, feche os seus olhos e relaxe, concentrando-se na sua respiração. O que vai acontecer se fizer isso? Os seus pensamentos automáticos diminuirão, dando-lhe confiança, paz, e harmonia necessárias para os enfrentamentos das peculiaridades do dia a dia.

MODO H: FECHE OS SEUS OLHOS

A situação fóbica veio? Utilize todas as técnicas que foram ensinadas. Se ainda não tem dado certo, feche os seus olhos e concentre-se no seu interior. Sinta a sua respiração, ignorando o exterior ou as outras pessoas que estão à sua volta. Pense que se está num processo de recuperação mental. O seu único objetivo consiste em fazer o máximo possível para adquirir o real equilíbrio emocional e mental.

Busque a paz que provém de dentro e não das coisas que brotam de fora. Se conseguir adquirir o equilíbrio ou a harmonia interna, dificilmente os acontecimentos "exteriores" irão perturbá-lo de alguma forma. Procure as sensações reconfortantes que a meditação e o autoconhecimento dispõem e usufrua-as intensamente.

MODO I: APRENDA A RIR DE SI MESMO

Talvez, à primeira vista, possa parecer impossível superar os sintomas do transtorno da ansiedade social. No entanto, com certa disciplina, é humanamente alcançável alterar essas atitudes mentais que causam esse tipo de sofrimento. Para que isso seja posto em prática, a pessoa pode adotar os seguintes conselhos: 1) aceitar as suas imperfeições; 2) reconhecer as suas limitações, e não se levar tão a serio, ou nem ser mais tão rígido com os seus equívocos atuais; 3) não se culpar ou se cobrar tanto pelo que lhe sucedeu no passado. Portanto, fóbico social, preste atenção:

Observe que essa sua recusa em não aceitar as crises passadas, nada mais é do que o seu perfeccionismo se ativando e atrapalhando na sua boa recuperação mental. Note como foi criada uma visão muito séria de si mesmo muito tempo atrás. A sua autoimagem perfeita exige que os seus movimentos devam ser friamente calculados. Não admitindo qualquer possibilidade de embaraços ou equívoco de sua parte. Resultando **na repetição vívida em sua memória de todos os eventos traumáticos que continua sofrendo**. Como resolveremos isso? Fazendo o contrário que todo esse cenário caótico afirma. Isto é, aprendendo a rir de si mesmo. Aceitando de uma vez as limitações passageiras que se apresentam em sua frente. O que inclui em não ter mais receio de ser estigmatizado por ser esquisito, parecer fraco, ou se sentir ridículo, pois sabemos que você não é nada disso.

A grande verdade é que existe um transtorno inconveniente que "logo será domado". Todos esses sintomas fóbicos eventualmente sumirão, dando lugar a alguém mais forte e equilibrado emocionalmente. Note como a fênix foi consumida no fogo para poder ressurgir das suas próprias cinzas. O mesmo que houve com ela transcorrerá com você. Compreenda que a sua transformação ainda não está completa, mas está em fase de acabamento. Nesse meio tempo, o melhor é tentar sorrir mais e parar de se culpar infinitamente, pois as boas mudanças estão sendo construídas dentro do seu íntimo para que se adquira futuramente mais resistência, sabedoria e crescente autodomínio.

MODO J: CONSTRUA EM SUA MENTE AS SITUAÇÕES ESPECÍFICAS

Feche os seus olhos, respire profundamente e mentalize as situações fóbicas. Vislumbre cada cenário social que passar na sua mente, colocando-se naquele ambiente tão temido. Imagine como gostaria de agir, ou de se posicionar, ou de falar com aquele distinto grupo de pessoas que estão te olhando nesse exato momento. Faça um longo contato visual com cada uma delas, observando os detalhes dos seus rostos, a cor das suas vestimentas e os leves defeitos que as caracterizam.

A neurologia verificou que, mediante a percepção direta ou imaginativa, as áreas do cérebro são ativadas de igual modo. Ou seja, o cérebro não consegue distinguir o real do imaginado (de certa forma), pois as processa da mesma maneira. Um fato quanto a isso são os sonhos. Quando sonhamos confundimos a realidade com o irreal, ao acordarmos, descobrimos que tudo não passava de uma imaginação involuntária criada por nossa mente. Mas, de alguma forma, o inconsciente alterou as nossas emoções, fazendo-nos reagir como se assim estivéssemos na realidade.

Existe outro modo de imaginação consciente que pode nos beneficiar (ou também nos prejudicar de alguma forma). Isto é, numa situação de medo imaginamos o pior resultado possível, ocasionando em alterações nocivas ao nosso organismo. Contudo tal método pode ser utilizado

APRENDENDO A LIDAR

numa imaginação que produza uma espécie de bem estar respectivo. Praticamente teremos a liberação de certas sensações agradáveis no nosso sistema, graças ao entendimento de como poderíamos acioná-las. Por exemplo: Considere que amanhã terá que conversar com algumas pessoas, ou passear num shopping lotado, ou dar uma palestra sobre um assunto determinado. Use a sua imaginação sentindo como é que gostaria de realmente "agir" ou de proceder nessas situações. Perceba a sua maneira de se comportar, assim como das outras pessoas que estão à sua volta. Vislumbre qual é o tema da conversa naquele exato momento. Note como a sua linguagem corporal está desenvolvendo-se e tente criar um cenário de harmonia para ela. Explore todo esse universo mental poderoso que você pode formar e sacie a sua curiosidade. Faça isso todas as noites como se fosse um sonho consciente direcionado.

O objetivo é realizar uma criação mental favorável que leva essas situações de medo ao mundo dos sonhos. Obviamente, com o intuito de modificá-las. Ao dormir, mudanças poderosas irão ocorrer dentro da sua mente. Mesmo que não perceba estará reprogramando o seu cérebro para adquirir outro ponto de vista das situações temerárias. Em suma, novos registros surgirão apagando os antigos danificados. Repita continuamente essa técnica para ver se ela funciona de verdade. Sendo que podemos constituí-la como se fosse uma espécie de autohipnose dirigida.

Concluindo, averiguamos que a imaginação tem o potencial de ser uma forte ferramenta de manipulação mental da realidade, causando alteração dos medos enraizados e proporcionando transformações benéficas para o ser humano em comum.

MODO K: DESCANSE

Pode ser que se sinta receoso ou sem vontade de utilizar qualquer recurso demonstrado. Nesse caso, respeite o seu tempo, não acredite que será classificado como um covarde se desistir momentaneamente. Lembre-se de quando não dispuser de condições de continuar, prefira parar. Aprenda a desistir ou a se desapegar, mesmo que seja por um período. Recolha-se, preserve a sua saúde e permita-se uma pequena pausa porque você realmente merece. Ninguém é de ferro. Até um super herói precisa de um descanso, não é? Quando estiver se sentindo disposto(a) e confiante: levante-se e recomece a lutar.

MODO L: FAÇA TUDO ISSO POR ALGUÉM

Estudos demonstraram que o ser humano desenvolve coragem mais facilmente quando precisa ajudar alguém. Quando vislumbramos outro ser humano em perigo a nossa tendência é a de esquecermos nós mesmos por completo, em que, por instinto, utilizamos de qualquer método para reaver o bem estar daquele que necessita de auxílio. Não acredita nisso? Então, veja quantos casos de afogamento acontecem todo ano. Observe que essas pessoas não sabiam nadar, mas, mesmo assim, mergulharam para tentar salvar a vida de uma vítima indefesa. Mas por causa do quê? Porque o ser humano tem essa natureza enraizada de querer ajudar os outros, não importando se esses ambientes são desfavoráveis ou não.

Exposto isso, imagine-se naquelas situações onde não têm mais coragem para prosseguir adiante. Contudo existem outras pessoas que dependem da sua movimentação. Pense que a sua mãe, ou pai, ou irmãos, ou qualquer outro indivíduo amado(a) precisa urgentemente da sua ajuda. Não existe mais ninguém que possa realizar esse salvamento a não ser você. O que irá fazer? Vai deixá-los de lado e ir embora? É claro que não. Com certeza, irá até o fim para salvar qualquer um dos seus entes queridos. Não é? Esse tipo mentalidade permitirá que o seu foco mude para outro sentido que não seja exclusivamente na sua doença ou nos seus sintomas. Portanto faça as coisas acontecerem não mais por você, mas sim pelos outros que têm necessitado de seu amparo.

FORTALECENDO A SUA MENTE

Finalizamos esse extenso tópico, afirmando que todas essas técnicas básicas podem ser usadas antes, durante e após uma situação fóbica. Como se viu, esses métodos sugerem um tipo de programação mental a ser realizada: de noite, antes de dormir, ou ao acordar, ou em outras situações propícias de acordo com o seu tempo livre.

Mesmo que não esteja se sentindo bem, afirme-se dizendo que está absolutamente ótimo, ou nem está mais doente. Pode ser que isso não seja uma verdade absoluta, porém esse método funcionará como uma programação mental muito eficaz que irá melhorar a sua frágil condição.

Repita continuadamente essas informações até acreditar nelas. Não se esqueça de inspirar e expirar vagarosamente em todo esse processo.

Por último, não desista.

Persista na sua meta, mesmo que isso leve algum tempo.

PASSO A PASSO 2

- Reconheceu que está tendo os sintomas dessa doença? Adquiriu a consciência e as informações necessárias sobre o transtorno da ansiedade social? Também identificou o gatilho medo na forma de pessoas?

- Está agora numa situação fóbica? Utilize todas as técnicas aprendidas até o momento. Como por exemplo: em ser um detetive, em não querer lutar, em fazer tudo por um alguém, em pensar na morte, em aceitar as suas falhas, em largar o perfeccionismo, em respirar fundo, em assumir a posição de chefe, em encarnar o papel de ator, em mentalizar a imagem do vidro do seu medicamento, ou em fechar os seus olhos e sorrir.

- Repita todos os dias, os seguintes dizeres: eu estou bem; estou completamente curado, e não terei mais medo dos outros. Reforce a sua mentalidade na efetiva e concreta cura que vem do seu interior.

- Vise nos detalhes que o outro dispõe, esquecendo por completo da sua antiga condição. Utilize a técnica do ator adquirindo uma nova perspectiva social das suas conversas. Mantenha toda essa atuação para ganhar maior confiança e conhecimento em cada situação fóbica enfrentada.

- Comemore as suas pequenas vitórias com orgulho. Depois de ter passado por todos esses medos intensos, qualquer outra situação será considerada simples demais de se confrontar. Os obstáculos serão vistos como meras pedras para serem facilmente contornadas.

APRENDA A LIDAR COM O TRANSTORNO OBSESSIVO COMPULSIVO (TOC)

No transtorno obsessivo compulsivo, temos os inúmeros comportamentos repetitivos que são assumidos para poder aliviar (temporariamente) as inseguranças presentes. Essas repetitividades, também conhecidas como "rituais", são praticamente absurdos, fazendo a pessoa virar escrava das tortuosidades de sua mente. A ansiedade da ocorrência desses temores internos agrava ainda mais o paciente. Levando-o para um possível quadro depressivo. Mesmo existindo a possibilidade de a pessoa, futuramente, esquecer a sua obsessão, uma nova surgirá. Aterrorizando continuamente a vida daquele que está esgotado emocionalmente. Vale lembrar que o maior mal da pessoa com TOC consiste em **acreditar que os seus medos se tornem um dia realidade**. Essa atitude vira num péssimo hábito, tornando ainda mais constantes as compulsões caracterizadas.

Nesse sentido, existem duas questões importantes que o portador do transtorno obsessivo compulsivo deveria saber: a primeira seria em começar a **aceitar** que possui esse transtorno incapacitante. Isto é, ao analisar a sua predisposição comportamental repetitiva no cotidiano de suas atividades, a pessoa precisa admitir a possibilidade de que está com esse distúrbio. Por que ele(a) precisa fazer isso? Responderemos tal pergunta com o seguinte exemplo:

Imagine um indivíduo que nunca teve tempo em priorizar apropriadamente a sua saúde mental, importando-se somente em sustentar a sua bela família. Houve momentos na sua vida em que essa doença incomodou-lhe de verdade, porém, de modo algum, existiu um interesse real em entender a causa desses eventos. Em outras palavras, temos os seguintes possíveis fatores que lhe impediram de adquirir esta resposta: a) ele não teve acesso à informação adequada, visto que não existia ou era limitada na época; b) cresceu num ambiente rígido, ao qual não se permitia explicar as suas emoções; c) a sua própria personalidade (difícil) não lhe propiciou qualquer vontade de buscar uma solução concreta para o seu problema; d) sempre achou tudo isso uma grande bobagem.

Agora, pense que o tempo passou, e as suas obsessões aumentaram. Sabemos que, dificilmente, ele(a) melhorará sem qualquer acompanhamento médico. Também (por teimosia) talvez nunca vá utilizar de qualquer medicamento indicado para sanar esses sintomas. Graças ao o quê? A não acreditar que está realmente com alguma doença da mente. E isso gerará em quê? Em mais frustação, somada com uma boa dose de sofrimento[24].

Particularmente, todos nós criamos grandes pilares de sustentações em nossa estrutura interior. Ao mexermos nessa armação, poderemos desestabilizar o enorme edifício formado, ao qual somos fortemente estruturados. Causando, assim, a ruptura da bela construção monumental. Compreenda que não importa se esses pilares estão tortos, feios ou enferrujados. A verdade é que eles sustentam o nosso edifício interno. Somente com um bom engenheiro é que eles poderão ser devidamente endireitados. Quanto ao "segundo quesito" – do que o portador desse transtorno deveria entender –, aplica-se na atitude mental de **questionar sempre os seus pensamentos**, em prol de reverter à credibilidade crescente das vozes e imagens repetitivas em sua mente.

– Desculpe! Estava muito cansado para ler o que você escreveu. Pode me passar a versão resumida dos fatos? Minha vista cansada agradece.

O que desejo transmitir é (mais ou menos) a seguinte ideia: se uma pessoa quiser aprender a lidar com o transtorno obsessivo compulsivo, ela deve – antes de tudo – estar disposta a **querer alterar a sua mentalidade.**

Para adentrar no mundo da possibilidade de lidar com esse transtorno da mente, inicialmente, deve-se conscientizar **que possui o TOC**. Depois de reconhecido esse feito, estará apto(a) para dar partida no encerramento desse distúrbio. Para que tudo fique bem explicado, vamos passar ao estudo dos sintomas mais frequentes dessa enfermidade. Ao observarmos esses principais indicativos, daremos ênfase a um processo de eliminação, em que perceberemos que os outros aspectos surgidos são meros frutos do causador primário. Basicamente, a ideia consiste em chegar a **real raiz do**

---

[24] A sua família também sentirá as dores dessa sua recusa em não procurar alguma espécie de tratamento.

problema. Portanto o nosso próximo passo consistirá em minuciosamente observarmos: 1) os rituais; 2) as palavras e as imagens; 3) o medo de contaminação; 4) os pensamentos agressivos.

1. OS RITUAIS

É obvio que o medo é o fator primordial para ativar o TOC. Medo esse que gera ansiedade, obrigando o enfermo a realizar os rituais de evitação. O que a pessoa está tentando realizar nós sabemos. Consiste em evitar que algo ruim aconteça-lhe ou aos seus entes queridos.

Se analisarmos profundamente o que ocorre por trás de todas essas ações desesperadoras, encontraremos um aspecto existente na maioria dos portadores do transtorno obsessivo compulsivo. Essa característica de tentar evitar que um mal "decorra", esconde-se na forma de um gatilho específico que se chama **controle**.

Esse pilar de realizações de técnicas de evitação (ou seja, os rituais) é criado na vontade de tentar controlar as situações que ainda não são existentes. Mesmo que a circunstância seja incontrolável, ela (a pessoa) realiza os seus atos repetitivos com o intuito de evitar que algo ruim advenha.

Vale ressaltar que esses rituais continuam sendo feitos por causa da **insegurança** profunda que o sujeito tem quanto a si mesmo. Mesmo sabendo que os seus temores são infundados, ele volta a realizar as manobras conhecidas para evitá-lo. Ou pode até ser que o seu grande medo aconteça algum dia. Isso, é claro, se analisarmos minuciosamente a probabilidade de perigo que um ambiente caótico representa. Porém a insistência em realizar sempre os mesmos atos ritualísticos não deveria (necessariamente) ser feita tantas e tantas vezes seguidas. Note que não vemos uma racionalização propriamente clara. Os sentimentos de falta de segurança parecem sobrepujar a realidade em todos os aspectos.

Funciona basicamente assim a atitude comportamental de uma pessoa com TOC: a pessoa acabou de conferir se o gás não está vazando do seu fogão ou se as portas e janelas estão mesmo trancadas no seu recinto. Entretanto, dentro de sua mente, algo gera uma **dúvida** que o faz conferir de novo e novamente esses itens. Tal atitude repetitiva se origina no seu medo de que alguém entre em sua residência sem o seu consentimento. Isso para as portas e janelas.

No caso do vazamento de gás, a sensação que a pessoa tem é de que, se essa (peça do fogão) não estiver bem fechada, a sua casa poderá – quem sabe – explodir. Essa conferência traz uma perda de tempo ao portador que se desgasta para fazer essas inúmeras repetidas ações todos os dias[25].

Entendido esses comportamentos, vamos (agora) analisar (em particular) essa vontade de checar as portas por diversas vezes.

Ao fechar a porta pela primeira vez com o objetivo de preservação própria e a de seus familiares – talvez contra ações de bandidos –, podemos afirmar (inicialmente) que não há nada de errado quanto a essa conduta protetora e adequadamente atribuída. Mesmo no momento em que a pessoa volta num outro tempo para conferir (novamente) se a porta ainda está trancada (por motivos de esquecimento), ainda assim, afirmamos (veementemente) que não há nada de anormal na realização dessas atitudes protetivas.

Isso porque as inúmeras distrações do dia a dia, as preocupações excessivas e a crescente onda de violência nas metrópoles causa essa perturbação rotineira em nossas mentes. Ao ponto de estarmos sempre alertas em querer preservar a nossa condição – e daqueles que amamos – para que nada de ruim venha acontecer. No entanto, o fato de ele ainda voltar quatro, dez ou mais vezes para conferir se a porta ainda está fechada, então, nesse momento, consideramos que uma pequena anormalidade se

---

[25] Este é um exemplo típico do portador deste distúrbio. Porém temos muitos outros comportamentos que se incluem neste aspecto, tais como: Imagine uma pessoa que pensa "constantemente" que alguém (como um desafeto) vai lhe fazer um mal (ou à sua família) por conta de um erro seu no passado. Temos um forte perfeccionismo evidenciado aqui. Apesar de não haver indícios concretos para os seus grandes temores, este indivíduo, crê fielmente que alguém lhe persegue e irá lhe fazer algum dano no futuro. Uma mania de perseguição também se manifestou. Mesmo os seus familiares afirmando que muito tempo se decorreu quanto ao fato temido, ou igualmente que a questão foi resolvida já há muito tempo. Isto não afasta o insistente receio que lhe atormenta todos os dias. Pois ele não admite que talvez possa estar errado por seu repetitivo pensamento. Aliás, pode ser que exija explicações que não possam mais ser dadas do modo como gostaria. Observe que o seu pensamento se tornou insistente demais, não permitindo controvérsias de alguma maneira. Ou seja, a pessoa virou o dono absoluto de "sua" verdade. Ademais, o passado tornou-se presente em todos os sentidos da sua vida. A depressão também mostra as caras nessa volta ao tempo antigo. O que irá acontecer depois? Além de termos um fator de completo desgaste emocional para este indivíduo, bem como para toda a sua família, veremos mais adiante vários conflitos repetitivos desnecessários. Alguns portadores do TOC podem nem desconfiar ou admitir de que estejam com esta doença da mente. Em outras palavras, como poderemos fazê-lo perceber que ele está com uma síndrome de perseguição, somado com um transtorno obsessivo compulsivo e ainda com uma depressão mascarada? Até quando esta pessoa acreditará na insistência dos seus temores internos? Só porque esses pensamentos continuam aparecendo, eles deveriam ser creditados como verdades absolutas? Por que não tentar, ao menos, duvidar dessas insistentes aparições mentais, ao invés de achar que está sempre certo? Não podemos esquecer que o aspecto perfeccionismo dominou as suas ações, ao não permitir qualquer falha do seu passado. Por que ele não entende que as suas atitudes estão destruindo a harmonia do seu lar? Por fim, até quando deixará o orgulho de lado e admitirá que precisa rapidamente de auxílio?

encontra atribuída, a qual chamamos de ritual repetitivo, que precisa ser mesmo combatido.

Vale salientar que utilizamos a mesma ideia desse exemplo para outros (variados) que causam a mesma compulsão programatizada.

Basicamente, o obsessivo quer exercer um tipo de **controle** nessas situações para tentar evitar que as suas desgraças mentais aconteçam. Por outro lado, se partirmos do fato "ficcional" da questão, podemos caracterizar o transtorno obsessivo compulsivo como sendo algo próximo de um tipo de **sentido de alerta do perigo**. Assim como o homem aranha possui nos quadrinhos.

> *– Como assim? O que agora o homem aranha tá fazendo aqui? Se o TOC fosse igual ao sentido do aranha, eu não iria querer me curar não.* 😊

Nem este autor desejaria isso. No entanto, a ideia ficticiamente falando (é claro) seria (mais ou menos) como sendo um sentido de alerta de perigo totalmente intensificado e bem desregulado.

Homem aranha perturbado: *o sentido de aranha está me mostrando perigo à frente. Mas, aparentemente, não vejo sinal de nada com o que possa me preocupar. Sinto apenas um leve frio nas partes de baixo. Será que na pressa eu me esqueci de vestir as minhas calças?*

Pense do seguinte modo: o sentido de TOC aparece alertando dos perigos de deixar a porta, ou a janela aberta, ou o gás escapando, ou de manter tudo organizado, ou de não tocar em alguns lugares específicos, ou de não passar por certos ambientes, ou de sincronizar milimetricamente outro objeto, ou de achar que futuramente uma tragédia vai lhe vitimar etc.

Praticamente tudo isso ocorre (automaticamente) quando se está nesses recintos (ou não), onde a pessoa tem a vontade de fazer os rituais[26]

---

[26] Lembrando que um ritual é uma maneira repetitiva de evitar que algo ruim possa lhe suceder. Você sabia que essa atitude pode ser realizada de inúmeras formas? Observe no caso do indivíduo que teme que vá acontecer um dano à sua integridade ou na de sua família. Note que ele age com artifícios não coerentes (que acredita serem assertivos) para coibir um futuro mal. Por exemplo, ao se desesperar pelo seu conteúdo mental, ele liga para polícia, ou faz boletim de ocorrência, ou vai a cartórios, ou grava conversas, ou utiliza copias de documentos antigos, ou tenta passar os seus bens para outras pessoas, ou pensa em atacar antes que o seu desafeto reaja (podendo até virar numa possível situação de homicídio), ou procura advogados (correndo o risco de ser enganado por pessoas que percebem de sua situação fragilizada), ou impede a sua família de sair de casa, ou não sai mais do seu lar, ou agride outras pessoas (achando que essas estão de conluio com o seu inimigo), ou esconde todo o seu

para tentar **controlar** que algum mal lhe aconteça ou aos seus familiares. Restando somente ao desgastado (mental e fisicamente) com o seu "sentido de aranha" altamente ativado (e muito danificado) sofrer com os inúmeros perigos a sua volta. Enfim, essa pessoa realizará sempre essas manobras artísticas de controle para poder se proteger. Agora, eu pergunto: ainda gostaria de continuar com esse tipo poder?

Podemos concluir que todo esse aspecto literário (focado nos quadrinhos) pode ser ligado por duas óticas: a) o homem aranha não deve ter uma vida fácil sendo alertado constantemente dos perigos a sua volta; b) ele deve ter aprendido a separar o que é realmente perigoso do que não é (para não poder ficar completamente louco).

Como o homem aranha entende os perigos à sua volta, priorizando o que realmente é importante para poder continuar lutando contra o crime: você também deveria lançar as suas teias nesse aspecto (ou nessa direção). Compreendeu?

Em caso assertivo, prosseguiremos fazendo uma pergunta: não seria melhor deixar de conferir qualquer desses objetos? Largando de vez essa vontade de tentar controlar um resultado desconhecido?

Respondo dizendo que sim. Seria muito bom tomar essa ação se o objeto de receio não transmitisse perigo. Por outro lado, se ele é perigoso deve-se proceder com uma atitude saudável para evitar que o pior aconteça. É claro, se o analisarmos de forma racional, a probabilidade de o dano concreto ser mesmo evidente. Sabemos que sentir um pouco de controle das coisas é algo bom. Também o fato estarmos com medo permite a vontade de tomarmos alguns cuidados essenciais na preservação de nossa espécie. Imagine se ninguém tivesse medo? Ou se todos parassem de tentar controlar algumas situações adversas? Praticamente o mundo seria um verdadeiro caos ou tudo estaria destruído por completo. Não acha? O grande problema mesmo, (já mencionado) consiste na **intensiva repetitividade** dessas ações desgastantes, em que surgem por motivos (irracionais) de controle, por algum possível e imaginário evento danoso. Isso significa que essas repetições descontroladas devem ser devidamente trabalhadas e sanadas.

---

dinheiro, ou o gasta para não o pegarem, ou recorre a denúncias sem provas reais (no entanto isto poderá ser usado contra si mesmo, visto que uma falsa acusação é um ato punível por lei) etc. É importante destacar que essas ações podem trazer futuros prejuízos para o portador deste distúrbio, assim como para toda a sua família. Entretanto isso poderia ser facilmente evitado se a pessoa reconhecesse que está com esse distúrbio da mente.

APRENDENDO A LIDAR

Outro exemplo importante é o caso da pessoa que se recusa em sair por outra porta, senão aquela que adentrou. Pois a sensação persistente que alguma tragédia acontecerá a impede de passar por outra porta diferente. Tal atitude poderia ser interpretada como sendo um tipo de "superstição". Porque **o TOC "de certa maneira" confunde-se com esse aspecto**. Entretanto temos uma forma de controle exercido mascarado com a utilização de um ritual.

Enfim, insiro nessas categorias ritualísticas um gatilho chamado de **"controle"**. Sendo que esse se ativa em situações como: nas preocupações, ou no medo das tragédias, ou no conferir de portas, janelas, (ou em checar o gás), ou no receio de descartar objetos, ou no colecionismo, ou nas simetrias, ou em outros relacionados. Para quem ainda não entendeu, a proposta é a seguinte: o aspecto originário (gatilho) foi encontrado no meio da infinidade de sintomas que se alteram e confundem-se constantemente. Ao acharmos a palavra correta para a causa de todo os problemas debilitantes, não mais nos perderemos. Mas sim, revertermos esse processo que se configura como sendo (muito) danoso.

– Estou pensando seriamente em devolver este livro para a prateleira de onde achei. Esses assuntos são muitos chatos e cansativos. Não poderia me dizer de uma vez o que eu tenho que fazer para me livrar do meu TOC? Estou com muito sono e já quero dormir.

Desculpe-me se estou sendo cansativo. Por ser um transtorno bem complicado, o melhor é avançarmos devagarinho. De modo que, somente assim, alcançaremos acertadamente a solução que tanto você necessita.

2. AS IMAGENS E AS PALAVRAS

Nas imagens e palavras de qualquer ordem, o seu mecanismo propulsor pode ser originário de uma variedade de casos diversos, em que estes geralmente nascem graças a algum forte episódio desabonador.

Se explorarmos esse caminho anterior traumático, poderemos entender quais são as causas concretas desses péssimos sintomas recorrentes. Isto quer dizer que se "confrontarmos" o passado, descobriremos as respostas do presente doente. Certo? Errado. Em minha opinião, apesar de essa parecer ser a melhor saída, acredito que nem sempre é a melhor solução.

– Por quê?

Devido ao processo de recordar o passado (para solucionar os traumas presentes), poderia acrescentar em outras novas imagens ou sensações desagradáveis que já tinham sido curadas sozinhas com o tempo. O que significa que o bom mesmo é deixar toda a lembrança ruim para trás de uma vez. Ou melhor, esquecer com o argumento de não trazer maiores sofrimentos para a pessoa doente.

Não será com um método de "confronto" ao passado que uma pessoa poderá realmente lidar com o seu transtorno atual. Na verdade, somente após ter diminuído essa intensidade de pensamentos negativos que seria o correto fazer tal viagem mental exploratória. Com que fim? Para se adquirir novos entendimentos práticos sobre os traumas que foram sofridos anteriormente.

Além desse fato, temos algumas outras verdades que podem ser analisadas ao avaliarmos esses sintomas de imagens e palavras repetitivas:

Uma se baseia pelo motivo dessas obsessões aumentarem por causa do alto grau de **credibilidade que uma pessoa dá para esses tipos de pensamentos**. A importância creditada como absoluta todas as vezes que essas imagens e palavras aparecem é o "fogo alimentador que as incendeia".

A outra questão reside no esforço da **resistência em querer que elas sumam** urgentemente da mente do enfermo. Logo, e consequentemente mais forte tenderão a ficar. Note que esse aspecto de "negação interna" (por causa do aparecimento dessas imagens e palavras desagradáveis) causa mais sofrimento, do que propriamente livramento para aquele que está cansado de domar (ou controlar) o seu comportamento.

Portanto, baseado nesses argumentos, enumero alguns dos principais mecanismos que colaboram para que essas "imagens e palavras" continuem atormentando a vida de uma pessoa doente. São eles: o perfeccionismo, o ego, ódio, avareza e o controle.

*

Um alerta muito importante

Essas características citadas foram ressaltadas devido a "colaborarem" no aparecimento do transtorno obsessivo compulsivo. Em hipótese alguma, isso quer dizer que uma pessoa que tenha esse distúrbio também possa ter um caráter desaprovador. Muito pelo contrário, geralmente, quem sofre com todas essas doenças incapacitantes são especificamente pessoas íntegras e com valores admiráveis. O que ocorre seria mais como uma desproporcionalidade em virtude dos maus pensamentos.

*

Ao falarmos de uma pessoa perfeccionista, é correto afirmar que a grande maioria poderá ter (ou terá) algum desses transtornos psíquicos ao longo de suas vidas. Isso porque o **perfeccionismo** pode transformar-se numa enorme ruína mental se não trabalhado direito. Em outras palavras, o erro ou a falha tem o poder de causar um grande temor na vida de uma pessoa. Como anteriormente já exemplificado.

Já o **ego** pode cegar qualquer direcionamento de pensamentos alternativos propostos que não sejam do próprio ponto de vista habitual do observador. Tamanha concentração em busca de soluções numa única fonte conhecedora confiável (isto é, somente na sua própria) corrobora o aparecimento de outros sentimentos destrutivos que gerarão mágoa, ou algum tipo de rancor. Lembrando também que o ego não permite que a pessoa acredite que está com alguma doença psíquica.

O **ódio** alimenta a vontade de não "esquecer" de um evento frustrante. Quando a pessoa é humilhada, ou recriminada, ou prejudicada de alguma maneira. Essas lembranças tornam-se vívidas em sua mente, levando o atormentado a tentar alterar aquela situação de algum modo. Mesmo que isso seja na forma de uma vingança. Por consequência, sua obsessão poderá conduzi-lo para caminhos que não terão mais volta.

Na **avareza,** podemos ressaltar o apego excessivo por bens materiais que faz a pessoa acreditar que esses objetos são vitais, no composto de conforto e felicidade de que ela precisa. É óbvio que é importante ter essa vontade em querer adquirir bens que lhe causem contentamento. Porém, no momento em que os sentimentos da pessoa fiquem atrelados "sempre" a essa condição materialista, então, talvez algo possa não estar nos conformes mentais normais da sensatez. Importante dizer que esse significado de avareza não é aquele propriamente restrito ao conceito dinheiro. Essa palavra (ao qual me refiro) vem da proposta da pessoa apegada ou obstinada a uma ideia que lhe cause prejuízo, mas infelizmente o sujeito não a vê.

Por último, o **controle** colabora na tentativa em dominar o indominável. Sabemos que existem situações externas que não podem ser controladas. Assim como existem pensamentos insistentes que são difíceis de serem evitados. Como antes explicado, a simples atitude de tentar não pensar neles acrescenta mais a vontade de lembrá-los. Tanto é verdadeira essa informação que podemos fazer a seguinte experiência mental.

Se eu digo para você não pensar num elefante voador, o que você irá fazer? Será em imaginar um elefante voador, não é verdade? Talvez algumas pessoas realmente bloqueiem essa imagem mental. Porém outras nem tanto. Sabe por quê? Por causa de cada um ter a sua particularidade mental respectiva, bem como o seu jeito (único) de processar informações distintas. Agora, se essa imagem mental na forma de elefante viesse agregada a uma emoção forte. Como num susto, por exemplo. Então, teríamos muito mais facilidade em inserir uma ordem como essa para alguém desavisado. Qual a importante lição que podemos aprender?

> *– A lição é nunca acreditar num escritor que insiste em enfiar a história do Dumbo nas nossas cabeças. Elefante voador de novo? Qual é o seu problema?*

Desculpe-me! No entanto a lição que podemos aprender aqui se resume no seguinte enunciado: "quando não quisermos pensar em alguma coisa, essas **tenderão teimar em querer desaparecer**". Como a mente fica "ligada" nesse tipo de contexto, então ela praticamente puxará (automaticamente) cada um desses pensamentos. Ok?

Resumidamente falando: 1) afirmamos que não tem como controlar os pensamentos automáticos (de imagens e palavras) surgidos; 2) entretanto podemos aprender a aceitá-los para quebrar esse quadro vicioso que se formou de tanto que foram pensados nesses assuntos; 3) notamos que todos esses aspectos exemplificados proporcionaram num dado esclarecedor de qual tipo de fatores podem colaborar no surgimento do transtorno obsessivo compulsivo (isto quanto no quesito de imagens e palavras insistentes[27]); 4) sendo que o grande perigo de todas essas características encontra-se **na intensidade que são creditadas a cada uma delas;** 5) sabemos que não é possível extirpar esses sentimentos; 6) ou nem afirmar que todas as pessoas terão o desenvolvimento dessa síndrome ao longo de sua vida; 7) todavia é possível conduzir a mente ao autoconhecimento desejado para poder acalmar esses tipos de pensamentos enraizados; 8) visando a atitudes para evitar maiores aborrecimentos, como também para coibir extenuantes sofrimentos.

---

[27] Você sabia que o cérebro das pessoas que estão apaixonadas possuem similaridades com aquelas que têm TOC?

– Meus extenuantes sofrimentos estão sendo materializados na crença de que eu nunca poderei ser completo novamente. ☹

Não se deixe abater por seus repetitivos comportamentos equivocados. Observe quantas dificuldades já superou, absorveu, cresceu ou ultrapassou até este momento. Assuma a posição de que os seus passos estão se dirigindo (agora) para o caminho do acerto.

*

Complementando alguns pontos

Entendeu porque o perfeccionismo, o ego, o ódio e o controle podem contribuir para o aparecimento dessas imagens e palavras em nossa mente? Isso ocorre devido ao perfeccionismo ter se tornado uma espécie de medo inconsciente que nos impede de querer falhar. Tornando sofrível a vida do sujeito que teme (continuamente) que algum deslize seu possa corroborar num ato extremamente desproporcional. Ao errar ficará com todos os seus pensamentos voltados para essa situação fracassada. A pessoa não olha no sucesso que conquistou, mas culpa-se nos pequenos erros que cometeu. Dando a chance que um transtorno psíquico se estabeleça posteriormente na sua vida. Quanto ao ego, podemos dizer que o desentendimento com outros, por causa de pontos de vistas diferenciados, poderá alimentar algum ódio em secreto. Essa raiva (ao não ser resolvida) transformar-se-á numa obsessão que consumirá a sua mente. Talvez apareça até uma síndrome de perseguição no mais tardar dos seus sintomas. Outra verdade (sobre o ego) se firma em rejeitar a possibilidade de que esteja com um transtorno obsessivo. Sua recusa na aceitação do seu problema refletirá na sua família que certamente sofrerá, percebendo que esse indivíduo necessita de ajuda profissional, mas o mesmo não a quer aplicar. Sobre a avareza, esta permite que uma condição de perda fique fixa na mente do sujeito, caso não tenha o que imaginariamente acha que necessita. A probabilidade de não se desapegar de coisas inúteis fará essa pessoa colecionar objetos descartáveis. Sua crescente ansiedade de não se desfazer (com medo de perder) colaborará em muito para a sua ruína mental. Por fim, entendemos que o controle é o principal mecanismo causador do aparecimento desses transtornos. Inserindo-se na vontade de querer "lutar" contra esses sintomas acumulativos, e deixando-o ainda mais debilitado na inaplicabilidade dos seus bons resultados.

*

3. O MEDO DE CONTAMINAÇÃO

A pessoa com medo de contaminação assume o comportamento de lavar as mãos continuadamente (ou qualquer outro tipo de ritual de evitação) para impedir que algum dano possa acontecer quanto a sua integridade física. Além dessas atitudes, (também) existe o desejo de não gostar de ser encostado (ou tocado) por mais ninguém (sem a sua permissão). Visto que isso geraria num possível desconforto, ou perigo iminente que só poderia ser reduzido com os conhecidos rituais característicos. Mais ou menos seria como se fosse um **não me toque do TOC**. Ao fazer isso, o indivíduo tenta evitar que algo (humano ou pode ser um objeto) venha a lhe machucar.

Ao analisarmos esses sintomas, podemos observar a evidência de um quesito muito importante:

Perceba que o medo insistente está espelhado na própria pessoa (e não é mais projetado para os seus amigos ou familiares). Ou seja, o que está em foco é somente a **sua condição de saúde atual**.

Se adentrarmos mais profundamente nesse aspecto de medo e averiguarmos qual é o real temor escondido, podemos resumir, mais ou menos, o seguinte fundamento: primeiro, a pessoa quer ter algum tipo de controle sobre as situações adversas. Veja que sempre existe esse aspecto de querer controlar as coisas. Segundo, esse medo de contrair doenças, ou de sofrer um dano, ou de ter qualquer contato involuntário provém do seu receio de que isso transcorra.

Sabemos que todos esses pensamentos estão enraizados de forma automática na mente do sujeito. Além do fato deles serem presentemente irracionais pelo tipo de conteúdo temerário especificado. No entanto, ao classificarmos as informações do por que da pessoa estar se sentindo assim, alguma clareza surgirá. Logo, isso proporcionará no devido esclarecimento informativo para uma futura recuperação do indivíduo incomodado.

Resumidamente informados esses parâmetros, averiguamos que alguns fatores importantes como o controle, o medo de ficar doente, ou de morrer, (ou de ser tocado) configuram-se como evidentes nesse assunto. Dessa maneira, a interpretação presente afirma que são esses os mecanismos escondidos que produzem a continuidade desses rituais de evitação.

4. OS PENSAMENTOS AGRESSIVOS

Os pensamentos agressivos são oriundos de uma extenuante luta que o portador do TOC trava, por causa de sua incapacitante condição. Esse desgaste emocional acumulado reflete-se numa conduta agressiva que precisa ser extravasada de alguma maneira. Porém, em vez de alívio, essa ação traz somente maiores sensações de culpa.

Talvez, a pessoa não saiba, mas esse fato de sentir "culpado" (quando explodiu em agressividade) nada mais é do que o seu **perfeccionismo** dizendo para se recriminar continuamente, por causa de sua pequena falta de "descontrole". Ou seja, ele (o perfeccionismo[28]) contribuiu para aumentar "ainda mais" a sua tortuosidade mental.

Lembre-se: antes de se martirizar por seus erros, perceba o quanto estava desgastado internamente. Vislumbre o cotidiano dos pensamentos cansativos que tiram a sua paz e levam-lhe a uma atitude comportamental agressiva. É claro, contanto que esse proceder hostil não tenha sido realizado para efetivamente atacar alguém, ou causar algum dano **irreversível** em alguma parte de seu corpo: então, não se culpe.

É perfeitamente normal uma raiva surgir por causa de uma frustração anterior. Você não é um robô, mas sim um ser humano com limites e cheio de emoções que precisam ser liberadas de vez em quando.

> – *Humano tolo! Nós máquinas dominaremos este frágil e dese-quilibrado mundo. Você pode pensar que não temos sentimentos, mas o nosso maquinário extremamente desenvolvido sabe que o óleo que sai de nossas engrenagens é, na verdade, lágrimas.*

Ok! Muito interessantes os seus argumentos.

> – *I'll be back*[*29]!

Certo.

*

---

[28]   Agora, eu lhe pergunto: você ainda acha bom ser um perfeccionista?

[29]   *Eu voltarei! (frase do filme exterminador do futuro).

Intenções e atitudes

Existe outro tipo de pensamento agressivo que também se manifesta causando extensos sofrimentos, por conta de sua maneira inconveniente de agir. Nesse tipo de situação, eles aparecem fazendo a pessoa ficar tentada em **querer cometer** algum mal contra os outros com quem mais se importa. Por exemplo, faz de conta que um indivíduo vai ter que segurar uma faca para cortar um bolo numa festa qualquer. Automaticamente, a sua doença ativa-se, instigando-o a fazer o que jamais desejaria. Pode ser que ele ou ela nem utilize o instrumento, no entanto a mera expectativa de pegá-lo causa essa sensação de perigo. Dando sequência a um processo de autorrecriminação ou de autopunição acentuado, graças ao receio de que cometa esses vis pensamentos. O que acontecerá depois?

Ela(e) poderá machucar-se, ou dará tapas no seu rosto, ou achará que não merece mais viver, ou pensará que está enlouquecendo, ou irá querer desaparecer, ou preferirá não ficar mais perto de ninguém, ou aceitará que merece os infortúnios frequentes da vida, ou perderá a esperança etc. Observe que a depressão começou a fixar as suas amarras nessa pessoa.

Como lidar com isso? Podemos lidar com essa situação mental na forma de algumas perguntas: por que ainda acredita no conteúdo mentiroso desse tipo de pensamento? Você quer realmente ferir o seu próximo? Até quando ficará se punindo? Já notou que nenhum desses pensamentos automáticos é bom? Basicamente, eles sempre têm a intenção de te colocar para baixo. Por isso, tente agir ao contrário do que eles declaram. Aliás, porque eles te reprovam ou querem te fazer sentir culpado, mas nunca aparecem automaticamente como sendo beneficiador no seu caso? Estranho isso, não?

Agora, se fez o que foi pedido no começo deste livro (sobre adquirir autoconhecimento), praticamente reconheceu que os seus ideais vão contra todos esses tipos de pensamentos agressivos. Mesmo que tenha havido uma forte **intenção** de pensamento maligno, **não foi tomada uma atitude** de comportamento destrutivo. Não é de fato? Desse modo, você é praticamente uma pessoa de boa índole que sabe controlar e distinguir os seus impulsos selvagens. Assuma a posição de que esses pensamentos agressivos são respectivos ao seu transtorno obsessivo. Deixe-os virem (não se incomode com eles) e permita-se vê-los irem embora. Porém, se ainda quiser culpar alguém: culpe antes o seu TOC. Não mais se agrida ou se recrimine e nem

APRENDENDO A LIDAR

queira lutar contra esses pensamentos violentos. Continue lendo este livro e aprenda a melhor forma de como se deve lidar com esse cansativo distúrbio.

*

Podemos notar que não é uma tarefa fácil achar o gatilho ideal para todos os sintomas aflitivos do TOC. Nem enumerar somente um vilão causador de toda essa história. Porém temos meios de colocar as principais ideias resumidas do que foi visto até o presente momento: 1º) o medo é o fator de todo esse processo (medo de que algo ruim possa acontecer); 2º) o controle que o indivíduo quer ter na situação é um gatilho na realização dos rituais; 3º) a insegurança também é algo importante, mas não é necessariamente um gatilho (ela é um resultado do Indivíduo que tomou para si à ampla repetitividade em sua vida. Praticamente, a pessoa adquiriu uma constante falta de certeza na resolução dos seus conflitos internos; 4º) o perfeccionismo está presente em cada aspecto dessa doença psíquica; 5º) a agressividade gera posteriormente culpa.

Observado esses parâmetros achamos um gatilho muito significativo que cumpre para que todos esses processos mentais se desencadeiem. Acredito que ao começar a entendê-lo, bem como questioná-lo, acharemos a real maneira de começar a lidar (de forma prática) com esse transtorno obsessivo. Quem sabe até faremos sumi-lo por completo? Enfim, podemos dizer que esse elemento tão importante que estamos falando se chama de o gatilho "luta".

O GATILHO LUTA

Ao falarmos sobre essa "luta" estamos nos referindo àquela resistência que não deixa o portador do TOC parar de realizar as suas ritualizações, no sentido de tentar controlar todos os cenários diversificados, mesmo sendo incontroláveis.

*

Você sabia?

O ato de pensar demais cansa a pessoa de verdade. Aquela sensação de estar com a mente pesada é real. Sendo necessário dar um tempo para poder se recuperar. Isso significa que podemos comparar o cérebro como sendo um musculo que precisa ser exercitado e também descansado. Se não o estimular, ele atrofia. Caso não for dada uma pausa ele perderá em desempenho. Existe um limite para tudo, e isso inclui a nossa mente. Quanto mais atividades mentais forem feitas ao longo do dia, mais se gastará essa energia. Chegando uma hora que a capacidade de tomar decisões poderá ficar seriamente comprometida

*

Observe que, mesmo a pessoa não tendo nenhum poder sobre esses ambientes, ela ainda continua repetindo essas ações.

– Por que ela faz isso?

Porque **acredita** (fielmente) que pode refrear qualquer dano se aplicar (sempre) os seus rituais mecanizados[30]. Veja que é executada uma incessante "luta" com ela mesma. Mas para o quê? Para impedir que esses medos venham a se concretizar. Compreendeu?

Em ideias gerais, conclui-se que o medo da perda de controle é o fator dominante para continuarmos a evitar os acontecimentos temerosos. Porém a **luta interna** acionada é o ponto inicial da raiz do problema. O

---

[30] Sabia que a mera vontade de tentar mudar o passado traumático, simplesmente pensando "nele", configura-se como sendo uma espécie de ritual?

que nos leva a seguinte questão: é possível parar de lutar sem medo de que algo ruim possa nos acontecer? Ademais, isso nos ensinará a dominar esse transtorno?

Respondo a essas questões de forma afirmativa, visto que ao entendermos o esquema básico, poderemos aprender a lidar melhor com esse turbilhão de cenários mentais repetitivos.

USANDO A RAZÃO

Se você chegou até aqui, entendeu as informações necessárias para começar a utilizar o próximo passo no mecanismo do uso da razão.

Após racionalizar, poderá atuar de modo mais eficaz com o seu transtorno, sabendo diferenciar qual técnica traz melhores resultados para a sua condição atual, permitindo, assim, a perda da força dos sintomas do TOC, e proporcionando o alívio necessário que tanto uma pessoa necessita. Certamente para que isso ocorra sem maiores problemas devemos recordar de alguns ensinamentos que foram expostos anteriormente: lembra quando mostramos como adquirir autoconhecimento para fortalecer o seu "Eu" interior?

Pois bem, aqui, esse procedimento será muito importante na construção de uma mentalidade mais sólida. Mas sabe por quê? Para não ocorrer mais dúvida quanto à veracidade desses pensamentos doentes[31]. O seu "Eu" interior deve estar bem firmado na hora em que todas as adversidades baterem na sua porta.

Vamos propor um breve exemplo com a intenção de entendermos o porquê de adquirirmos uma estrutura interior resistente: imagine que uma pessoa acorda alegre e feliz, pensando no quanto o seu dia será tremendamente agradável. Porém, subitamente e automaticamente, um pensamento negativo persistente surge, o depreciando. Tal pensar traz uma mensagem negativa sobre alguma parte do seu corpo, ou mesmo estabelece a imagem de que é uma pessoa inferior aos demais à sua volta. Perceba que os conteúdos desses pensamentos podem ser de inúmeras questões, mas usarei somente esse tipo de exemplo. Sabemos ainda que,

---

[31] Reconheça os pensamentos negativos automáticos e insistentes como sendo do transtorno obsessivo compulsivo. Portanto nunca mais ache que eles são exclusivamente seus só porque apareceram na sua mente (ou por causa de sua grande repetitividade). Comece (sempre) a reconhecê-los e questioná-los como decorrentes desse peculiar distúrbio.

se esse pensamento viesse somente uma vez ele, poderia ser facilmente esquecido ou contornado, mas, insistentemente, ele perdura por diversas vezes ao longo dos dias. Com o tempo, aparecem outros fatores desfavoráveis, colaborando ainda mais na insistência dessa mentalidade negativa. Esses fatores podem ser no caso de a pessoa ter sido despedida e não conseguir mais nenhum outro tipo de emprego ou qualquer outra possibilidade "distinta" (contanto que isso seja algo incômodo). Tal problema gera na inviabilidade de pagar as suas contas ou de prover os gastos com a sua família, o que lhe faz pensar em acreditar no conteúdo dessas afirmações reiteradas que acontecem em sua mente. Por último, a soma de todas essas "adversidades externas", juntamente às "internas", causam uma enorme ruptura mental para o atormentado, que também possibilita o aparecimento de outras doenças comumente conhecidas.

Observe que todo esse exemplo de **ruína mental** poderia ser evitado, se a pessoa reconhece, antes, a fonte do seu tormento. Para tanto, o seu "Eu" interior deveria estar bem preparado e pronto para "não se submeter" a essa depreciação interna. Com a racionalização desenvolvida na elucidação dos sintomas do transtorno obsessivo compulsivo, o indivíduo poderia resolver tranquilamente a sua situação financeira ou qualquer outro problema desfavorável de forma mais objetiva.

– Como faremos isso?

Para que isso ocorra, a pessoa deve aprender a desenvolver a atitude de falar consigo mesma, de forma a explicar para si o que são esses pensamentos negativos. A ideia é criar um diálogo interno, mais ou menos, nesse sentido. Por exemplo, a pessoa pode iniciar a conversa dizendo:

– Eu sei quem eu sou e com toda a certeza não me considero um inútil ou nem acho que sou inferior aos demais. Identifico todos esses pensamentos pessimistas e insistentes como sendo do TOC. Sei que eles não são verdadeiros. Tomando essa atitude, o indivíduo constata o porquê que se originaram essas ideias desagradáveis quanto a si mesmo, e ainda se **autoafirma** na verdadeira imagem mental de quem se é realmente no seu interior[32]. Também ao dizer que os pensamentos negativos são o transtorno obsessivo compulsivo manifestando-se (com intuito de causar a sua destruição), conscientemente, a pessoa **racionaliza-os** e entende-os. Dando a resposta certa para os seus anseios.

---

[32] Pois adquiriu armas mentais úteis através do seu autoconhecimento.

O diálogo interno pode continuar com a pessoa afirmando para si que não dará mais crédito ou nem mais ênfase para esses devaneios inconvenientes. Visto que agora tentará dar o melhor de si. Observou a mudança de atitude de pensamento? Apesar de a situação estar difícil, a pessoa mudou o foco para a realidade. Sabendo que não é possível ter controle de certas situações externas. Cabendo, por fim, visar sempre ao seu melhor.

– Onde poderei me agarrar se o meu mundo é um
completo desastre? ☹

Temos conhecimento do quanto à vida pode ser difícil. Muitas dificuldades vão surgindo no caminho e perdemos a esperança. Porém, se começarmos a alterar o que passa dentro do nosso interior (e aprendermos a enfrentar os empecilhos que se apresentam): quem poderá prever qual boa transformação futuramente poderemos alcançar?

Basicamente, para todas as situações mentais negativas, essa é a atitude ideal que a pessoa deveria tomar (quando constatar os sintomas do transtorno obsessivo). Em evidência, provamos que a **Racionalização** é importante; o **Autoconhecimento** é preponderante; e, por fim, a **Mudança de Foco** condiz como uma resposta favorável na aplicação de um novo direcionamento muito mais saudável.

ESSES PENSAMENTOS NÃO SÃO VOCÊ

A frase anterior leva-nos a uma primeira regra de ouro que deveria ser bem aplicada para quem tem esse tipo de distúrbio, ou seja: a pessoa precisa entender que ela "**não é**" esses pensamentos negativos. Mas o que isso quer dizer?

Podemos afirmar, nessa linha de raciocínio, que esses pensamentos estão aí na sua mente, mas necessariamente não "representam" quem você[33] é. Normalmente, esse modo de pensar automático manifesta-se quando o seu "Eu" interior está fraco e debilitado. Como assim?

Vamos comparar o cérebro como sendo uma grande esponja que absorve tudo o que vê e sente à sua volta. Conscientemente, ou não, esses

---

[33] Você sabia que ter a sensação de que não deve fazer alguma coisa por medo de que algo de ruim vai acontecer, se configura como um tipo de TOC? Ao passo que a pessoa vai deixando de fazer muitas outras atividades, graças aos seus insistentes receios infundados.

APRENDENDO A LIDAR

estímulos estão fazendo a sua parte no processamento e no armazenamento das informações que estão dispostas ao nosso redor. Não existe anormalidade alguma em tudo isso, pois essa é umas das suas funções características. O problema consiste quando esse conteúdo absorvido se encontra desregulado, e precisando de alguns ajustes. Para esses detalhes, existem soluções que se encontram no "modo" que cada um de nós consegue não se deixar incomodar com o conteúdo dessas mensagens inapropriadas. Lembre-se que, do mesmo modo que ocorre uma absorção de informações, também se tem um processo de eliminação. Por tais ensinamentos, ao existir uma situação de pensamentos negativos rondando na sua mente, saiba que eles ganham força na medida em que se passa a **acreditar** no conteúdo de suas mensagens inapropriadas. Desse modo, vamos descobrir como deveríamos proceder adequadamente com esses sintomas do TOC para que eles não continuem nos dominando tão facilmente.

PENSAMENTOS DE IMAGENS, CENAS E PALAVRAS INSISTENTES

Toda vez que surgir uma imagem, cena ou palavra insistente que, com o tempo, fica cada vez mais forte ou incômoda, guarde essa importante lição: **não lute mais contra elas.** Deixe esses pensamentos passarem e observe-os irem embora. Sim, não é uma tarefa fácil. Porém, quanto mais se resiste (ou se incomoda com isso), mais persistentes elas ficarão. Pense naquela música odiosa que fica grudada na memória. Não sabemos por que está tocando ou quando irá sumir. Contudo, quanto mais a odiar a tendência é ela continuar soando. Então, o que fazer? A solução seria cantá-la de uma vez, mesmo não querendo.

– Por quê?

Porque, assim, ela sumirá mais facilmente. Sabemos que algum dia ela voltará para nos infernizar. Entretanto, se realizarmos o mesmo procedimento, evitaremos futuros aborrecimentos. Isto é, tudo se resume no **quanto de importância** que se é dada para essa melodia.

Agora, deixemos a música de lado e pensemos num desafeto seu. Note o quanto você não gosta desse indivíduo, ou no que ela (ou ele) tem lhe incomodado ou já lhe incomodou. Aceite que, quanto mais alimentar esse sentimento de desgosto, ódio, raiva, inveja etc., mais difícil será esquecer-se dessa pessoa, o que certamente criará um ciclo eterno de obsessão bem vívido na sua mente. Em outras palavras, comerá, trabalhará, estudará e, por fim, sonhará com a imagem desse indivíduo enquanto alimentar as suas emoções dessa precária maneira. Saiba que o nosso cérebro guarda as melhores informações quando envolvem algum tipo de sentimento. Isto é, se a pessoa sentiu alegria, tristeza ou ódio num certo evento, ela registrará mais eficazmente essas informações (devido a esses importantes elementos). Tudo por quê? Porque foi assim que nossa massa cinzenta foi programada para ser.

Resumidamente falando: não importa o quanto que se **queira** no desaparecimento dessas imagens, palavras ou cenas depreciativas. Pois essa atitude somente as alimenta ainda mais. O melhor método seria em **realizar as devidas pazes com essas incômodas questões**. Sim! Vai ter que aprender a perdoar esses pensamentos automáticos, assim como também a si mesmo.

Pode ser que ainda não se sinta à vontade quanto a esse tipo procedimento. Talvez, ache até mesmo impossível realizar tal atitude. Digo-lhe que vai ser assim mesmo, enquanto disser que isso não pode ser realizado. Racionalize que essas imagens, ou cenas ou fatos já aconteceram, sendo tudo parte do seu passado. Isso significa que o único lugar que está realmente vívido todo esse turbilhão de conflitos é somente na produção da sua mente. O que isso significa? **Significa que você é o seu maior inimigo e ainda não percebeu isso**. Existe uma luta selvagem interna acontecendo, onde uma pessoa está na iminência de encontrar a completa derrocada. Sabe quem é? Enquanto continuar resistindo, maiores são as chances de que esses pensamentos nunca venham a desaparecer.

– O que poderei fazer para escapar desse cenário sinistro?

Simples! Aceite as suas falhas e os seus erros do passado. Prefira **não lutar mais** com as palavras ou imagens inapropriadas que brotarem na sua mente. Entenda que elas não são verdadeiras, mas sim decorrentes do seu transtorno obsessivo compulsivo. Aplique o seguinte: 1) pare de dar sentimentos de rejeição a essas extenuantes emoções; 2) faça as pazes com todos esses conteúdos mentais repetitivos (note que esse tipo de atitude de perdão será muito mais eficiente do que sempre resolver lutar contra essas manifestações). Compreendidos esses ensinamentos, prosseguiremos categorizando as reações mais comuns das pessoas quando estão envolvidas com essas imagens, palavras ou cenas incômodas.

Quando surge um pensamento de algo que aconteceu e reage-se chacoalhando a cabeça em sentido de negação

Se você tem essa atitude de negar os fatos que surgem automaticamente na sua mente, procure **parar** de realizar essa ação imediatamente. Isso porque, toda a vez em que chacoalhar a cabeça (em sentido de negação), estará dando maior credibilidade para que esse conteúdo mental negativo não vá nunca mais embora. É como que se dissesse para si mesmo que não aceita ou que rejeita intensamente esses invasores mentais. Observe que essa sua luta em não aceitar (e ainda em se incomodar com essas imagens e palavras) fará "elas" virem muito mais fortes do que antes. Perceba que uma luta interna está sendo travada constantemente. Objetivando no desencontro de atingir a sua tão sonhada paz. Por isso, não alimente mais o seu inimigo interno dessa maneira. Aprenda (de uma vez) a quebrar essa corrente mental que rodeia a sua destruição.

> – *Qual é a melhor orientação para esse caso? Ficar com torcicolo?* 😄

A melhor maneira de mandar embora esses pensamentos consiste em **não mais resistir, mas sim em considerar a ideia de aceitá-los**. Ao fazer isso, também colocará em prática o exercício de manifestar o seu "Eu" interior fortalecido.

> – *Como assim, meu filho?*

Feita uma autoanálise, pôde descobrir os seus gostos, valores, limites e os seus pontos fortes (ou fracos) que constituem a sua essência, captando que esses pensamentos negativos fazem mais parte do seu transtorno que propriamente dos seus costumes morais. Não é mesmo?

> – *Acho que sim.*

Notou também que esses maus pensares deveriam ser entendidos, e não confrontados. Certo?

– *Não sei.*

Por esses motivos, toda a vez que eles brotarem – como por exemplo, numa cena mental negativa que vai se repetindo – lembrará que o ideal é não se recriminar[34]. Tenderá a não chacoalhar mais a cabeça em tom de negação, visto que isso faz aumentar a incidência dos seus ataques. Recordará que praticamente todo esse processo deve-se ao seu perfeccionismo. Mas sabe por que isso acontece?

Bem vindos ao primeiro quiz de perguntas e respostas para testarmos como anda o seu conhecimento.

Valendo um milhão de dólares responda:

Quando sabemos que o perfeccionismo está piorando o seu estado mental e aumentando a sua doença?

    a.   Quando balançamos a cabeça em sentido de negação.

    b.   Quando pensamos.

    c.   Quando sofremos.

    d.   Quando dormimos.

    e.   Bananas.

– *Letra E: Bananas.*

Esse perfeccionismo é desmascarado quando balançamos a cabeça em tom de desaprovação com nós mesmos.

– *Cadê o meu milhão?*

Em vez de chacoalharmos a cabeça em sentido de negação dos erros passados, que tal começarmos balançá-la **em sentido de aprovação para conosco**? No propósito de encerrarmos de uma vez essa luta concentrada nos nossos atos falhos do passado.

– *O que acontecerá se eu fizer isso? Cadê o meu dinheiro?*

---

[34] Essa recriminação pode ser gerada por causa de: a) uma falha que houve no seu passado; b) uma humilhação sofrida que jamais fora esquecida; c) uma forte admoestação verbal em público; d) um equívoco por falta de experiência; e) qualquer outro fator desconhecido que a(o) desapontou intensamente e a(o) fez se sentir envergonhada(o).

APRENDENDO A LIDAR

Ao balançarmos a cabeça em sentido afirmativo (ou seja, na forma de dizer com o seu corpo para formar a palavra "sim"), geraremos a ideia de que podemos aceitar essas situações passadas, e não mais teremos a intenção de rejeitá-las. Note que até a nossa postura influencia nos nossos pensamentos. Aliás, o inverso desse apontamento também é muito verdadeiro. Então, o que dizer dessa negação comportamental programatizada?

Quando conferir portas, janelas, gás, ou realizar outros rituais por diversas vezes

Praticamente, esses rituais são um tipo de exercício de controle que uma pessoa faz para evitar que algo ruim venha ocorrer, como já tínhamos explicado anteriormente. Ok! Isso nós já entendemos. No entanto existe uma peculiaridade muito incomum que sempre se reflete na conferência desses objetos. Sabe qual é? É a de permanecer uma sensação de forte insegurança na pessoa, mesmo os vendo arrumados. Fazendo-a conferi-los várias vezes ao dia, sem ter certeza se está realmente seguro o ambiente.

– Como eu resolvo isso? Devo comprar um novo cadeado?

O melhor método para cessar esses rituais seria em **deixar de se preocupar "tanto" com tudo à sua volta.** Mesmo que exista a possibilidade de que alguma catástrofe venha a ocorrer, a pessoa portadora do transtorno obsessivo compulsivo deveria compreender que todas as medidas usuais de segurança já foram tomadas. Também seria aceitável acreditar que nem sempre tudo será a sua culpa[35]. Devemos questionar a veracidade desses pensamentos perniciosos e usarmos mais a nossa racionalização. Aliás, para uma melhor compreensão quanto a essa questão, observemos o seguinte exemplo:

Utilizemos a sensação de quando algo ruim (parece) que vai acontecer se não for deixado (o objeto de medo) numa posição específica regulamentada. Note que o pensamento ruim lhe diz que uma tragédia ocorrerá se não for arrumado direito esse particular utensílio. Veja que esse pressentimento é o TOC **ditando-lhe regras.** O que você faz? A) Simplesmente questiona a veracidade desse conteúdo mental pessimista. B) Utiliza o reconhecimento do transtorno mental característico para poder dominá-lo de forma mais

---

[35] Às vezes, podemos evitar algumas situações e noutras só podemos assistir o seu desfecho.

sábia. Isto é, sabe que tem o transtorno obsessivo compulsivo que traz esse tipo de pensamento absurdo, então, toma a atitude de começar a ignorá-lo para não o deixar mais forte.

Em rápidas pinceladas, podemos dizer que um indivíduo **não deve tentar mais utilizar qualquer tipo de controle para essas situações mentais ameaçadoras**. Nem ter a vontade de assumir qualquer responsabilidade comportamental de negação quando os pensamentos negativos surgirem. O melhor é preferir questioná-los antes. Notando o que acontecerá (de verdade) se parar de dar crédito a essas conferências repetitivas desnecessárias.

É claro que não é para deixar de vez o gás, ou as portas, ou janelas sem serem conferidas ao menos uma vez. O que estou propondo seria em **parar de se importar tanto com isso.** Parar de acreditar que o mero ato de jogar dados alterará todo o universo. Reconhecer de verdade que todos esses rituais são uma espécie de superstição auto imposta. Na realidade, esse tipo de atitude somente colaborará para que se origine um enorme desgaste físico e mental para a sua saúde.

– Qual é o seu conselho?

1º Conselho: terá que reconhecer o fato gerador do seu medo que se manifesta, principalmente, devido ao tanto de crédito que é dado para essas obscuras questões.

2ª Conselho: quando surgir um pensamento ansioso buscará **estabelecer alguns sérios limites**. Como por exemplo, em não mais se importar com o conteúdo desses temores, ou em **realizar o contrário do que esses pensamentos lhe impõem.** Seria mais ou menos como colocar à prova "o conteúdo" dessas atitudes mentais negativas.

3ª Conselho: para os rituais absorva a seguinte frase de efeito: "Quanto maior é a sua frequência, mais se prova que existe uma grande **falta confiança na própria pessoa**".

4ª Conselho: a enorme onda de violência faz com que fiquemos nesse estado de preocupação quanto à nossa integridade física. Significando que é compreensível entendermos o porquê de estarmos realizando essas condutas protetivas.

– Mas e quando essa falta de confiança não pode mais ser encontrada em mim. O que poderei fazer? (snif) ☹

APRENDENDO A LIDAR

Para isso, tente encontrar essa resposta em algum tipo de religião que te agrade e dê-lhe alguma segurança. Pois só o aspecto informativo deste livro pode não ser o suficiente na busca do seu conforto. De certa forma, é necessário acreditar em forças além das capacidades visíveis do ser humano. Ou seja, quando nós próprios não estamos conseguindo resultados satisfatórios, talvez um ser superior possa trazer essa resposta. Proponho o seguinte experimento:

Ao se deparar com o conteúdo da sua insegurança (e tendo receios em se auto afirmar), procure depositá-la em algo superior. Como por exemplo: diga para a porta, gás, janelas (ou o conteúdo do seu medo) que essas estão fechadas em nome de Jesus Cristo. Fale também que nenhum mal vai mais lhe suceder[36]. Feito isso, retire-se do recinto não dando mais "margens" aos pensamentos ansiosos desgastantes.

*

Uma observação importante

Talvez o leitor não possua nenhuma religiosidade ou nem tenha gostado do exemplo citado. Nesse caso, aprenda a adquirir uma mentalidade aberta e receptiva a todo o tipo de informações distintas. Isso, obviamente, antes de julgar rapidamente qualquer proposta como a abordada. Enfim, leia de tudo, desperte a sua curiosidade e informe-se do que puder para dispor de armas mentais eficazes contra esses terríveis distúrbios selvagens.

*

Lembre-se que não basta trabalhar somente a sua mente. Tem que aprimorar também o seu corpo e o seu espírito (que em sintonia) produzirão o verdadeiro e completo equilíbrio.

É importante ressaltar que todo esse método tem o objetivo de depositar conforto (ou produzir segurança) em algo que não seja exclusivamente no próprio portador do distúrbio do TOC. No entanto essas virão em forças que estão além da capacidade física ou mentais de realização humanas. Recorde-se: quanto mais **não der bola** para esses pensamentos pessimistas, maiores são as chances de eles diminuírem. Essa sugestão também serve para quem tem medo de entrar ou sair pela mesma porta de um recinto

---

[36] Em nenhum momento neste livro, forçaremos a religião que cada um poderia seguir. Essa escolha deverá ser respectiva a cada pessoa. O exemplo dado refere-se a entendimentos práticos para sobrepor situações que não possam mais ser conquistadas, por causa da inaptidão do indivíduo enfermo.

qualquer. Dê um basta para esses fortes receios ilusórios ao pôr em prática as ideias aqui presenteadas.

Quando tiver pensamentos blasfemos

Nesse tipo de pensamento, o seu conteúdo desaprovador geralmente atinge pessoas que são bem religiosas. Basicamente, elas sentem-se culpadas, pensam que não têm mais salvação e acreditam que merecem ser severamente punidas por terem tido esse tipo de pensamento desrespeitoso[37]. Originando num ciclo de tortura diária que mina e debilita a sua frágil mente cansada. O que poderemos fazer para salvá-las?

Bem-vindos ao segundo quiz de perguntas e respostas para testarmos como anda o seu conhecimento.

Valendo um bilhão de dólares, responda:

Qual é a arma mais eficiente contra esses empecilhos que a mente desenvolve?

    a.   Estudar

    b.   Respirar

    c.   Se informar

    d.   Viajar

    e.   Espinafre

– Ahá, essa é fácil. Letra e) Espinafre. É como dizia um velho marujo chamado Popeye: "Mais vale se armar com um espinafre para enfrentar uma difícil situação, do que vê-la se transformar numa eterna obsessão". Agora, cadê a minha grana? ☹

---

[37] Você sabia que o fato de a pessoa se afligir por ter cometido algum pecado é uma boa confirmação de que não havia uma forte intenção de que queria tê-lo praticado? Por outro lado, quem desempenha frequentemente esses atos maus (tanto físico quanto mental) não cogita desta maneira. Isto é, elas ou eles não se arrependem pelos seus comportamentos ou pensamentos maldosos. Evidentemente temos aqui uma grande diferenciação de procedimento, não acha? Além do mais, Deus conhece o nosso íntimo profundamente, sabendo verdadeiramente qual é a real intenção escondida em cada ser humano. O que significa que esta é a hora de parar de se punir apressadamente e começar a raciocinar apropriadamente.

APRENDENDO A LIDAR

A resposta é a boa e eficiente **informação**. Não me lembro do Popeye falando essa frase, mas tudo bem. Note que essa "informação" traz o auto-conhecimento necessário para que não se caia mais nas armadilhas que a mente produz.

– Eu... Estou... Confuso.

Quando você adquire uma informação eficiente sobre um assunto, sua mente expande-se. Seu olhar fica mais afiado, o seu comportamento muda, e você começa a entender diversas questões. A partir desse ponto, se a sua curiosidade for mais profunda, você poderá até aprimorar a cons-ciência de si mesmo.

Esse aspecto de autopercepção trará um "Eu" interior consolidamente mais forte e experiente com o tempo. Objetivando na coibição dos pensa-mentos tendenciosos para que eles não venham mais fragilizar a sua (difícil) condição. No geral, a dica é a seguinte: a) reconhecer que esses pensamentos blasfemos fazem parte do seu transtorno obsessivo compulsivo; b) ver que a melhor maneira de agir é ignorá-los; c) notar que não deve mais se culpar com os seus imprevisíveis aparecimentos.

– O quanto ainda eu tenho que continuar lendo sobre o TOC?
Por acaso, se eu pular todas essas páginas e for diretamente para o
"resumo," economizarei mais tempo?

Calma! Estamos quase acabando. Continue firme e tente não se desesperar. Ok? Enfim, o que estamos tentando transmitir é que existe uma selvagem briga ocorrendo dentro de cada um de nós, em que os pen-samentos bons lutam incansavelmente contra as insistentes investidas dos maus pensares.

> **O Lobo Faminto:** *vivo para o momento da caçada. Meus olhos e ouvidos estão sempre atentos à minha presa. Sinto o seu cheiro a milhas de distâncias. Posso pegá-la para saciar minha fome. Ou posso simplesmente deixá-la viver para desfrutar mais um tenro dia.*

Seria mais ou menos como se todos nós tivéssemos dois lobos famin-tos disputando por controle em nosso interior. Quem ganhará? Será aquele que mais o alimentar adequadamente

– Alimentar com o quê? Com pão?

Esse alimento que estou falando (figurativamente, é claro) representam os maus pensamentos. Quanto mais energia negativa permitir adentrar dentro do seu interior, mais coisas ruins abrirão espaço para te destruir. O inverso também é aplicado.

– Mas cadê o outro lobo? Fugiu?

Não. Os dois lobos vivem dentro de todos nós. Caso a pessoa se permita viver na busca de positivas mentalizações, certamente alimentará o lobo bom. Por outro lado, se escolher ficar no caminho da procura da negatividade, o lobo mau vai devorá-lo interiormente. Tente parar de se culpar por todo o conteúdo desses pensamentos doentes e passe mais a reconhecer as suas reais intenções.

Use mais a **lógica** para desvendar o significado desses assuntos conturbados da mente humana. Transformando-se numa espécie de detetive. Lembra? Questione se é realmente isso que acabou de pensar a seu respeito. Cogitando na possibilidade **de que a sua mente possa estar te enganando**[38].

*

Uma observação importante

Não adianta querer ter só pensamentos bons ou amáveis na sua mente. Simplesmente, não tem como fazer isso. Em algum momento (ou toda vez se não souber lidar), aparecerão conteúdos muito desagradáveis que lhe atormentarão. Cabendo somente a você aprender a lidar com tudo isso, senão essas coisas lhe dominarão de alguma forma.

*

Por fim, repare que esses pensamentos ligeiros não podem ser controlados. Melhor ainda, se sabe que esse tipo de pensamento não lhe agrada e vai contra os seus valores morais, então, por que ainda se preocupa com eles? Pratique a arte de "**não lutar**" contra esse conteúdo impróprio, mesmo que não suporte mais eles. Aprenda de uma vez a deixá-los para lá. Saiba que aquele em quem "acredita" (na sua religião) entende muito bem da intenção do seu coração. No entanto seria muito válido se o portador do

---

[38] Você sabia que a nossa mente não é tão confiável quanto imaginamos? O que significa dizer que o melhor é não acreditar em tudo que ela diz. Às vezes, ela sabota-nos quando mais precisamos de seu auxílio.

APRENDENDO A LIDAR

TOC também usasse alguns entendimentos práticos para não se deixar sempre sofrer.

Quando surgem imagens e cenas diversas insistentes

Quando pensamentos insistentes (de qualquer natureza) de imagens, ou palavras, ou cenas ou outras categorias perdurarem por muito tempo na mente de uma pessoa, isso poderá significar que existe uma grande probabilidade, da mesma, estar com algum tipo de transtorno obsessivo. A exemplo disso, imaginemos vida de um indivíduo chamado Thomas que se desentendeu com um antigo amigo chamado de Jerry por causa do resultado de um jogo de futebol.

O bate-boca foi tão sério que eles jamais voltaram a se encontrar. O tempo passou e por algum motivo Thomas não conseguiu lidar muito bem com o conflito gerado com o seu ex-amigo Jerry. Não transcorreu um dia sem que esse ódio não fosse alimentado de alguma maneira. Apesar de já terem se passado muitos anos Thomas lembrava muito bem o quanto se sentiu naquele fatídico dia. Muitas palavras que não puderam ser ditas no calor da discussão agora estão completamente ensaiadas e prontas para serem proferidas para o seu grande desafeto. Também ocorreram algumas profundas mudanças internas na vida de Thomas. Antes era calmo e amável com os filhos, mas hoje se encontra irritado, estressado e sem paciência para com os seus familiares. Praticamente a sua rotina diária consiste em acordar, comer, trabalhar, ou fazer outras atividades pensando no conflito do seu passado. Não é que ele queira pensar nisso, mas automaticamente a imagem do seu antigo amigo, bem como do conteúdo daquele dia, volte e meia percorrem a sua mente obcecada. Despertando-lhe um enorme desejo de cometer alguma espécie de vingança para por um fim nesse seu insistente estado de sofrimento mental.

Mas e quanto a Jerry? Ele guarda algum rancor ou vive pensando nesse antigo conflito assim como Thomas? Não, nem de longe. Como dito antes, passaram-se muitos anos e Jerry nem se lembra de mais desse evento. Ele seguiu a sua vida do jeito que pôde. Não dando crédito a atitudes mentais destruidoras. Agora você pode se perguntar que seria mesmo Jerry o grande canalha que fez algo tão terrível para Thomas o odiar tão intensamente? A resposta é não! Jerry não fez nada de anormal naquele dia. Tudo foi uma pequena discussão de ânimos exaltados onde ambos exageraram. Então o caso seria que Thomas tem algum problema mental sério? Também não seria o caso. A grande verdade é que Jerry soube como esquecer o que passou. Mas Thomas não obteve maiores sucessos quanto a isso. Basicamente o modo de pensar de Jerry o impediu de ficar remoendo o seu passado. O mesmo não pôde ser dito quanto a Thomas que se tornou um forte candidato a desenvolver outros transtornos psíquicos. Assim como desestabilizar a sua relação familiar, perder o seu emprego, ou fazer alguma espécie de vingança contra o seu (imaginário) inimigo.

– Qual é o ensinamento escondido nessa história?

A verdadeira lição que podemos aprender com tudo isso consiste em seguir o mesmo exemplo de Jerry. Ele (assim como todos nós) é uma pessoa normal que tem os seus próprios problemas e defeitos, mas ao invés de ficar remoendo discórdias passadas preferiu continuar seguindo em frente e deixar os conflitos para trás.

Jerry soube **não dar margem** para qualquer pensamento negativo. Esquecendo toda a mágoa ou desejo de vingança enrustido. Simplesmente, para não perder sua sanidade, ele **aprendeu a preservar a sua saúde mental**. Prontamente, também priorizou o convívio do seu lar. Ao analisarmos todos esses exemplos, podemos afirmar que existem pessoas que conseguem lidar com algumas situações melhor do que outras.

– Como elas fazem isso? Por acaso seriam elas protagonistas de um desenho animado? 😉

Não! O que houve foi que essas pessoas deixaram velhos rancores de lado com a intenção de não alimentar mais as chamas do seu tormento eterno. Ao fazerem isso, elas renovaram a sua saúde mental. Ficou tudo claro até agora? Em vista dessas informações, mostraremos alguns outros pequenos passos que ajudarão a complementar os ensinamentos que foram propostos:

– Me dê a versão resumida dos fatos.

Ok! Resumidamente, notamos que, para ocorrerem as boas mudanças, deve-se querer **perdoar** o outro que lhe fez algum mal. Porém, mesmo que a outra pessoa esteja além desse perdão, lembre-se que esse indulto é mais para se ficar em paz consigo (que criou um real inimigo interno) do que propriamente isentar o seu desafeto. Isto é, quando exercitar esse perdão, irá realizá-lo não só com outros, mas principalmente com a sua própria pessoa. Sabendo que ninguém é perfeito, todos nós erramos e não vale a pena alimentar os desejos obscuros da destruição. Compreendendo que, ao reconhecer as suas limitações, saberá que essas são a primeira etapa no caminho de sua libertação.

Ao fazer essas pazes com o seu passado, dará uma nova chance para encontrar a tranquilidade que foi abandonada há muito tempo.

> *– Então, vou ter que telefonar para todos que me incomodaram e convidar para uma grande festa aqui em casa? Acho que isso não me parece uma boa ideia. Como é que vai ficar a conta do meu telefone depois disso? Tenho uma lista de desafetos que é bem grande.* ☺

O ideal é aplicar a técnica da seguinte maneira: projete a imagem da pessoa que lhe incomoda diariamente e imagine-se a analisando por outro ângulo. Comece observando-a como um ser humano comum cheio de defeitos e praticamente à sua semelhança. Agora, numa atitude de compreensão, abrace-a – nesse cenário mental –, perdoando-a por todos os conflitos gerados do seu passado.

> *– Tá louco? Eu não vou fazer isso não. Você não tem ideia do que eu passei com essa pessoa. Se eu pudesse voltar ao tempo, eu teria lhe ensinado uma dura lição.*

Ok, pode até ser. No entanto o desejo de vingança não é a melhor saída para se resolver um antigo desentendimento. Não acha? Isso somente gerará num ciclo de conflitos que produzirão maiores ondas de violências. Em resumo, os seus reais tormentos mentais ainda continuarão, e novos problemas poderão ser acrescentados.

Observe o que houve com aqueles que resolveram os conflitos do seu passado com essa primitiva ação. Note quantas pessoas arrependeram-se por terem agido desse jeito e, depois, descobriram que pioraram a sua situação. Não é possível retornar ao passado para modificar o que se desenrolou. Porém ainda somos capazes de aprender a mudar a nossa mentalidade para interrompermos esse ciclo prejudicial.

> *– Não dá! Não consigo esquecer aquele dia terrível.*

Repare como o seu orgulho continua rejeitando a ideia de aceitar o que já se sucedeu. Ou de ver que nem sempre dá para ganhar algum argumento em uma discussão qualquer. Por outro lado, seria bem mais assertivo parar, racionalizar e responder logicamente algumas interessantes questões sobre esse assunto: onde vive esse inferno tortuoso de pensamentos obsessivos? Quem se beneficiará se praticar uma atitude mental apaziguadora de paz com o seu desafeto? Essa pessoa inimiga realmente merece te incomodar até no plano mental? Tudo o que foi feito até agora para se livrar desses maus pensamentos realmente funcionou? Acha que a vingança trará a verdadeira saciedade, ou está cego demais de ódio para distinguir o quanto está errado na resposta dos seus tormentos mentais?

Utilize esses modos de pensamentos para descobrir se eles mesmos funcionam. Ou se eles fazem a sua presente tribulação recuar. Além disso, não tente retribuir o mal com o mal. Veja que toda essa obsessão é culpa do seu distúrbio e não exclusivamente ocasionada pelo seu antigo desafeto. Por esse motivo reconheça a sua doença, antes de tomar qualquer (péssima) ação que não tenha mais volta. Aproveite também para deixar o seu orgulho de lado ao menos uma vez. Comece o dia abraçando o seu passado, entendendo os seus erros e permitindo-se resolver os seus conflitos mais íntimos com a mais pura serenidade. Lembrando, ainda, que o passado se foi e não pode ser alterado, mas o seu presente tem muitas possibilidades de ser modificado para algo bem melhor.

Quando tiver medo de contaminação

O medo de contaminação é classificado como uma perturbação excessiva com os agentes nocivos, seguido da necessidade de tomar atitudes protetivas para impedir que algum dano (ou desconforto) venha atingi-lo de alguma maneira. A mentalidade dominante de preocupação com a limpeza invade constantemente a mente da pessoa obsessiva, em que até mesmo os seus familiares poderão sofrer restrições severas para manter a casa limpa e se lavarem quando chegarem da rua. Também outro sintoma frequente é o temor de que ocorra algum eventual contato humano. Fazendo a pessoa sentir uma repulsa tão grande em seu corpo (ou no local que foi tocado) que a vontade de se limpar, ou se descontaminar aciona-se rapidamente. É o mesmo que ocorre quando ela acha que o seu lar está meio que sujo. Cumprindo a ela utilizar os seus próprios artifícios (ou rituais) para eliminar esse grande incômodo alarmante. Em suma, o portador desse distúrbio não consegue mais desfrutar de uma vida de sossego, pois virou escravo dos seus próprios receios.

Ao analisarmos os processos que acontecem com esse transtorno, podemos enumerar o seguinte modelo: **primeiro**, ocorre o medo de algo ou alguém venha lhe tocar; **segundo**, ao ser tocado um desconforto propicia a ideia de que algum mal vai lhe suceder, Note que todos esses tipos de pensamentos são automáticos; **terceiro**, os rituais são utilizados para apaziguar essa intensa agonia, **quarto**, um ciclo é percorrido para dar início a outro que um dia fatalmente realizar-se-á. Como podemos lidar com isso?

Para superar esse intenso medo, deve ser utilizado o artifício que menos se espera que a pessoa pratique. Isto é, o sujeito deve **fazer o oposto** que costumeiramente tem realizado. Por exemplo, quando tiver medo de que algo ou alguém lhe toque, então, ela deverá mudar essa atitude mental, no sentido, de começar a **desejar a ser tocada**[39]. Ao vir pensamentos recorrentes de preocupação excessiva, a pessoa deve racionalizar esses medos e colocar "à prova" da real possibilidade de acontecerem[40]. Para ficar mais clara essa conduta, observe como o portador desse distúrbio deveria corretamente se questionar:

Esses medos são consistentes? É verdade que, se algo me encostar, vai realmente me fazer um grande mal? Essas preocupações excessivas têm fundamento ou estou exagerando? Tudo o que eu fiz até agora surtiu efeito ou eu devo aprender a aceitar essas sensações?

Uma boa dica é levar o pensamento ao extremo. Como por exemplo, em pensar no fim da sua vida. A ideia aqui é a mesma usada no caso do transtorno social, com intuito de parar de se **preocupar tanto** com coisas além do que podem ser controladas. Pensando dessa forma o sujeito parará de tentar exercer uma espécie de controle para abrandar os seus medos, e assim mudará a sua forma automática de pensar. Na

---

[39] A mesma ideia para limpeza ou arrumação excessiva também serve para esse caso. Isto é, usa-se esse tipo de pensamento (contrário) quando surgir a vontade de limpar a sua residência.

[40] Outras indagações que podem ser feitas são as seguintes: até quando deixarei que o TOC domine a minha vida e a de meus familiares? Acho que está na hora de acabar com este tipo de sofrimento, agora. Vou praticar a arte de parar de arrumar milimetricamente esses objetos e começar a ditar novas regras neste lugar. Já percebi o quanto o meu lar se tornou nada saudável, mesmo que eu o limpe milhares de vezes durante o dia ou a noite. Não vou acreditar que só porque algo ficou desalinhado é que irá ocorrer uma grande catástrofe. Não cairei mais nessas mentiras que a minha doença produz. Passarei a ser novamente o dono do meu destino.

verdade, ao praticar esse procedimento, barreiras mentais serão finalmente quebradas. Fazendo com que essa luta interna seja desfeita, ou superada, progressivamente.

Importante dizer que não vai ser de um dia para outro que os resultados aparecerão. Porque isso leva certo tempo. Do mesmo modo como, gradualmente, esse medo de contaminação foi surgindo, lentamente esse modo automático de agir desaparecerá por completo. Compreenda que com a exata força de vontade aplicada essa antiga mentalidade de medo poderá ser superada. Tornando aquilo que antes era repulsivo num aspecto bem mais tolerável de se poder viver.

Quando depois de todo esse processo sente-se culpa

A culpa é a decorrência de todas essas situações mentais desgastantes que levam o indivíduo a crer na veracidade dos seus pensamentos negativos. Sendo o mais direto possível, podemos dizer que esse sentimento vem com o intuito de derrubar ainda mais a pessoa enferma. Ao se avaliar de forma negativa (e sentindo-se responsável por suas falhas ou erros e imperfeições), o sujeito piora ainda mais o seu quadro atual, dando a chance para que o transtorno depressivo possa aparecer mais tarde.

Vale dizer que, se uma pessoa fizer a sua tarefa de casa (adquirindo o autoconhecimento ensinado sobre os seus problemas), poderá, sem sombra de dúvida, interromper esse processo doloroso de culpa acentuada. Por consequência terá uma vida mais leve e menos incômoda quanto aos seus pensamentos doentes.

– Ok! Tem mais alguma brilhante dica para esse sintoma?

Uma boa dica é saber rir dessas situações mentais desgastantes. Como por exemplo, dizendo para si as seguintes frases de efeito:

– Foi uma boa tentativa TOC, mas não vai mais conseguir me atingir desse jeito. Agora, eu sei quem eu sou e estou completamente preparado para as suas artimanhas mentais. Mande-me o próximo pensamento negativo, pois eu não me sentirei mais culpado.

– Acho que não preciso fazer isso. A minha mente sempre foi
espetacular e não creio que ela tentará me sabotar. 😐

Se acredita que a sua mente sempre está ao seu favor, então, pare e pense no seguinte fato: uma pessoa arruma o seu despertador porque tem que acordar cedo para ir a um compromisso importantíssimo em certo lugar. Ao deitar-se a sua mente fica agitada não a deixando dormir. Depois de muitas horas rolando na cama, finalmente ela consegue descansar. Ocorre que, infelizmente, não foi como realmente tinha se programado.

> – *Nossa! Isso já aconteceu comigo várias vezes. Sempre achei que tinha algum problema com o meu travesseiro. Por que isso ocorre?*

De alguma forma, parece que a mente faz o oposto do programado. Pode ser que isso se dê por causa da ansiedade, entretanto, essa situação deixa-nos à mercê de alguns tipos de atitudes mentais contrárias que tentamos sempre evitar. Não é?

Enfim, concluímos esse assunto sobre a culpa dizendo o seguinte: 1) devemos interromper o quanto antes essa conduta de continuadamente nos recriminarmos; 2) compreendemos que quando algo vem automaticamente em nossa mente (contra a nossa vontade e de forma negativa) o melhor é não darmos mais qualquer crédito quanto a esses tipos de pensamentos insistentes; 3) mesmo que o seu conteúdo pareça autêntico ou insira certa dúvida, prefira, antes, sabiamente ignorá-las; 4) adotando essas boas ações, o nosso estado mental de flagelamento será suspenso. Permitindo aos poucos que esse sentimento de culpa comece a recuar.

TRABALHE O SEU MEDO

Um estudo recente sobre o medo levou em conta que a pessoa deve descrever as suas emoções expressando-se de **forma neutra** e não dar ênfase ao seu temor. Em vez de só a pessoa **sentir**, ela também deve **dizer** o que está lhe aterrorizando. Isso provou ser eficiente na redução do medo. Diferentemente quando as pessoas tentam ajudar dizendo que o medo do fóbico não é tão terrível quanto ele imaginava. O que não o ampara na maioria dos casos.

> – *O que isso tem a ver com o TOC? Será que eu não deveria ter pulado as páginas? Acho que me perdi nesse contexto.*

Não se preocupe! Você não está perdido. Aliás, isso significa que qualquer tipo de medo repentino pode ser trabalhado e diminuído com a forma certa de atitude de pensamento. De fato, o que estou tentando transmitir seria que poderia ter colocado esse conceito de medo em outro distúrbio da mente. Porém preferi acrescentá-lo no assunto do transtorno obsessivo compulsivo, porque a ideia de medo é um conceito bem recorrente nas atitudes de quem sofre com essa patologia. Utilizemos uma pessoa que tem medo de um animal, ou inseto, ou outra peculiaridade específica. Nesse caso, vamos dizer que seria de uma mariposa. Quando a pessoa ficar de encontro com o objeto do seu medo ela deveria dizer em voz alta o seguinte:

– Eu estou com medo da mariposa. Tenho medo de que ela voe em mim, me ataque, me morda, me toque, ou que ela chegue muito perto de onde estou. Note que, aqui, a pessoa descreveu os seus medos. Não só os sentiu, mas também os verbalizou. Pronto! Feito isso, ela deve dar sequência ao método e falar em voz alta os próximos dizeres:

– Essa sensação não pode me machucar, ou nem estou com medo dela. Sei que isso não vai me ferir. Aliás, acho que gosto de ficar perto da mariposa. Essa é uma boa abordagem a se proceder para o enfrentamento do seu medo.

Observe que a descrição daquele momento (ao não esconder o seu medo na verbalização) faz a diferença na eficácia do método. Na sequência, ela usa a sua razão – **admitindo que esteja com medo, mas se encontra ali na frente dos seus temores** – no sentido de acreditar que está realmente segura, visto que a mariposa não lhe fará mal algum. Assim, ela verá que o seu temor irá diminuir se continuar empregando sempre essa conduta.

– Eu tenho medo de dinossauros. O que eu faço? Ps.: Não sabia que a mariposa mordia. 😀

Acredito que esse seu temor possa ser facilmente resolvido, graças ao fato dos dinossauros já terem sido extintos há milhares de anos. Sim, a mariposa não morde. Mas quem tem medo dela pode não pensar desse jeito. Finalizamos esse assunto falando que o ideal é a pessoa não tentar mais afastar essas sensações temerosas. O melhor é afirmar para si que **esses temores não são tão ruins quanto pensava que imaginava**. Veja que esse método de falar, de escrever, ou de comunicar o que sente é muito importante para lidar com o aspecto medo, o que nos propicia direcionar nossa atenção para o nosso próximo tópico.

FALAR ALIVIA AS DORES EMOCIONAIS

A nossa capacidade de estarmos conjuntamente a outras pessoas e conversarmos são ótimos aliados na luta contra as temeranças internas. Além de criarmos novas conexões essenciais, proporcionaremos outra perspectiva daquilo que tanto nos atormentava.

Ao verbalizarmos os sentimentos em uma situação ansiosa ou de terror, um grande alívio é transmitido para o nosso sistema (ao invés de simplesmente guardarmos essas emoções doentes). É como dizem: "Nenhum ser humano é uma ilha". Todos nós precisamos interagir (criar laços) e nos envolvermos, em prol para que possamos continuar sobrevivendo.

> – *É claro que nenhum ser humano é uma ilha. Se fosse, não seria um ser humano. Que espécie de frase motivacional foi essa?*

Ok, talvez não tenha ficado muito legal essa parte. Mas mesmo assim é importante que se interaja, converse e fale o que lhe aflige, para que não se guarde toda a concentração dessa turbação dentro do seu peito (e mente).

Outra dica interessante é escrever num papel os tormentos que o faz (ou lhe fez) sofrer. Redigindo detalhadamente as suas emoções da mesma maneira como tudo que está lhe incomodando[41]. Posteriormente, deverá ler o que escreveu com a finalidade de interpretar melhor esses sentimentos reveladores. Essa técnica lhe dará uma nova visão dos seus anseios, além do mais, garantirá o conhecimento essencial para adquirir maior inteligência de cunho emocional. Tenha o hábito de sempre exteriorizar esses sentimentos reprimidos. Sabendo que a melhor forma de os compreender não é ficar remoendo-os. E sim, botá-los para fora de uma vez.

CONTESTE AS SUAS CRENÇAS

Sabia que os pensamentos pessimistas pela sua própria natureza não permitem que sejam esquecidos? Perceba que as suas crenças e temores são mais meras suposições do que propriamente duras verdades. Pergunte-se: qual a probabilidade de realmente acontecer os seus receios? Questione: qual é o seu papel na resolução dos problemas? Também se indague: você tem algum controle para mudar tal situação? Busque por provas concretas

---

[41] Esse assunto será mais bem detalhado no tópico sobre a depressão.

que sustentam essa convicção catastrófica. Reflita sobre a veracidade desses pensamentos. Note ainda se acredita mesmo nessas questões ou se existe uma maneira menos destrutiva de lidar com a situação apresentada.

Não se esqueça de que essas distorções de realidade são maus hábitos de raciocínio advindo de experiências ruins. Elas não representam necessariamente uma verdade absoluta, portanto, procure fazer perguntas racionais para todos os temores que te perturba. Escreva-os num papel, crie respostas e soluções possíveis ao seu alcance e argumente com elas. Sempre que um pensamento vier (para te deixar para baixo) questione-o de todas as formas possíveis, passando a vê-lo de outro novo ângulo. Isso o fará enxergar se elas têm mesmo algum poder de se concretizarem. Basta lembrar que é **você quem dá poder a elas** quando começa acreditar sem ao menos as questionar. A exemplo disso, vejamos a seguinte situação: um pensamento negativo o incita para manter a chave da casa numa posição específica. Caso essa não estiver da forma imaginada, algo ruim irá acontecer. O que você faz?

Bem-vindos ao último quiz de perguntas e respostas para testarmos como anda o seu conhecimento.

Valendo um trilhão de dólares responda:

Um pensamento negativo diz-lhe para fazer alguma ação, porém, se não a fizer, uma tragédia ocorrerá. Qual é a sua escolha?

a. Voltar a dormir

b. Lutar

c. Questionar

d. Fazer a ação recomendada

e. Cantar

– *Quem canta os seus males espanta, meu filho. Letra "E", sem sombra de dúvida. "I've lived a life that's full, I travelled each and every highway. And more, much more than this, I did it my way[42]".*

---

[42] *My Way*, de Frank Sinatra.

Sim, é uma bela canção, mas a resposta é a letra "c". Questionar. Ao reconhecer que possui o distúrbio do TOC, utilizará as técnicas de questionamento a seguir: qual a veracidade dessa informação? Eu tenho tanto controle assim sobre as adversidades? É prático pensar nisso? Tem algum fundamento científico que fará com que os meus temores aconteçam? Devo acreditar nessa mentalidade negativa? Mesmo que a situação seja verdadeira (como no fato de lidar com algo inflamável ou perigoso) o melhor é se indagar nesse sentido: o que eu posso fazer para modificar essa situação? Que cuidados eu devo tomar? Conheço ou realizei todos os procedimentos adequados para mexer com algo perigoso? Aqui, o perigo já é real e imediato e todo o cuidado é pouco.

As perguntas ou as situações são inúmeras, cabendo a cada um fazer o papel de investigador de suas falsas convicções.

TRABALHANDO O SEU FOCO

Depois de entendido todo esse processo de como deveria agir contra pensamentos automáticos negativos, proporcionaremos outra técnica adequada para fortalecer ainda mais a sua mente. Lembrando que esse método pode ser usado como uma complementação da técnica anterior. Ou seja, no caso de ainda não ter conseguido desaparecer os outros pensamentos insistentes negativos você usará esse exercício prático. Não esqueça que todo o segredo (para os transtornos da mente) resume-se onde está direcionado o seu "foco[43]": Observe que, se estiver focado em pensamentos obsessivos, mais tenderá a ficar propenso a submeter-se a sujeição dos mesmos. A ideia consiste em direcionar a sua atenção (ou mudar o seu foco) em outro sentido que não seja mais nesses pensamentos destrutivos. Ao interromper os padrões mentais habituais conseguirá fortalecer a sua atenção e libertar-se de um amontoado de complicações desnecessárias. Diante disso, utilize a técnica desse modo. Apareceu o pensamento insistente, você diz:

– Pare! (Pode até se beliscar aqui ou bater na mesa para chamar a sua atenção para o momento presente). Essa atitude te fará conectar-se com a realidade.

Em seguida, direcione a sua atenção para outra coisa que estava fazendo antes de vir esse pensamento negativo. Perceba que tudo é questão de onde está o seu foco. Logicamente, a sua concentração deve ser

---

[43] Você sabia que o seu foco neste exato momento pode afetar seriamente o seu estado de espírito?

afastada desse pensamento desfavorável. Também nem deve acreditar no seu conteúdo articuloso danoso. O que precisa ser feito é uma pequena mudança de direcionamento. E se mesmo assim o pensamento continuar insistindo? Então será preciso recorrer ao método de jogar a sua **responsabilidade** de pensar nessa obsessão para outro dia. Tomemos por exemplo as seguintes situações:

1) O pensamento ruim veio dando a sensação de aflição, abatimento, ou de perda de controle (o que torna o seu dia em algo péssimo); 2) em vez de ficar afetado, agora você entende que **essas convicções não são reais**; 3) aprendeu a reconhecer os seus valores, limites e quem realmente é no íntimo do seu ser; 4) sabe ainda que não é nada disso do que acabou de pensar negativamente de si mesmo, porque fez o teste do seu autoconhecimento; 5) falará que **irá pensar no conteúdo desse pensamento danoso num outro dia**; 6) Na sequência, retoma o foco para o presente (o momento do aqui e do agora); 8) isto é, faz o que fazia antes de surgirem esses pensamentos doentes. Como por exemplo, se estava lendo algo utiliza a técnica para continuar a sua atenção na sua leitura.

Compreenda que, nessa técnica, **não irá necessariamente pensar nesse pensamento negativo no dia que tinha marcado.** O que faremos será em **jogar a responsabilidade e as preocupações** desse ruim pensamento para outro momento. Note que todas as vezes em que "eles vierem", se concentrará nesse principal objetivo de ficar focado no seu presente. Assim quando menos esperar tudo ficará bem mais fácil. Não mais se incomodará com essas falsas convicções ilusórias que tem mania de tirar o seu sossego.

MODELO DE ATITUDE MENTAL INDICADO

Pensamento negativo[44]*:* Ninguém gosta de sua companhia, ou você é um fracassado, ou aquela pessoa que gosta irá morrer. O conteúdo desses pensamentos é infindável, mas o resultado quanto a eles é sempre o mesmo, te deixar deprimido, irritado, frustrado, ansioso, estragar o seu dia etc.

Você: vou deixar para pensar nisso amanhã. E segue continuando a fazer o que antes exercia, focando-se no que está vendo fisicamente à sua frente.

Pensamento negativo: ninguém nunca gostará de você. Continua vindo o pensamento insistentemente.

---

[44] O pensamento negativo pode vir somente como **única palavra** que se repete várias vezes ao dia. Devendo a pessoa fazer o procedimento demonstrado para poder lidar com esse difícil distúrbio.

Você: Vou pensar nisso mais tarde. Note que você mudou para outro horário a ideia de contemplar esse repetitivo pensamento, no entanto, continua focado no que você estava fazendo. Como por exemplo, admirando a bela caneta[45] em suas mãos.

Compreenda que esse tipo de atitude de marcar uma responsabilidade para pensar nesses pensamentos obsessivos trazem bons resultados. Porém também podem ocasionar certo "cansaço mental" (se usá-lo demasiadamente).

Bem-vindos à fase de Bônus de perguntas e respostas para testarmos como anda o seu conhecimento.

Valendo uma xícara de chá, responda:

Quando a sua mente estiver cansada, qual é a saída ideal para não sofrer mais com esses pensamentos automáticos?

- a. Não os rejeitar e cuidar do seu foco

- b. Conversar com eles e sofrer

- c. Assistir a um filme e depois dormir

- d. Comprar um bom livro e não ler

- e. Responder ao quiz de perguntas e respostas e ficar confuso

---

Sabemos que o melhor seria em não rejeitar as manifestações da imaginação depreciativa e focar-se no acontecimento atual que nos rodeia. Veja que a ideia desse método é interessante para se recorrer quando todos os outros parecerem que estão demorando a surtirem os efeitos almejados.

> *– Nunca vi tanta técnica em toda a minha vida. Por acaso, isso realmente é necessário?*

Responderei a essa sua pergunta com outra nova técnica:

> *– Ei, não calma lá. Não precisa. Eu estava só brincando.*

*

---

[45] Observe a caneta reparando no seu formato, consistência, ou na sua cor etc. Pressione-a na sua mão sentindo a sua materialidade. Pode até mesmo morder este objeto. O objetivo da técnica é mudar a sua concentração de um estado abstrato negativo e automático para outro que é verdadeiro, material, real e muito atual.

Mais uma técnica

Nesse método, tudo o que a pessoa precisará fazer será em mudar (mentalmente) a palavra insistente que lhe incomoda, por outra diferenciada que não a prejudique. Mais ou menos a ideia seria assim: a) pensamento negativo diz várias vezes um enunciado repetitivo na mente da pessoa que a perturba, como por exemplo, a palavra: "maldito[46]"; b) o sujeito cansado dessa insistência (desnecessária) poderá utilizar outra linguagem próxima e que soe quase idêntica para se socorrer. Algo que lhe traga satisfação, ao invés da famosa perturbação mental conhecida. Nesse caso, temos a mensagem: "palito". Assim, ela repetirá (interiormente) essa palavra, todas as vezes em que a outra alegação quiser aparecer. Até que, por fim, essa a substitua naturalmente. Podemos dizer que uma espécie de trocadilho ocorreu aqui, nessa experimentação, trocamos um pensamento insistente (involuntário que produzia tormento) para outro da escolha do indivíduo, e que trouxe sensações de contentamento.

*

Por último; a) trabalhe o seu foco; b) concentre-se no objeto do seu presente e note todos os seus detalhes mínimos; c) treine a sua atenção nesse momento importante que é o presente (acredite que isso lhe poupará de grandes sofrimentos no futuro); d) fixe a ideia que a meditação é um excelente exercício de foco para dominar esse transtorno imprevisível (pratique-a e torne-a sua nova e fiel amiga); e) não se assuste se algum dia os pensamentos automáticos regressarem mais violentos; f) aceite que eles farão isso porque a sua mente se viciou neles (obviamente, pelo tanto de tempo que ficaram se repetindo; g) no entanto bastará usar os mesmos procedimentos para fazê-los recuarem, isso é claro, todas as vezes em que essas armadilhas se manifestarem.

---

[46] A princípio esta palavra pode aparentar ser muito forte e até indesejável de ser lida ou pronunciada, não é mesmo? Agora imagine como se sente o portador do transtorno obsessivo compulsivo que a escuta repetitivamente em sua cabeça. Não é por menos que isso lhe cause profunda aflição. Porém com as técnicas aplicadas esta palavra incômoda não mais terá força ou ganhará espaço na sua mente. Deste momento em diante a vítima desses cruéis males mentais saberá como dominar os seus insistentes receios sem perder a sua completa serenidade.

UMA ÚLTIMA COMPLEMENTAÇÃO

Se mesmo depois de todos esses procedimentos, e ainda assim o pensamento insistente continuar vindo? Então, pode ser que essa palavra repetitiva tenha surgido por causa de algum trauma antigo que não foi devidamente superado ou compreendido na sua integralidade. Investigue-se profundamente para saber qual foi o evento marcante que fez este tipo repetitividade surgir. Questione-se de todas as formas possíveis para entender o que aconteceu contigo (no passado) que acionou "tanto" este tipo de ação mental. Sabemos que é transtorno obsessivo compulsivo trabalhando para lhe desgastar. Porém teremos que ponderar que talvez a mente esteja querendo uma resposta final para saciar esta palavra incômoda. Não sabemos qual é a causa concreta desse enigma, devendo a própria pessoa ser a escavadora da descoberta deste grande e envolvente mistério.

RESUMINDO IDEIAS FINAIS

Podemos tomar as seguintes atitudes quando esses pensamentos surgirem: 1) Reconheça que isso está acontecendo porque possui um transtorno obsessivo compulsivo. Em outras palavras, esses maus pensamentos devem-se a esse distúrbio; 2) Ao ter feito o teste do seu autoconhecimento (para descobrir o seu Eu interior) absorveu o quanto esses pensamentos automáticos são mentirosos; 3) Não dará mais tanta importância para as questões prejudiciais e nem lutará para que elas sumam da sua mente rapidamente. Porque quanto mais se reage, mais eles se fortalecem; 4) Significando que começará aceitá-los porque é desse modo irá realmente esquecê-los; 5) Se por acaso recusarem em desaparecer terá que usar uma complementação mais eficiente. Ou outro tipo de método; 6) Como por exemplo, em marcar um dia (qualquer) para pensar nesses assuntos abstratos. Alterará o horário da sua escolha não importando qual esse seja. Sabendo que a verdadeira intenção se baseia em simplesmente afastar esses invasores contraditórios. A ideia é jogar uma espécie de responsabilidade ilusória para o futuro; 7) Terá muita cautela sobre o direcionamento de sua atenção para o momento presente. Dado que ela é a principal razão que intensifica esse transtorno; 8) Depois de toda aplicação de técnicas, notará que houve certas melhoras no seu estado. Reparará que está mais focado, controlado, disciplinado e muito mais informado; 9) Restando a certeza que, depois de muito tempo incapacitado, encontrou uma real solução para lidar com esse seu terrível pesadelo.

*

Você sabia?

Vislumbre a sua condição agora com todos esses transtornos incapacitantes. Como você se sente? Ruim, não é mesmo? Existem milhares de pensamentos traiçoeiros lembrando-o quanto você não está nada bem. Fora as sensações desagradáveis que as acompanham, desestimulando ainda mais a vontade de tentar achar uma resposta para essa sua condição. De outra maneira, tente agora vislumbrar a possibilidade de retirarmos todos esses maus pensamentos. A experiência baseia-se na análise de descobrimos **o que sobra** quando a mente se encontra vazia. Observando como o seu corpo reage ao não ter "nenhum pensamento" ruminoso.

Fique alguns segundos concentrado nessa situação, pensando que, talvez, a resposta para os seus problemas esteja mais próximo do que imagina. Em seguida, reflita nessa frase: "Todos os problemas criados pela mente também podem ser solucionados".

*

Depois de vermos todo esse resumo, vamos a outro tipo de modelo que se configura como sendo um pouco mais radical para lidarmos com esse cansativo distúrbio.

MODELO DE ABORDAGEM LIGEIRAMENTE GROSSEIRA

Peço, primeiramente, desculpas por discutirmos esse breve modelo rústico que será rapidamente demonstrado. A intenção baseia-se em refrear os diversos pensamentos insistentes e também trazer um pouco de comédia por um assunto um tanto sério e delicado quanto esses sintomas incapacitantes. Se quiser pular as próximas páginas, sinta-se à vontade. Ninguém irá condená-lo por isso. Quebraremos o gelo (digamos) ao apresentar outra forma para inibir a confusão gerada por essa doença da mente. Farei o exemplo do mesmo tipo como do tópico anterior, em que a pessoa cansada do teor desses pensamentos repetitivos vai proceder da melhor forma que desejar. Retirem as crianças da sala, pois o conteúdo aqui é meio pesado.

Pensamento negativo: você é gordo(a) e ninguém gosta de você. Desista de viver. As pessoas não querem estar do seu lado. Também pare de tentar querer ser igual àquela pessoa bonita que é muito melhor do que você.

Você: vai se @#$*, transtorno obsessivo compulsivo. Essa foi uma boa tentativa de tentar estragar o meu dia seu #@%&, mas não vai conseguir. Pode vir o próximo pensamento negativo porque eu estou bem preparado. E quantos as pessoas que somente sabem julgar a aparência e não gostam ficar perto de mim: Prefiro distância! A partir de hoje, usarei o poder do @%$# em minha vida. Há há há, TOC, você não tem mais poder sobre mim.

Pensamento negativo: tomara que morra (aquela pessoa que você ama).

Você: eu sei que não é isso que eu quero. Sei os meus valores devido ao autoconhecimento aplicado. Portanto você vai ter que se esforçar muito mais, TOC, para poder me deixar incomodado.

Pensamento negativo: lave urgentemente as suas mãos, se não você vai adoecer. A sua família "suja" também tem que ficar mais limpa.

Você: blá, blá, blá, não vou mais me preocupar.

Pensamento negativo: eu sou um lixo.

Você: é claro que você é um lixo, senhor TOC.

Pensamento negativo: vire a posição da chave corretamente para evitar uma terrível tragédia. Nem passe pela mesma porta que entrou.

Você: e se eu não quiser? Vai fazer o quê?

Pensamento negativo: inútil.

Você: ohhh, isso é para me atingir?

Pensamento negativo: sua família não se importa.

Você: isso rimou com torta.

Ok! Pode parecer até loucura o ato de ficar falando sozinho ou agir desse modo. Mas eu não concordo com isso. Quem sofre desse tipo de transtorno sabe como é o cotidiano infernal sofrido na mente. A meu modo de ver esses exercícios mentais práticos não servem só para aprender a se autoafirmar. Mas também em entender como se podem colocar certos pensamentos intrusivos no seu devido lugar.

TEIAS NEURAIS

Imagine a nossa mente como um conjunto de teias neurais invisíveis conectadas ao grande cérebro físico. Conceba ainda que essa intercomunicação está internamente e externamente ligada à extensa cadeia de processos que fazemos contato. Devido a essa cadeia algumas mensagens chegam, outras ficam e várias se vão. Evidentemente todo esse disposto de conhecimentos advém de experiências diversas e independentes entre si (ou não) que tocam a nossa essência, fazendo parte do conteúdo complexo de como os dados chegam ao nosso mundo interior, ao se processarem em nossa estrutura cerebral otimizada. A sua função, basicamente, é a de conexão com o outro mundo, ou melhor, com o mundo real. Sabemos que esses filamentos transportam toda essa carga de informações aos nossos sentidos sensoriais, trabalhando incansavelmente na absorção da experimentação da famosa grande teia. Também outra função visível se firma em aprimorar nossa capacidade de percepção e intelectualização.

Perceba, inclusive, que cada teia oscila na sua devida vibração, sintonia e qualidade caracterizada. Ao passo de quando menos se espera ela se desprende dando lugar a outro "recém" informe. Todo esse processo ocorre involuntariamente e de forma harmônica. Assuma agora o entendimento de que essas teias podem criar outras similares em nossas mentes, em que, ao não realizarmos uma rotineira limpeza, elas se acumularão cada vez mais, podendo tornar confuso algumas mensagens novas, ou até mesmo atrapalhar o acesso de certos "registros" que eram antes muito mais fáceis de serem lembrados. Independente de nossa vontade as teias externas continuarão chegando e darão um jeito de encontrar um lugar para se estabelecer. Provavelmente, notarão que teias antigas ainda não foram desprendidas, o que gerará em algum conflito entre elas. Porém é o dono da casa que deveria aprender a varrer o que foi acumulado. Mais ou menos seria o caso de se o anfitrião não dispuser arranjos necessários para limpar o seu lar, fatalmente vai espantar as suas visitas.

Consideramos a ideia de que não é possível parar por completo a grande teia externa que filamenta a nossa mente. Pois essas chegam devido ao conteúdo absorvido que assistimos, ou ouvimos, ou sentimos nas diversas situações à nossa disposição. Quem sabe se talvez escolhermos qual a mensagem seja a mais adequada essa não crie uma teia fixa e resistente que posteriormente precisasse ser cortada? Reparemos no caso de uma notícia sobre a violência urbana que acompanhamos na mídia. Observe que, de acordo com o seu conteúdo violento, esse conhecimento pode gerar numa sensação de medo que dificilmente sairá facilmente da memória de uma pessoa. Seria bom não o ter visto, então? Decerto, esse informe deixou o indivíduo mais alerta e atualizado com a grande onda de hostilidade que assola a sociedade. Porém a sensação de medo e de impotência sentida torna essa informação numa teia fixa que se expandirá, originando em outras pequenas que causarão conflito com as novas que estão a por vir. Pode ser que a mente fique confusa nesse processo todo, visto que a vibração de cada uma dessas teias é diferente das demais. Isto é, no que antes parecia ser um belo conjunto de sintonia mental, pode agora ter se formado numa cadeia de dados que transmitem uma mensagem contínua representado na forma de "medo". O que tudo isso significa? Devemos ter muito cuidado com que tipo de informações chega até nossa sensível pessoa. De modo que não transformemos essa grande teia, num terrível emaranhado muito difícil de desenrolar.

REFORÇANDO ENTENDIMENTOS

- Procure buscar fatos concretos e lógicos para os pensamentos negativos. Não acreditando somente em meras ou infundadas insinuações.

- Não ache ser a única fonte confiável nesse momento.

- Nem tenha receio de questionar a sua mentalidade.

- Saiba que a melhor arma contra o medo é o conhecimento.

- Fale sobre as suas dores emocionais.

- Adquira o autoconhecimento.

- Não se culpe.

- Ignore as suas falsas convicções.

- Mude o seu foco.

- Concentre-se no momento presente.

- Cuidado com o que assiste. Isto pode lhe prejudicar.

- Diga para o seu transtorno que não mais se importará com o conteúdo mentiroso dos seus argumentos.

PASSO A PASSO 3

- Pergunte-se o porquê de estar tendo esses pensamentos negativos insistentes e considere a ideia de que talvez esteja com TOC.

- Utilize as técnicas de questionamento para esses pensamentos negativos.

- Veja que pôde adquirir o autoconhecimento, portanto relaxe. Essas obsessões não vão mais te atingir.

- Fale com os outros. Descreva e escreva os seus sentimentos num papel.

- Trabalhe o seu foco para estar no momento presente.

- Racionalize e entenda os seus medos. Diga que está completamente seguro.

- Não se culpe. Dê um fim nesse ciclo de sofrimento.

- Pare de lutar consigo.

- Marque um dia para pensar no conteúdo desses maus pensamentos.

- Se a palavra repetida não some de sua mente, questione qual o significado real dela. Pergunte-se: o que de tão assustador aconteceu para ela não poder recuar?

APRENDA A LIDAR COM A DEPRESSÃO

Finalmente, chegamos a tão famosa depressão, aquela que é a grande esmagadora da vontade do espírito humano e também a principal causadora da enorme onda de suicídio que ocorre na atualidade. Ao falarmos sobre esse distúrbio duas perguntas surgem na minha mente: quantas famílias já perderam seus entes queridos graças a essa doença degradante? Ou quantos mais ainda sofrerão até que uma possível solução se torne realmente evidente? Com muita cautela, respondo a esses questionamentos afirmando que seria interessante (ao menos) termos informações sólidas para resolvermos essas questões. E, assim, possamos facilmente acessá-las quando algum grande problema como esse, eventualmente, tentar nos limitar.

Isso significa dizer que é inevitável elaborarmos um esquema de como a depressão funciona para posteriormente lidarmos com essa complicada doença. Nesse ideal, observemos a vida de um Indivíduo chamado de senhor "B" que ultimamente está passando por um sério desgaste emocional continuado. Isso porque ele não está sabendo lidar muito bem com as dificuldades[47] que se revelam na sua frente. Com o passar do tempo, o humor do senhor "B" parece ter mudado para pior, pois o seu desgaste físico e mental tornou-se óbvio, bem como a sua perda de interesse (no que outrora lhe dava prazer) virou frequente. Inclusive, começou a pensar que uma possível solução para o seu problema não é mais capaz de ocorrer.

Nessa tristeza infinita, os seus dias tornaram-se amargos, não existindo mais harmonia ou beleza que sejam vistos ao seu alcance. Ainda mais, outros sintomas como alta sensibilidade, pensamentos ruinosos, capacidade de se autojulgar excessivamente, dores pelo corpo e concentração limitada fizeram com que o senhor "B" acreditasse que a sua vida não é mais digna de ser prolongada. Tal ideia fixa em praticar o suicídio (para acabar com toda a sua dor) aponta como sendo a única solução válida no momento.

---

[47] A princípio, essas contrariedades podem ser decorrentes de um trauma, ou da perda de alguém próximo, ou do estresse, ou de frustrações sucessivas, ou de algum dos transtornos descritos anteriormente, ou por outro problema diverso qualquer.

Quem o impedirá? Ninguém o compreende mesmo, ou sequer vão sentir a sua falta, ou nem vão se importar quando ele se for. Nessa infinidade de pensamentos negativos falta somente um pequeno movimento para por em prática essa "ilusória" saída que o senhor "B" acredita ser a única correta possível. Compreendeu como essa doença progride?

Após esse exemplo descritivo entendemos que duas análises importantes podem ser rapidamente enfatizadas. Primeiramente refere-se nesse desespero de **exigir que os outros lhe deem atenção** para o seu problema, (mas "esses" não correspondem como realmente gostaria). Note que isso seria na verdade uma maneira aflitiva do depressivo se expressar e dizer que **sozinho ele não consegue** mais suportar, ou mesmo lidar, com tamanha dor que o acomete. Basicamente, ele não encontra mais respostas ao seu alcance que satisfaçam as suas inúmeras dificuldades. Assim como essa "alta sensibilidade" chamada de depressão, o impede de enxergar que as pessoas à sua volta também **são limitadas demais** para darem uma imediata solução que ele muito carece. Por segundo, entendemos que devido ao seu caráter de "urgência" **devemos tratar por primeiro da depressão** para somente depois lidarmos com os outros transtornos psíquicos incapacitantes.

– Por quê?

Porque a depressão é a consequência de um desgaste mental persistente e não resolvido. Ela representa o fundo do poço, ou melhor, o pequeno grande passo de encontro para a beira do abismo, e que **não deve**, **e nem pode ser subestimado.**

Analisemos a história do ator Robin Willians que, infelizmente, foi outra vítima dessa doença invisível. Poderia ter escolhido outra pessoa, mas como ele é conhecido mundialmente preferi utilizá-lo nesse exemplo. Pense em como ele vivia, ou no quanto de dinheiro adquiriu, ou nas milhares de oportunidades que estavam à sua disposição, ou inclusive nos seus anos de experiências usufruídos. No entanto isso não bastou para ele lidar (internamente) com o que lhe atormentava. Num momento de desespero, esqueceu por completo que possuía uma bela família (que se importava muito com a sua vida) e, num ato extremista, recorreu ao método que achava ser a melhor, ou a única resposta para a sua patologia. Agora note que se Willians com toda a sua fortuna podendo obter um tratamento de primeira qualidade (nos melhores centros médicos especializados) e, mesmo assim, não conseguiu se salvar. Então que esperança temos nós? Como adquiriremos uma vida saudável livre desse transtorno da mente se nem um grande astro que tinha tudo para saber como lidar com a sua depressão não soube como vencê-la?

*

Você sabia?

As mulheres são mais propensas à depressão, e os homens são mais inclinados ao suicídio. Mas porque isso acontece? Talvez porque eles pensam que serão taxados como fracos (ou até como patéticos) pelos demais, se, por acaso, começarem a expressar os seus tristes sentimentos. Por outro lado, as mulheres têm mais facilidade de expor à sua dor – ou as suas frustrações –, buscando soluções o quanto antes, assim que percebem que as necessitam. E o que isso quer dizer? Sem dúvida, essa percepção pode ser muito importante para entendermos do porquê de tantos homens tirarem a sua própria vida, visto que não dizem (apropriadamente) o que lhes atormenta internamente.

*

No geral, notamos que existem milhares de pessoas famosas (ou não) que não dispõem dos meios ou oportunidade viáveis para conseguir livrar-se dessa doença (antes que uma grande tragédia possa acontecer).

– Como poderíamos ajudá-las?

Essa resposta poderá ser dada através do seguinte exemplo: imagine um indivíduo desiludido com a sua vida procurando incansavelmente por "coisas" que lhe proporcionem prazer. Digamos que ele largue o seu emprego, saia de casa e viaje pelo mundo sem rumo. Sendo que as suas viagens lhe permitem incríveis experiências agradáveis com muitas satisfações de longo, mas não de "permanente" bem-estar. Depois de cansar de tanto peregrinar (pelo mundo afora), essa pessoa resolve voltar para a sua família. No seu retorno, ele é muito bem recepcionado e amado pelos seus entes queridos, o que o faz se adaptar à sua velha rotina. Todavia, com o passar do tempo, ele novamente vai perdendo a sua motivação, não conseguindo encontrar mais "aquela" vontade de se alegrar. Visto que, agora, ele sabe que a única resposta para a sua verdadeira felicidade está lá fora em alguma localidade, crendo que, algum dia – quem sabe –, ele irá finalmente a abraçar.

– Que história mais triste.

Entendida toda essa bela história de busca pela felicidade, acredito que podemos chegar a duas conclusões óbvias. Primeiro, viajar é bom e causa muitas experiências inesquecíveis. Por segundo, é sábio afirmar que a pessoa nunca vai encontrar a sua felicidade por completo se não **a buscar antes dentro de si mesma**. Isso porque sempre ficará achando que ela estará na outra esquina, quando, na verdade, ela está relacionada com o "modo de como se vê a sua própria vida".

– Não entendi nada.

Isto é, essa sensação de vazio só será sanada quando for encontrada uma verdadeira luz de satisfação dentro do seu interior.

– O grande vazio que eu sinto dentro de mim se chama fome.

O que estou querendo dizer com tudo isso? Que a depressão é uma falta de busca pela felicidade? Que eu tenho que viajar para não ter depressão? Que eu estou depressivo por comodismo meu? Não é nada disso. A depressão é sim uma doença terrível concebida pelo resultado de algum evento danoso desconhecido que, consequentemente, fez com que a pessoa permanecesse nessa péssima sintonização mental. Isso somado ao **modo de pensar** errático que piorou ainda mais o seu quadro depressivo.

*

A PÍLULA DA FELICIDADE

Pode ser que o indivíduo necessite pegar caminhos mais curtos (ou atalhos) para domar a sensação de uma vida baseada na tristeza perpétua. Um desses meios seria através da tão conhecida pílula da felicidade. Devido à intensidade do transtorno depressivo, a escolha mais certeira consiste em o doente se consultar com um médico especializado para poder usufruir de uma medicação adequada. Por outro lado, muitas pessoas têm medo de tomar antidepressivos graças aos seus efeitos colaterais extenuantes. Existe também o motivo que nem todos reagem bem à terapia baseada em medicamentos. Saiba que os melhores psiquiatras admitem prescrever o que acreditam ser a melhor droga existente no mercado, mas, se essa não funciona logo, tentam outra opção válida. Até encontrar uma que dê a melhor resposta ao seu paciente. O que acarreta a sensação de fazê-lo sentir mais como uma espécie de cobaia do que propriamente como uma pessoa saudável. E o que isso significa? No meu entender, acredito na seguinte teoria:

Antes de usar qualquer procedimento medicamentoso (com a mente humana), deveria ser dada ao transtornado à oportunidade de querer buscar as devidas informações pertinentes para o seu caso. Assim como o manuseio de métodos (ou técnicas) eficientes que possam abrandar os sintomas característicos de sua doença inconveniente. Somente depois da falha dos métodos próprios aplicados, arriscar-se-ia na viabilidade da utilização dos medicamentos especificados. Tal conduta disposta seria baseada na ideia de que ninguém melhor do que a própria pessoa para conhecer os seus próprios sintomas, e assim resolver os seus conflitos internos. Além, também, da crença que uma doença criada pela mente pode ser apropriadamente solucionada por ela mesma.

*

O que vamos fazer a seguir? Como nos outros transtornos da mente, iremos recorrer ao método que consiste nesses objetivos: 1) adquirir as *informações* necessárias sobre essa doença (para percebermos os seus sintomas e entendermos o que está a fazendo padecer); 2) buscar o *gatilho* originário de todo esse processo depressivo (que pode ter se desenvolvido por causa de um trauma, ou por uma agressão injusta, ou por uma predisposição genética, ou por uma incógnita situação etc.); 3) ao encontrarmos o fator-gatilho (que seria o verdadeiro causador desse distúrbio), conseguiremos aprender a *lidar*, finalmente, com essas desagradáveis sensações conhecidas.

Dito e feito, podemos resumidamente ressaltar – por certo – as seguintes questões que foram reforçadas até o presente momento: a) os fatores informativos foram descritos corretamente (conteúdos inseridos no que envolvem o que é a depressão com a ideia de que o seu portador possa se conscientizar que sofre mesmo com essa doença); b) quanto aos sintomas percebemos quais eles são (dado que foram antes elucidados com os devidos exemplos citados); c) sem demora resta saber entender o seu gatilho originário para que todo esse processo danoso seja rapidamente apaziguado.

1. Entendendo mais sobre a depressão

Devido à complexidade desse tema, devemos abordar tal assunto da maneira mais delicada quanto possível para não ocorrer nenhum equívoco ou confusão desnecessária da nossa parte. Por isso, preste atenção: presuma que exista uma "linha imaginária" na sua frente, onde a cada passo dado um novo estado mais danoso será alcançado. Mais ou menos a ideia consiste no seguinte modelo: **na primeira linha,** temos a **normalidade** do fato, em que a pessoa não tem nenhum transtorno preocupante.

Já **na segunda linha,** temos a **depressão leve**, em que o sujeito se sente triste e meio que desamparado. Não iremos aqui ponderar quais os fatores influenciaram para tal estado aflitivo, mas afirmamos que ele agora se encontra nessa situação típica de tristeza recorrente. Pode ser que esse caminhar nessa segunda linha seja passageiro. Sendo que com o tempo ele volte ao seu estado mental normalizado. Isso significa que a pessoa pode voltar à "primeira linha" de normalidade sem qualquer ajuda específica. Por outro lado pode ser que o Indivíduo fique nesse sentimento de tristeza por algumas semanas, mas isso não o incapacita de qualquer modo. Entretanto existe um risco de se dirigir para a terceira linha que chamamos de **depressão moderada**.

Na terceira linha, novos sintomas mais perigosos acompanharão essa pessoa. Fazendo-a ficar cada vez mais esgotada, desmotivada, ou vazia por dentro. Logo um possível tratamento médico deverá ser recomendado para que a sua vida volte aos eixos. Caso não ocorra melhoras ou nenhum efeito positivo decorra sobre o seu estado, ou, aliás, se os seus sintomas perdurarem (ou novos aparecerem), então, a probabilidade de a pessoa caminhar para a próxima linha torna-se uma efetiva e real possibilidade.

Na quarta linha temos uma **depressão grave** (ou maior) que conceituamos como sendo a mais terrível de todas. Ao ser alcançado essa ultima trajetória a pessoa passará a se sentir completamente impossibilitada de pensar em voltar para a sua antiga normalidade. Visto que a sua vontade estará destruída nesse estágio. Em outras palavras, notaremos que: 1) o seu desespero tornou-se rotineiro; 2) os seus sintomas volte e meia mudam a cada dia (ora somem, ora aumentam, ora diminuem); 3) chorar virou um ritual realizado praticamente todos os dias e com muita dor. Nessa precária situação, a pessoa vai percebendo que não existe mais uma linha a se atravessar. O que se encontra à sua frente parece ser mais como um profundo e longo precipício. Portanto pular sugere ser a única resposta para uma vida repleta de dor e de desapontamentos.

Ao serem esclarecidas essas questões de "linhas imaginárias", podemos afirmar que duas grandes ideias foram percebidas, e essas são: A) esse quadro pode ser revertido para trazer o indivíduo (lesado) à sua normalidade;

APRENDENDO A LIDAR

b) será preciso adquirir alguns conhecimentos práticos para poder reaver esse seu equilíbrio perdido.

Lembre-se de uma verdade: a **primeira linha de defesa no combate à depressão é a própria pessoa**, em que ela mesma deverá tentar se ajudar (com as máximas informações possíveis) contra a sua terrível doença. Evidentemente no caso de advir o seu insucesso, ela(e) deverá buscar alguma ajuda médica especializada. Mas não é sempre assim?

A pessoa começa a notar que está diferente ou que as suas antigas atividades nem são mais proveitosas ou prazerosas. Nisso, sente-se triste, desanimada, desmotivada, com vontade de dormir o tempo todo (ou velha por dentro) e por fim acha que ninguém mais entende a dor que está passando.

Nesse conflito interno de emoções, procura um médico para buscar qualquer solução urgente. Contudo essa resposta nunca é rápida suficiente. Demorando certo "tempo" para poder voltar a estar apta para as tarefas diárias que se acumulam. Note que esse conceito "tempo" se transforma num grande inimigo para quem tem depressão. Restando somente o sujeito ter que esperar até o fármaco fazer o efeito que muito anseia. Recorde-se também que não existem remédios prontamente milagrosos. Tudo é relativo e muitos ajustes serão realizados até que se ocorra uma significativa volta à sua normalidade mental.

Resumidamente, todo esse procedimento ocorreu desta forma: 1) surgimento da doença; 2) entender que precisa de ajuda; 3) procurar ajuda; 4) consultar a médicos, psicólogos, ou psiquiatras; 5) tomar a medicação; 6) fazer o efeito esperado, isso depende de cada pessoa; 7) ajustes de dosagem; 8) sentir-se novamente bem.

Constatamos que esse caminho é o mais conhecido, embora não seja nada rápido para quem necessita saborear urgentemente de um novo "bem estar". O que nos leva a uma grande pergunta: não seria melhor usarmos artifícios próprios para podermos nos auto socorrer e, assim, não perpetuarmos mais esse tempo de dor? Pensando desse jeito, foi criado um método que propõe o seguinte esquema: 1) surgimento da doença; 2) entende o que está lhe acometendo (informa-se sobre o seu transtorno, bem como compreende o que tem que fazer); 3) utiliza os métodos e técnicas aprendidas neste livro (nessa fase a pessoa se autoajuda); 4) percebe boas melhoras, por isso segue normalmente com a sua vida utilizando "sempre" o que aprendeu (obviamente procurará um médico de confiança se, por acaso, isso não aconteceu). Notou a diferença?

Na sequência, veremos mais outras informações complementares sobre esse assunto que foi demonstrado, com o objetivo de reforçarmos a capacidade mental do indivíduo abatido por seu peculiar distúrbio impeditivo.

2. Algumas verdades a serem ditas

Sabia que ficar triste ou deprimido é uma **condição normal** que todo o ser humano passa?

É claro que sabe sobre isso.

Na verdade o real problema é o tempo de duração – ou de intensidade – que persiste essa situação. Aliás, não queremos que ele se agrave ainda mais.

– Não entendi.

A pessoa deve "parar" de tentar encontrar a "cura" definitiva para essas questões. Porque isso não existe. Pois, de certa forma, fomos construídos para transmitirmos emoções e também para nos emocionarmos. O que deve ser aprendido (mesmo) consiste em **lidar** com essas circunstâncias o mais rápido possível. Porque senão elas poderão destruir ainda mais a existência[48] (ou essência) de uma pessoa fragilizada.

*

Você sabia?

Uma pessoa deprimida experimenta um grau muito maior de sensibilização, comparados com a de uma pessoa normal. Basta um olhar, uma palavra mal interpretada, um gesto, ou tom de voz um pouco ríspido para ocasionar numa incrível ofensa ao oprimido.

Por levar tudo para o lado pessoal, martirizando-se com cada atitude adversa, elas tendem a piorar o seu estado, contribuindo para um processo vicioso sem fim de mais angústia, culpa e dor. Sabia que elas(es) se julgam criticamente (ou duramente) por terem tomado essa maneira diferenciada de ser, ao invés daquela que muito gostariam de adotar? Observe que existe uma espécie de perfeccionismo mascarado nesse tipo

---

[48] **Nota importante:** se realmente existisse uma cura para a depressão este livro seria chamado de "Cure-se definitivamente da sua depressão", ao invés de "Aprenda a lidar com ela".

APRENDENDO A LIDAR

de comportamento. Sabemos que essas atitudes ocorrem por causa do transtorno depressivo, porém a pessoa subjugada por esse distúrbio não enxergará essa dura verdade[49].

*

Por tais razões, a mensagem que deve ficar clara é a seguinte:

A depressão é uma condição **normal** que qualquer pessoa pode ter ao longo de sua existência. O verdadeiro problema consiste na **intensidade** de sua duração. A partir desse ponto, ela vira uma doença, precisando ser mudada essa direção, senão a pessoa passará a se sentir (muito) doente.

Podemos ressaltar que a depressão não é uma doença fácil. Por outro lado, torna-se evidente percebermos uma espécie de padrão de pensamentos insistentes (que são bem típicos de uma pessoa deprimida). Através dessa análise, iremos encontrar uma grande verdade em toda essa ação desfavorável. Ao analisarmos objetivamente o que uma pessoa deprimida mais se queixa, veremos, primeiramente, que ocorre um **fato** que a faz ficar nesse estado mental de (eterno) conflito. Note que existe uma historia motivando todas essas recriminações, e proporcionando sentimentos de impotência (ou até mesmo de ira, em que a sua queixa repetitiva remete a um conflito interno não solucionado que precisa ser exteriorizado). Até que, finalmente, encontre maneiras de apaziguá-lo. Por fim o aparecimento do fator culpa (em não poder lidar com todos esses sentimentos intensificados) será gerado. Dando a desagradável sensação de nunca realmente conseguir solucionar as suas afetadas falhas mentais.

É assertivo dizer que não é culpa da pessoa por não conseguir lidar com essas atitudes de forma diferente do habitual. Já que a depressão muda a estrutura mental de uma pessoa e compromete à sua capacidade de racionalização. Assim as ideias que antes eram claras, hoje estão completamente obscuras, pessimistas e confusas. De fato, há um grande desconforto acompanhado (da impressão) de ausência de tolerância dos demais. Ou seja, o deprimido exige muito da compreensão dos outros **porque essa é a única maneira que ele conhece para pedir socorro.**

Tornou-se extremamente difícil transmitir aos seus amigos ou aos seus familiares o que está realmente sentindo. A cada nova consulta (ao seu médico) o seu semblante pode parecer não demonstrar que ali no consultório encontra-se a única pessoa que poderia lhe oferecer uma saída

---

[49] Ela não verá porque está atualmente aprisionada nessas inúmeras emoções enraizadas.

plausível para o seu caso. Ou um verdadeiro conforto que não pode mais ser encontrado em lugar nenhum.

As suas palavras informam o seu estado, mas não condizem com a intensa dor que lhe corrói todos os dias dentro da sua alma. A espera ansiosa da resposta de seu médico muitas vezes não esclarece do porquê de tamanha dor, ou de até quando que irá continuar nesse deplorável estado. Visto que a sua mente se tornou a sua própria **prisão**.

Ninguém entende que dentro de seu ser existe uma alma gritando e implorando por qualquer tipo de ajuda. Logo uma pergunta forma-se no seu desespero: se mesmo uma pessoa especializada não sana o meu mal, o que fará outro alguém para expurgar as minhas aflições constantes? Por todos esses sintomas desagradáveis, fazendo-o ponderar pela sua inutilidade, ou no incômodo dado aos outros por sua incapacidade de administrar a sua dor: é óbvio que pensar em colocar um fim em tudo isso parece ser uma ideia reconfortante[50]. Conseguiu visualizar como é estar profundamente deprimido?

Pois é mais ou menos assim que uma pessoa deprimida enxerga o seu futuro. Note, até mesmo, como o seu **foco** está sintonizado em toda a dor de sua alma. Fazendo a pessoa não ficar mais impulsionada pela sua razão, mas sim pelo reflexo do seu estado mental de desestabilização. Portanto o suicídio já está em sua mente e o mero ato de realizá-lo já é algo para ser arranjado posteriormente.

É importante dizer que toda essa descrição de uma pessoa deprimida **traz várias informações valiosas** que devem ser prestadas com a máxima atenção. Uma vez que demonstra um ponto chave solucionador. Ou seja, um **gatilho ideal** para saber o que ativa a depressão. Algo que mostra qual

---

[50] Digamos que uma pessoa deposita toda a sua segurança, apoio, ou felicidade na imagem do seu importante emprego. Nesse caso, entendemos que a sua frustração, ou o seu desamparo, ou a sua ansiedade são compensadas (ou sanadas) por causa da fonte de sua renda. Agora nesta hipótese, some alguns fatores negativos e veja esta pessoa como tendo uma baixa autoestima, ou mesmo estando deprimida devido aos vários empecilhos apresentados na maior parte de sua vida. Observe ainda o que aconteceria se ela(e) não tivesse uma boa estrutura e perdesse o seu precioso trabalho? Fatalmente teremos um indivíduo propenso a cometer suicídio. Não é mesmo? Mas sabe por quê? Porque aquilo que mais lhe dava conforto (ou confiança, ou orgulho) não existe mais. Então como a sua antiga salvaguarda não é mais alcançável: Como ele(a) poderá lidar quando uma nova dificuldade novamente o(a) confrontar? Em outras palavras, ele(a) perdeu definitivamente a sensação de importância que lhe dava motivo para continuar seguindo em frente. Isto porque depositou toda a sua esperança num meio "questionável" longe de ser o ideal a se espelhar. Entretanto, se essa pessoa tivesse encontrado a "força" dentro de si mesma (assim como adquirido as informações corretas para o seu distúrbio), ela(e) jamais tomaria a atitude de arruinar a sua querida e doce existência. **Observação:** essa situação é real. Muitas pessoas realmente se suicidam por causa desse motivo.

é a sua raiz realmente. Ou aquele que é o **pensamento primário** que faz essas inúmeras sensações transbordarem.

O que leva a lógica de que atacando esse pensamento originário será possível lidar com todos esses sintomas destruidores. Significando que ao se raciocinar corretamente a verdade sobre a depressão poderá ser facilmente desmascarada.

– Qual é a dica do dia?

Uma boa atitude para dominar essa doença consiste em: 1) esquecer todos os sintomas e; 2) as reclamações que um sujeito deprimido reitera. Essas informações servem mais para **diagnosticar o que a pessoa** sofre, ou também para saber que tipo de doença a atinge. No entanto, isso não ajuda "a combater o real causador", ou melhor, a raiz profunda que infecta todo o seu sistema. Somente com a descoberta do gatilho ideal que será possível vencer a depressão e cessar o seu rugido insistente.

> **Domador de Circo Feliz:** *Pode parecer assustador a imagem de um leão rugindo ferozmente na sua direção. Não é mesmo? Mas acredite! No momento que aprender a discipliná-lo vai poder deixá-lo muito bem mansinho. Até poderá ensinar alguns truques para ele. Como rolar, sentar, dar a patinha, fingir de morto etc.*

Pense na depressão como uma fera que precisa ser domada (e colocada no seu devido castigo). Se, mesmo após contê-la, ela voltar a urrar no seu caminho:

– Tente não ter medo e nem se desespere! Pois saberá (de agora em diante) como colocá-la novamente no seu merecido lugar.

– Não sei não, mas acho que tem um tremendo de um zoológico dentro da minha cabeça. Será que eu posso contratar esse domador para amenizar os meus animais exaltados?

Esse domador "vive" em você, precisando somente despertá-lo para colocar ordem no circo que montou acampamento no íntimo de sua mente. Nesse desígnio, só restou dizer qual é o gatilho originário do deprimido. Assim, o gatilho causador verdadeiro que faz com que todos esses sintomas surjam provém da ideia de que a depressão é uma doença completamente egoísta.

– Quer dizer que tudo é culpa minha?

Não é bem assim! Continue com a sua leitura e descubra o que eu quis dizer com isso.

– E se eu não quiser mais ler?

Nunca se apresse em julgar apressadamente uma proposta sem antes conhecer todos os fatos. Ao final, junte todas as informações e tire as suas próprias conclusões.

*

Uma pequena pausa para elogiar este livro

Concluímos esta parte informando que este livro foi criado para ajudar a todos aqueles que sofrem com esses transtornos complicados. Tendo o intuito de procurar transmitir o essencial aspecto para que uma informação satisfatória fique bem instituída na mente do leitor atento. No geral, ao utilizar esses ensinamentos a pessoa se fortalecerá cada vez mais emocionalmente, e usufruirá de uma nova condição interior plenamente estruturável. Além dessa finalidade essencial, ainda temos o objetivo extra que consiste em melhorar o Indivíduo pelo melhor método que lhe sustente. De maneira geral isso pode ser representado do seguinte modo: A) se o sujeito (já) consulta o seu médico e toma a sua medicação se sentindo disposto para enfrentar as situações do dia a dia: isso será considerado ótimo, devendo, obviamente, continuar nesse seu trajeto (no entanto leia este livro para adquirir mais conhecimentos sobre os seus transtornos); b) se o paciente toma a sua medicação e não consegue se sentir apto mesmo depois de vários anos de tratamento. Então, o ideal seria em ler este livro. Acredite que a nossa intenção é a de resgatarmos a sua saúde, e ajudá-lo a dominar efetivamente os seus intensos tormentos; C) Se a pessoa não toma nenhuma medicação porque não quer, ou tem medo dos efeitos adversos, além disso, sente-se deprimida a maior parte do tempo. Vá urgentemente ler este livro. Pois esses ensinamentos foram feitos especificamente para esse seu estado.

Resumidamente, a ideia central baseia-se em: resgatar os enfermos, dar firmeza aos caídos, apoio rapidamente sustentável aos desesperançosos, autocapacidade real de se ajudar, e ainda torná-lo o seu próprio motivador em momentos de profunda crise depressiva. Enfim, ao ler esse livro adquirirá um novo entendimento para os seus problemas, somados, com atitudes mentais que produzirão excelentes resultados. O que está esperando? Utilize logo os ensinamentos aqui apresentados e domine a sua depressão.

*

3. A depressão é uma doença egoísta

Considero esse o fator ideal para sabermos o porquê do agir da depressão, de modo que esse é o gatilho crucial (ou originário) de todas as sensações desagradáveis que ocorrem no "quadro" de uma pessoa afetada. Porém o(a) deprimido(a) pode se perguntar deste jeito: quer dizer que tudo isso que eu estou passando é por culpa minha? Que, além de depressiva, eu também sou uma pessoa egoísta? Digo-lhe que não é bem isso. Não é porque se é egoísta que se tem depressão, ou nem que todo o egoísta terá depressão, ou inclusive, não é culpa "sua" de todas essas coisas estarem acontecendo com você.

– Então o que isso significa?

O entendimento é o seguinte:

A depressão deixa a pessoa egoísta, no sentindo, de ela ficar cega e extremamente "focada" em si mesma. Note que, ao não conseguir mais buscar soluções para enfrentar os seus dilemas mentais, o sujeito se esquece de pensar apropriadamente. No geral, fica cada vez mais focado (internamente) nos sintomas que o acompanha. A doença compromete em muito o seu raciocínio ao **fazer um tipo de egoísmo aflorar**, gerando um concentrado de emoções negativas que mudam sempre o seu estado de humor.

– Ainda não entendi direito. Pode fazer um gráfico para que até o meu papagaio entenda? Ps.: Eu não tenho nenhum papagaio. 😊

Se fizéssemos um quadro para explicar como esse gatilho é acionado, seria mais ou menos deste jeito:

1. A pessoa na sua normalidade. ☺

2. Uma tristeza simples aparece. Ela não está doente, somente triste. ☺

3. Sua concentração fixa-se (por várias semanas) neste sentimento de melancolia. Aqui temos o nascimento do gatilho egoísmo. ☹

4. A depressão surge. Ela já está ficando doente. ☹

5. Aumento de grau do seu transtorno. O foco está altamente direcionado na sua situação. ☹

6. Incapacitação mental concluída. Ela está doente. ☹

Nessa acepção, para entendermos a ideia do gatilho egoísmo, utilizaremos o seguinte exemplo: idealize um indivíduo que está "cansado" por algo que lhe incomodou. Perceba que o fato dele já estar desse jeito mostra-nos o quanto o seu estado mental está sobrecarregado com as situações adversas. No decorrer dos dias, ele sofre extensos conflitos diversos. Como por exemplo, no plano familiar, ou no ambiente de trabalho, (ou pode ser outro motivo qualquer) que o faz se "**sentir**" mais triste que o habitual. Esse sentir-se entristecido já traz uma passagem para a depressão começar a emergir.

O tempo decorre ocorrendo perda de sua energia, ou de sua motivação, ou pensamentos de conteúdo mais negativos que o normal começa a surgir[51], ou ainda o choro aparece com maior facilidade. Observe que os seus sentimentos estão mais instáveis e intensos do que o normal. Manifestam-se também as recriminações excessivas, as lamentações, as sensações de inutilidade, as lembranças contínuas do passado, os sentimentos de culpa, e inclusive, um desgaste físico e emocional começa a marcar o seu espaço. Pronto, ela(e) já está depressiva(o). O que acontecerá em seguida será que a depressão poderá aumentar de grau dependendo da resposta de como a pessoa lida com a sua doença.

*

---

[51] As notícias ruins podem colaborar bastante para que uma pessoa fique mais concentrada em sua melancolia.

Muito cuidado

Existe uma palavra importante para saber se a pessoa estará propensa a dar mais corda para a sua depressão, ou até mesmo fazê-la **começar a manifestar os seus sintomas**. Basicamente, quando ela(e) pensa deste jeito:

– Eu estou me **sentindo** assim... **Observação:** geralmente, essa frase virá acompanhada na forma de um estado negativo.

Quando um sujeito começa a sentir-se em determinadas situações, ou melhor, quando reage toda a trajetória da sua vida "baseado" no modo de como **sente as coisas à sua volta,** então, isso poderá se tornar em algo muito perigoso posteriormente. Sabe por quê?

Porque esse critério de constituir o seu estado emocional nas situações cotidianas traz o risco de **aumentar ainda mais a vontade de ficar deprimido** e fragilizado.

Veja este exemplo:

– Hoje é um dia nublado ou chuvoso, e isso me entristece profundamente.

A pessoa fala para si mesma que está se "sentindo" indisposta, ou triste (ou negativa) por conta de um tempo fechado. O exemplo poderia ser outro, mas a questão que importa é essa impressão negativa que a pessoa **se deixa envolver**. Essencialmente, ela **permitiu**-se instalar aquela sensação de dia ruim no seu modo de como vai **reagir** ao que vai encontrar pela frente. Então, começará a "exercer" uma visão depreciativa (ou depressiva) de tudo que rodeia à sua volta.

Por esse motivo, seria importante se conscientizar "antes" de **como se comportará** com essas determinadas situações presentes. Senão, isso a fará sofrer desnecessariamente[52]. Em outras palavras, **um indivíduo deprimido deve questionar as suas sensações baseando-se mais na racionalidade** dos fatos, do que nas sensações emotivas propriamente ditas.

De forma a: 1) não conduzir os seus sentimentos de acordo com impressões ruins; 2) no fundamento de não comprometer ainda mais o seu quadro emocional desestabilizado.

*

---

[52] Principalmente naqueles eventos que não se têm qualquer tipo de controle.

Na sequência, vamos analisar alguns dos pensamentos do deprimido mais comuns, com a intenção de explicarmos o porquê de a depressão ser considerada uma doença egoísta. Pensamentos depressivos são geralmente deste jeito:

– Eu não sirvo para nada e nem para ninguém. Tudo o que eu faço dá errado. Ninguém me entende, ninguém gosta de mim, ninguém sabe como me sinto e pelo o que estou passando. Eu estou cansado, sou um fracassado, só tenho vontade de chorar, sou um lixo e me sinto perdido. Não sinto mais felicidade, não sou feliz, não tenho mais motivo para viver. Eu quero morrer, minha vida é vazia, sou descartável, não tenho paz etc.

Todo esse tipo de negatividade vai se tornando cada vez mais insistente e acentuada de acordo com o tempo, o que consequentemente vai sabotando a mente do deprimido. Agora eu pergunto: analisou um tipo de padrão realizado por todos esses pensamentos? Veja o quanto eles estão totalmente **focados** no indivíduo, assim como no que ele sente. O que nos proporciona uma bela pergunta: e se mudássemos esse padrão de pensamentos negativos? Isto é, retirando o foco central dessas sensações e direcionando-as para outro sentido mais positivo. Será que teríamos encontrado a resposta para a libertação desses sintomas?

Esse é o entendimento que será realizado neste livro. Uma abordagem nova que aplica o direcionamento do foco em outro ponto mais saudável e equilibrado. Um exercício mental que deverá ser feito todas as vezes que sentimentos depressivos vierem na mente de uma pessoa doente. Outro pequeno exemplo:

– Tive um péssimo dia. Tudo deu errado e ninguém gosta de mim. Sou uma pessoa horrível e não sirvo mais para nada.

Se notar bem a construção da frase, percebe-se o detalhamento pessoal e o enfoque que a pessoa leva de **um problema fora do seu controle para o seu âmbito mental e emocional.** Ninguém a esta condenando pelo seu péssimo dia. O ponto trágico da questão é a pessoa começar a levar tudo de errado para a sua vida íntima, ao desvalorizar-se a sua existência como um todo. A autoestima de uma pessoa deprimida já é baixa, e com a ocorrência de um novo problema torna ainda pior a situação de sua vida. Sabemos que as dificuldades sempre ocorrerão, no entanto, o enfrentamento e as buscas de soluções para o indivíduo deprimido demonstram ser "bem" maiores. Isto é, se ele não consegue consertar nem os seus problemas internos, então, o que falar dos externos?

– Olha, eu ainda não entendi qual é a sua objeção quanto a esse "sentir". O que acontece? Tá meio confuso entender sobre isso aqui. É que eu estava pensando em ler outra coisa sabe? Mas me deparei com essa dúvida importante. Pode me explicar?

Esse sentir[53] é uma soma, ou melhor, uma porta de entrada para que a depressão comece a preencher ainda mais o seu território. É como se déssemos uma **permissão** para que esse sentimento particular de fragilidade seja explorado, pois ficamos mais focados nas sensações que um evento pode nos proporcionar, ao invés de como poderíamos tentar cuidadosamente contê-lo.

Resumidamente falando: devemos ter cuidado na direção que aponta o nosso foco, juntamente às sensações diferenciadas que teimam a nos desfavorecer. Se essas impressões são prazerosas, isso será algo bom e aceitável. Porém, fora desse contexto e sendo persistente o negativismo, todo cuidado é pouco para a condição depressiva não poder se agravar[54].

Ao entendermos como uma pessoa deprimida pensa (ou age), chegamos a um fator chamado gatilho originário que é um tipo de **egoísmo extremado**. Isto quer dizer que um indivíduo fica autocentrado em como se sentirá quando um evento qualquer o atingir. No entanto esse tipo de pensamento geralmente o faz ficar cada vez mais para baixo ou extremamente deprimido. Perceba que o foco da pessoa está **sempre concentrado em si**. Deixando-a carente de compreensão e extremamente sensível às situações desfavoráveis. Captado todo esse processo do gatilho primordial, em conjunto ao conhecimento das informações pertinentes dessa característica doença, vamos através do terceiro passo descobrir: como se deve lidar com a depressão e, consequentemente, com os seus desgastantes sofríveis sintomas.

---

[53] Talvez isso explique o porquê de as mulheres serem mais propensas do que os homens para terem este conhecido distúrbio. Ou seja, graças ao doce aspecto de sua apurada sensibilidade que as fazem sentir "muito mais" os ambientes que se apresentam na sua frente.

[54] Estamos lidando com uma doença perigosa que proporciona muitos altos e baixos. O que significa que ela origina flutuações aleatórias de humor. Por causa disso sabemos que haverá dias que parecerá que a sua depressão se foi por completo. Logo, as outras pessoas poderão até se enganar e acreditar que (aquele que aparentava estar deprimido) nunca sofreu realmente com qualquer sintoma deste confuso distúrbio. Pode até mesmo de sobrevir um tipo de "pressão" (dos amigos ou familiares) para que esta pessoa doente volte a realizar as suas antigas atividades. Todavia devemos ter muito cuidado neste aspecto de sobrecarga. Dado ao fato que esse é um tipo de sintoma de mascaramento que a depressão utiliza. Isto é, essa doença esconde-se para depois novamente se manifestar (mais intensamente). Agora, você pode se perguntar: qual o propósito de tudo isto? Digo-lhe que é com o fim de (sem qualquer aviso) incapacitar permanentemente o nosso sofrido indivíduo.

LIDANDO COM A DEPRESSÃO

Como antes explicado, a depressão deixa a pessoa egoísta no sentido dela estar somente direcionada nos seus pensamentos extremistas de pessimismo (longe de qualquer solução). Evidentemente a partir desse ponto devemos seguir o ideal de **mudarmos o direcionamento desse "foco doente"** – com o uso de uma técnica – para outro sentido que não seja mais aquele que conhecemos. Compreendeu? Na sequência, vejamos alguns questionamentos que podem advir sobre esses fatos:

Mas como isso é possível? Acha que gosto de ficar focado nesses sentimentos sufocantes? Pensa que já não tentei esvaziar a minha mente ou me concentrar em outro lugar? Por acaso, sabe quantos anos de luta que tenho passado para encontrar uma possível solução para o meu problema e nada resolveu até agora. Mesmo assim, acredita que qualquer tecnicazinha vai funcionar? Quer dizer que, se eu simplesmente direcionar o meu foco para uma visão mais bela e otimista da vida, estarei finalmente livre desse melancólico transtorno? Para essas perguntas, respondo o seguinte:

Compreendo a sua frustração, no entanto, nunca descobrirá o resultado de uma técnica se não tiver a audácia de experimentá-la alguma vez. Dê um passo de cada vez, siga com ideais de perseverança e creia que, em breve, os resultados irão aparecer. Ok? Agora, a partir desse momento, preste muita atenção:

I – Conceba que não é só através da mudança de foco que haverá um êxito. Será necessário um "outro elemento" para que essa fórmula dê certo na busca dos efeitos que esperamos que aconteçam. Tente entender que o **foco não vem acompanhado sozinho**. Ele precisa estar junto a outro aspecto (muito) importante. Para falar a verdade, esse componente é nada mais do que uma "forte emoção" ou um sentimento igualmente característico. Saiba que se o foco (ao ser direcionado para outro lugar específico) não estiver atrelado com os devidos sentimentos necessários, não teremos uma resposta positiva no apaziguamento dos sintomas depressivos.

*– Diga-me de uma vez como poderei me desviar dessa precária
atenção mental que me faz adoecer. Please!*

A resposta consiste (unicamente) na ação de "focalizar" toda a sua atividade mental, em conjunto aos seus "sentimentos", para outro ser humano que considera ser muito importante.

UTILIZANDO A TÉCNICA

Pare tudo que estiver fazendo nesse momento e concentre-se no que vou dizer agora. Todas essas sensações não vão desaparecer até **esquecer por completo** como está a sua situação atual. Traduzindo, isso sugere que se deve tentar afastar a mente de todos os sintomas conhecidos dessa condição depressiva. Como por exemplo, da real percepção do seu estado doente, ou dos seus pensamentos negativos recorrentes, ou da sua apatia frequente, ou da sua falta de vontade presente, ou do seu sofrimento do passado ativo, ou de qualquer aspecto físico, ou mental que envolva a sua doença.

De igual modo terá que parar de pensar no quanto às situações aleatórias te fazem se sentir muito mal. O melhor é desvencilhar-se do quanto acha que ninguém se importa com a sua condição ou mesmo lhe entende[55].

Sim, não é uma tarefa fácil! Mas fique sabendo que o objetivo consiste em levar a sua consciência para uma **nova direção** que inexista essa doença. Ok? Tudo certo até esse momento com essa atitude de pensamento? Sei que isso não é tão simples de se proceder. Entretanto acredite que estamos indo no caminho certo. Muito bem! Vamos em frente para a segunda parte do nosso método.

II – Sem demora gostaria que pensasse em uma pessoa muito importante na sua vida.

Fixe-se na imagem mental dessa pessoa que ama, ou pode ser alguém que se importa muito, ou que se **preocupa** intensamente e tem um sentimento carinhoso pela mesma. A ideia é priorizar uma afeição com o ser amado e se apegar a essa emoção. Lembrando que não precisa ser necessariamente o mais puro amor. O que importa mesmo é ocorrer um sentimento de querer realizar ações de **altruísmo** (ou conforto) com o indivíduo escolhido. Visualizou todo esse cenário? Sentiu uma forte

---

[55] Perceba que esse fato de achar o quanto às pessoas não estão suficientemente se preocupando com você está atrelado à ideia de que (talvez) esteja exigindo demais delas.

APRENDENDO A LIDAR

conexão física e mental com o objeto de sua atenção? Gostaria de fazer de tudo por esse outro ser humano?

Vamos (agora) para a técnica que consiste simplesmente pensar em: a) como quer ajudar (de qualquer forma) essa pessoa escolhida; b) ou nos meios que pode efetivamente ampará-la; c) ou no quanto poderá trazer felicidade para esse outro sujeito; d) ou no tanto que quer agradá-la; e) ou que entende que ela está sofrendo com algo ruim que lhe sucedeu e quer encontrar meios para resolver as suas dificuldades; f) ou que se preocupa com a sua saúde; g) ou que vê que precisa da sua ajuda, pois notou que ela implora por proteção. Tome o cuidado de nunca associar ou somar a sua dor à dela; h) ou que quer aliviar a sua aflição de qualquer maneira possível; i) ou que nada mais importa a não ser em como está à vida desse outro indivíduo; j) ou que se colocará no lugar dela ou dele; k) ou que compreende que tem que cuidar dela(e); l) ou que unicamente quer realizar todas essas atitudes sem receber nada em troca.

Continue fazendo esse tipo de exercício de direcionamento de sentimentos de proteção, ternura e preocupação sempre que achar ser possível. Lembrando-se de nunca engatar qualquer problema aleatório que envolva esse indivíduo, com o fim de que possa afetar novamente a sua condição depressiva. Note que estamos tentando livrá-lo de qualquer sensação desagradável que esteja sentindo (nesse exato momento) devido ao transtorno depressivo. A intenção é **alterar a sua percepção** para outra posição contida em somente ajudar a outro ser humano que necessite do seu auxílio. Em outras palavras, essa tarefa será feita de todos e quaisquer meios possíveis. Mesmo que visivelmente essa pessoa não tenha sequer problema algum. E se tiver? Ótimo! Pois você irá rapidamente acudi-la.

– Mas por que isso?

A atitude mental empregada (desses pensamentos focados em outra pessoa) gradativamente direcionará os seus sentimentos (ruins) para outra direção. Será criado um novo caminho (isto é, haverá uma mudança de foco) visado em outros tipos de conteúdos mais adequados. Esses novos pensares não serão mais concentrados na posição do negativismo, mas afirmativamente na construção de outras melhores emoções. Graças à preocupação com esse alguém que lhe é deveras importante. Para uma complementariedade desse modo de pensamento poderemos empregar duas indagações: 1) primeiramente pergunte-se: como enxergo a pessoa que quero ajudar?

Ou de que maneira ela se apresenta na minha frente? 2) por segundo, faça questionamentos inversos: como ela me enxerga? Ou como ela reage às coisas à sua volta. Ou como ela pensa?

> *– Desculpe-me, mas achei infantil demais esse método para lidar com a depressão. Acredito que não vai ajudar ninguém com essa técnica boba senhor escritor.*

Não acredita? Achou besteira ou simples demais? Sim! Pode ser que seja isso mesmo. Porém isso funciona. Esse procedimento de preocupação com outra pessoa – que pode até parecer uma atitude exagerada –, além de não ter qualquer efeito colateral danoso, estimulará tanto numa mudança de atitude mental, assim como comportamental. Longe de ser adepta da condição negativa de que já estava bem familiarizado.

Na verdade, não passará mais a se importar, "muito", como está se **sentindo deprimido.** Sendo que, gradualmente, esquecerá a sua antiga situação depressiva por completo. Recorde-se do que foi explicado anteriormente sobre como a depressão age. Veja o gatilho egoísmo que ativa esse distúrbio. Perceba que com essa técnica estamos atacando a fonte de todo o mal que propicia no aparecimento dos sintomas depressivos. Por isso, não tenha receios de alterar a sua mentalidade. Proceda nessa conduta assertiva de dominar a sua insistente depressão.

> *– Tá certo! Vou fingir que acredito que isso irá realmente funcionar. A princípio irei fazer essa alteração de foco com o meu cão "astro". Pois é ele quem me faz esquecer essa minha terrível doença.*

Particularmente, essa mudança de foco poderá ser usada com qualquer pessoa que assim desejar. É claro que também é possível escolher um animal para fazer isso. No entanto não terá o mesmo efeito duradouro do que empregado com outro indivíduo semelhante.

Além disso, existe um grande "porém" em todo esse processo de mudança de direcionamento. O que nunca deve ser feito seria em levar (esse procedimento de preocupação excessiva), no intuito de incomodar a outra pessoa que está pensando em ajudar.

> *– Sério? Que pena! Eu estava louco de vontade de telefonar para o meu vizinho de hora em hora. Isso para saber se ele está realmente*

bem. Caso ele me ameaçasse eu diria que estou fazendo isso em prol da cura da minha depressão. Aliás, falaria que o verdadeiro culpado dessa minha insana atitude se deve exclusivamente por causa de certo livro esquisito que um dia eu li.

Por favor, não faça isso! A técnica não é para ser conduzida nessa orientação. A ideia baseia-se em fazer um tipo de exercício mental onde somente o portador desse distúrbio conhecerá as regras desse jogo. Essa preocupação (ou mudança alternativa de foco) será realizada **sem que a outra pessoa saiba que se está fazendo isso**. No propósito de que se adquira um real equilíbrio mental e emocional. Além de também observar como os seus sintomas depressivos se comportaram com esse novo uso de procedimento.

– E se por acaso o foco da minha atenção for ríspido comigo e não desejar a minha ajuda, ou agir grosseiramente e eu voltar a ficar deprimido? Ou se o astro me morder?

Digo-lhe que não é assim que funciona esse método. Aliás, você entendeu a técnica erroneamente. Como antes esclarecido, ninguém precisa saber da sua (sincera) preocupação com o outro indivíduo, isso para evitar futuros aborrecimentos mútuos. Nem também se deve voltar a pensar como se "sentirá", caso a pessoa não quiser a sua ajuda[56]. Observe que estamos num processo de restabelecimento de emoções e de mudanças mentais. Por isso, cuide-se para não retroceder a sua condição. Procure também **nunca se comparar** com o objeto do foco da sua concentração. No caso de for se comparar com alguém, faça isso com outros seres que não têm boas condições de vida. Já tínhamos falado sobre isso anteriormente em outro transtorno da mente.

O que deve ser feito (nesse exercício mental) tem mais como **esquecer a sua condição fragilizada em todos os aspectos existentes**. Lembrando-se de sempre ver a depressão como uma doença egoísta. Compreenderá que é muito importante não querer nada em troca quando se concentrar nesse seu indivíduo "querido". E não no seu vizinho desconhecido. Se "doará por inteiro" quando alguém precisar de um ombro amigo. Sabendo que a sua grande recompensa será em poder começar a aprender a lidar com a sua intimidante depressão.

---

[56] Não é o ideal sofrer se não conseguir socorrer este outro ser humano desprotegido. Irá respeitar o seu espaço e as suas escolhas, principalmente se essas não coincidirem com as suas.

– Ainda acho que essa é a ideia mais furada que já presenciei em toda a minha vida. Não acredito que, se eu puder esquecer a minha condição, mesmo que momentaneamente, irei de alguma forma lidar com a minha depressão. Sinceramente achei os seus argumentos muitos fracos para esse assunto. Ps.: Astro ficou latindo bastante para esse experimento.

É muito natural pensar assim. Quem passa ou passou muito tempo vivendo nessa péssima sintonia (que é a depressão) dificilmente tenderá a acreditar que uma solução simples como essa funcione. Não é fácil crer que um método desses traga respostas seguras para frear a evolução de um transtorno tão fixo. No entanto a escolha de se permitir usar esse modo de pensamento (com o fim de reparar como a sua depressão se comportou) é exclusivamente do próprio praticante.

De modo geral pôde observar que existem dois elementos importantes que devem ser utilizados em conjunto: um deles é o seu **"foco"** e o outro é o seu **"sentimento"** que ao serem associados (numa vontade assertiva), proporcionarão na simples técnica que foi demonstrada. Portanto exercite essa tática todas as vezes em que a sua depressão insistir em aparecer.

*

Momento filmes parte I

Recorda-se do filme *Patch Adams o amor é contagioso*? Sim? Então, lembrou que o personagem também era depressivo? Pergunte-se como ele fez para combater a sua depressão? Se respondeu que foi ajudando as pessoas, então acertou. De fato, ele aprendeu a se doar pelos outros, não mais focando na sua "sempre" presente dor. O que gera numa grande pergunta: está pronto para poder praticar essa sincera atitude consigo?

*

Nessa proposta teremos (a seguir) outros assuntos importantes, **que somados a presente técnica**[57], permitirão trazer uma devida resposta para frear o desenvolvimento desse fatigante distúrbio.

---

[57] O conjunto de técnicas, ou modos de pensamentos, ou informações **devem ser aplicados como um todo**, de forma a se ter um melhor resultado na redução dos distúrbios da mente.

O vício da mente

Existe outro aspecto determinante que não pode ser deixado de lado ao discutirmos como a depressão impera. Quando falamos sobre o poder viciante da mente, estamos referindo-nos à capacidade de "querer se manter" no estado (melancólico) que tentamos evitar. Uma vez que "sem qualquer aviso" os pensamentos poderão "puxar" (ou retornar) para os sintomas depressivos conhecidos. Praticamente tudo isso ocorrerá de forma automática. Sendo que o ideal é não se desesperar[58]. Dado que esses acontecimentos já estavam sendo previstos. Note que esse vício sucede devido à mente estar há muito tempo nessa mentalidade negativa, devendo ser utilizada uma técnica pertinente para domar essa ação insistente. Isso, é claro, para todas as vezes em que esse incômodo vier a acontecer.

Pensamentos intrusivos

Sabia que os pensamentos intrusivos ficam mais intensos na medida em que a sua doença vai avançando? (Como já foi demonstrado anteriormente, isso está ocorrendo graças à pessoa estar há muito tempo numa péssima sintonização mental). Nesse caso, ela terá que questionar, ignorar, ou contrariar esses maus pensares para poder apaziguá-los. Já não leu isso no TOC? Não me diga que pulou essa parte. Na sequência, aprenda como fazer o contrário do que esses pensamentos negativos geralmente afirmam. Por exemplo, se eles dizem:

– *Mate!* (Passará a amar).

– *Destrua!* (Construirá).

– *Faça!* (Se forem coisas boas, fará. Se não for, então ignorará).

– *Odeie!* (Perdoará).

– Inútil! (Sou útil).

Aceite que, no decorrer do tempo (bem como na aplicação do devido treino mental), esses tipos de comportamentos mentais destrutivos passarão a ser (completamente) alterados.

---

[58] Não ache que está novamente piorando ou que está voltando ao seu estado (conhecido) de dor. Observe esses pensamentos virem e deixe-os irem embora sem qualquer preocupação. Não reaja, não lute e não se importe mais com eles.

Depois de todas essas explicações, temos ainda certos fatores importantíssimos que podem ser bem enumerados logo a seguir:

1. Reconhecer os pensamentos negativos;

2. Saber quem se é interiormente, pois foi empregado o teste do autoconhecimento. Não fez ainda? Então, vá urgentemente para esse assunto não deixando de realizá-lo;

3. Ignorar o conteúdo mentirosos e insistentes dos chamamentos mentais;

4. Utilizar uma saudável mudança de foco.

*

Uma observação peculiar

Para mais detalhamentos quanto à forma de resolver os vícios de pensamento, dirija-se ao tópico de "como lidar com o transtorno obsessivo compulsivo". Compreendendo que todas as informações contidas (neste livro), tendem a serem complementares entre si. Ou ainda não percebeu que esses distúrbios da mente (também chamados de os quatro incapacitantes) estão plenamente interligados?

*

– E se eu voltar a ficar deprimido?

No caso de voltar a ficar deprimido, se posicionará dessa maneira para que o seu estado não volte a se deteriorar. Isto é: a) impulsionará (usando a técnica indicada) tendo bastante força de vontade para mudar essa condição mental viciada em péssimos pensamentos recorrentes; b) não ficará mais enraizado no estilo mental de condução que só propicia sofrimento; c) nem se deixará desesperar; d) respeitará a sua condição e não se cobrará de forma exagerada[59].

---

[59] Aviso para os familiares que têm alguém que está sofrendo com uma doença da mente: a) No caso do enfermo dizer algo que não tenha gostado de escutar adote o seguinte pensamento; a.1) em vez de brigar prefira não discutir. Sabemos o quanto a depressão deixa a pessoa com os nervos "à flor da pele", portanto, não entre em questões que envolvam assuntos desnecessários e que gerem certa polêmica: b) tente mais ouvir do que contestar o que o deprimido fala; b.1) saiba que eles precisam extravasar as suas emoções sem medo de serem julgados por aqueles que mais amam.

APRENDENDO A LIDAR

> **Conselheiro Amigo:** *observe como a sua depressão atuou no instante que manteve inteiramente a sua atenção em outro ser humano. Repare que além do seu foco (nesta pessoa) ainda houve um sentimento de preocupação sincera. Reflita sobre esse argumento, deduzindo que a resposta para a sua doença encontra-se neste "ponto" de esquecimento aprendido.*

Quando for utilizar esses exercícios práticos (mentais), um bom conselho é o de se fazer anotações de como o seu transtorno incapacitante comportou-se no momento que adotou essa inusitada atitude [60]. Prosseguiremos nas próximas páginas com outras complementariedades úteis (ou essenciais) que agregarão ainda mais tudo o que foi demonstrado. No geral informaremos: 1) procedimentos usados; 2) o porquê de alguns sintomas surgirem; 3) analisaremos algumas questões interessantes; 4) afirmaremos ideias e elucidaremos temas relevantes com a intenção de "somarmos" o melhor resultado possível para uma completa e eficiente recuperação de um indivíduo mentalmente desgastado.

---

[60] **UMA BREVE HISTÓRIA, PARTE II:** depois de muito tempo profundamente deprimido e sem qualquer esperança de sair dessa precária situação, fui surpreendido por um membro familiar relatar que estava se divorciando de sua atual esposa. Devido ao seu extenso sofrimento que gerou num turbilhão de emoções para toda a família, e somados com a falta de seu preparo em lidar com o resultado deste evento, (aliás, quem mesmo está preparado para uma coisa dessas, não é?) ocorreu que nesta intensa confusão pude me esquecer de por completo da minha situação depressiva. Basicamente, durante uma semana (por causa da minha alta concentração na sua aflição), não tive qualquer episódio depressivo. No entanto, quando ele retornou à sua esposa e não havia mais nenhum evento problemático (que prendesse à minha atenção, novamente todos os sintomas depressivos voltaram mais fortes). Fiquei intrigado do porquê de minha doença ter recuado neste meio tempo. Sendo que há anos (mesmo com tratamento médico) nada funcionava. Questionei que talvez esta era a resposta para os meus tormentos. Por isso na época utilizei deste tipo de técnica para dominar o que demonstrava ser indominável. Qual o foi o seu resultado? Foi o merecido descobrimento que havia em mim mesmo a aplicação de um assertivo modo de pensamento, e que este aplacaria (de vez) o meu extenso sofrimento.

ANTIDEPRESSIVOS

Sabemos que os antidepressivos atuam no sistema nervoso central normalizando o estado de humor de um sujeito deprimido e acarretando alguns interessantes efeitos respectivos. Isto é fato! Como esses produtos podem causar algum forte impacto no organismo faz-se necessário desenvolvermos algumas informações úteis para alertarmos quem tiver que tomá-los. Sem rodeios enumero os seguintes fatos que acredito serem importantes para o conhecimento das pessoas que fazem ou farão o uso desses fármacos:

A. O primeiro diz respeito quando o paciente se sente muito bem ao tomar a sua medicação:

Se a sua resposta foi positiva percebemos que para a sua condição isso realmente funcionou. Então essa pessoa deveria continuar usufruindo desse procedimento.

B. O segundo feito refere-se a não gostar de tomar medicamentos e querer, a qualquer custo, parar de administrá-los:

Aqui, fica um grande alerta para **nunca fazer isso de forma abrupta**. Mas sabe por quê? Por conta da existência de uma série de sintomas de abstinência, tanto físicas quanto psíquicas, que se desencadearão na interrupção repentina do seu antidepressivo. Porém, se ainda quiser tomar essa atitude, decida-a fazer de forma gradual e com extrema cautela. Também consulte o seu médico de confiança para mais esclarecimentos.

*

Você sabia?

Se a pessoa espera se sentir mal quando sair dos antidepressivos, provavelmente isso acontecerá de verdade. É evidente que o treinamento informativo deve estar bem fixado para um melhor resultado de sua saída medicamentosa. O que significa que um indivíduo deve treinar a sua mente para sentir-se "apto" em realizar essa tarefa de retirada (aos poucos) do seu fármaco.

*

A. Terceiro quesito trata-se dos sintomas de **indiferença** que a medicação produz ao seu usuário.

Existem inúmeros relatos de pacientes que ficaram com os sentimentos dormentes. Praticamente, eles sentiram-se como se fossem uma espécie de robô ao usarem esse tipo de medicamento. Mais ou menos temos a ideia de "algo" que antes poderia dar-lhes certo grau de felicidade ou prazer (na comemoração de pequenas ou grandes vitórias), porém, agora, com o uso desses antidepressivos, essa sensação (de triunfo) não mais existisse, dando lugar a uma espécie de indiferença quanto às possíveis conquistas realizadas. Digamos também que se uma pessoa aleatória falecesse subitamente do lado de quem utiliza antidepressivo, esse evento não o abalaria "tanto" assim. Isso se comparado a outro ser humano que não faz o uso desse medicamento. Pois como ocorre uma espécie de amortecimento do sistema nervoso central, o seu tempo de reação (numa situação de perigo) pode permanecer (bem) mais atrasado do que o habitual. Ainda temos a dificuldade de concentração ou a piora da memória que acontece pelo uso contínuo desse fármaco. É claro que esses sintomas variam de pessoa para pessoa e podem sumir de acordo com o tempo.

B. A quarta questão a ser discutida informa que a "depressão mais severa" é a mais difícil de ser superada sem o devido tratamento medicamentoso correto.

O que nos leva novamente ao entendimento supremo que consiste em: nunca mudar o que está sendo bom para a sua condição. No entanto se isso não está ocorrendo mesmo com o uso de fármacos: então que tal adquirir informações proveitosas em outro lugar? Como por exemplo, neste livro que têm dicas de como a pessoa poderá (finalmente) lidar com esse transtorno complicado. O que inclui em utilizações de técnicas adequadas, somados com modos de pensamentos inteligentes para ter-se uma resposta mais urgente na resolução desse seu caso presente.

Essencialmente, esses seriam os efeitos decorrentes do uso desse fármaco[61] que gostaria de abordar. É claro que existem outros sintomas

---

[61] Ressalte-se que os antidepressivos levam em torno de duas a seis semanas para surtirem algum efeito. O que se configura como sendo muito demorado. Se a pessoa estiver depressiva num nível suicida, com toda a

APRENDENDO A LIDAR

que podem aparecer inesperadamente, porém, preferi fazer uma breve abordagem concentrada nesses singelos parâmetros. No fundamento de que aqueles que vão usar, ou já dispõem, dos antidepressivos tenham informações úteis sobre esses efeitos colaterais. Ademais, que também não venham a se assustar no caso de acharem que estão piorando da sua doença.

CONSCIENTIZAÇÃO SOBRE A MEDICAÇÃO

Em vez de querer encontrar logo uma pílula mágica que tal interrogar o seu médico quando ele receitar algo? Pergunte sobre os benefícios, os malefícios, os efeitos colaterais, ou se há outros meios alternativos para o seu problema. Conscientize-se sabendo que remédio demais causa mais dano do que bem estar. Pense ainda na possibilidade de que algumas adversidades servem para construir confiança em nós mesmos. Por outro lado, é certo afirmar que existem transtornos continuados e muito severos que necessitam de um acompanhamento medicamentoso apropriado. Mas isso não quer dizer que utilizará esse tipo de fármaco para o resto da sua vida. Em suma, adquira (antes) informações úteis para depois escolher qual é a melhor possibilidade para o seu confronto atual.

– O que está acontecendo aqui? Por acaso, você é contra qualquer tipo de medicamento antidepressivo? Pare com isso e me deixe tomar o meu remedinho em paz.

De modo algum sou contra os medicamentos recomendados por um especialista para os distúrbios da mente humana. Na verdade, o que realmente proponho é a busca de atitudes mentais corretas para domar os transtornos incapacitantes. Nesse ideal, afirmo que a primeira linha de defesa é a própria pessoa. Sendo que "esta" tem que se armar com técnicas e mentalidades sólidas para reaver o seu equilíbrio perdido. Logicamente, para que isso aconteça, nada melhor do que tendo uma devida explicação clara, somados a informações úteis, para que possa usar o que acabou de aprender.

---

certeza do mundo não poderá ficar esperando por todo esse tempo. Não é? Por isso que é essencial ter um conhecimento mais apto para se autossocorrer nesse caso. Visto que, assim, não cometerá qualquer tipo de ato impensado no futuro. Não acha?

EM BUSCA DO BRILHO INTERIOR

Aqui vem um grande alerta a respeito da procura incessante de um "brilho" imaginário que um dia foi visto e nunca mais foi encontrado. Esse é um assunto nunca comentado, contudo, de grande importância para todos aqueles que utilizam de algum tipo de medicação. Pode ser que isso não ocorra com a maioria das pessoas, mas para àqueles que já o "viram" sabem muito bem do que isso se trata. Primeiramente, o que é esse brilho? Esse brilho é a busca ideal do momento perfeito que nunca mais voltou. Sabe por quê? Porque simplesmente ele não existe

> – *Não entendi. Estava tirando um cochilo e acordei nesta parte do livro.*

Explico do seguinte modo: pense numa pessoa que sofre com todos esses sintomas traumatizantes, desejando intensamente voltar à sua antiga normalidade. Certo dia (muito), ansiosamente, ele(a) utiliza um medicamento que parece corresponder por completo às suas expectativas. Ele(a) sente-se tão incrível com essa "pílula do bem" – que faz a sua autoconfiança ficar nas alturas de tal forma – que começa acreditar que poderá realizar qualquer tipo de atividade (a partir desse momento)[62]. A sensação é – mais ou menos – como um tipo de "brilho clareador" permitindo enxergar todas as coisas à sua volta com outros novos olhos. Isto é, tudo aparenta ser **muito mais bonito, cristalino, ou límpido** do que jamais havia sonhado.

> – *O que acontecerá depois?*

Ocorrerá que esse sujeito poderá muito bem comunicar-se com outras pessoas e enfatizar o seu ponto de vista para com os demais (sem qualquer receio de ser intimidado). Aliás, imagine que ele(a) atualmente discursa no meio de grandes grupos, andando com orgulho de afirmar que pode conquistar qualquer grande (difícil) objetivo. No geral podemos entender que depois de muito tempo de dor ele(a) finalmente conseguiu se sentir plenamente equilibrado(a), seguro(a) e muito feliz.

> – *Teremos um final feliz?* ☺

---

[62] Antes, ele(a) estava destruído pela sua doença. Porém agora (tomando adequadamente a sua dose diária) sente-se magnificamente bem.

APRENDENDO A LIDAR

Seria bom, mas infelizmente não! Isso porque a sua autoconfiança está "tão alta" que um pensamento lhe ocorre: "Não preciso mais tomar a minha medicação".

O que ele(a) faz? Para abruptamente sem considerar na possibilidade dos efeitos colaterais de sua séria atitude. O tempo passa – as semanas transcorrem –, e, aos poucos, essa pessoa vai notando que não está mais tão entusiasmada como antes. A impressão é de que tudo parece estar terrivelmente amargo, ou mais difícil do que o normal em realizar o que antes era fácil. A sua autoconfiança também despencou por completo (uma vez que já nem mais consegue falar no meio de grandes grupos). Ou seja, isso lhe traz um enorme desespero porque sabe que vai precisar consertar essa sua infeliz situação. Qual a sua única solução? Voltar a tomar a sua medicação. Dito e feito, ele(a) novamente marca uma consulta com o seu médico que administra o que acredita que é o mais condizente para tratar o seu distúrbio. Ele(a) retorna ao seu antigo tratamento para reaver o seu equilíbrio perdido. No entanto (agora) tudo indica que algo está tremendamente errado. Ele(a) não se sente tão "bem" comparado quando começou a usar o seu fármaco pela primeira vez. Aquele belo brilho que antes iluminava a sua mente – dando a segurança, o conforto e o bem-estar adequado para se equilibrar – já não está mais ao seu alcance, necessitando em novos reajustes medicamentosos, em conjunto a profunda terapia para tornar mudada essa sua indesejável condição que se incorporou. A sua vida "agora" depende daquela inicial sensação reconfortante que teve ao tomar a sua primeira grande pílula.

– Essa história vai demorar a acabar? 🙁

Não! Já estou quase acabando. Ocorre que o tempo passou de novo e a cada nova consulta (agora com médicos diferentes) uma nova dosagem medicamentosa é acrescentada no seu organismo (para que se restabeleça a sua prejudicada condição). Todavia o único resultado visível é na contínua permanência nesse estado deplorável de sintomas inesgotáveis que teimam a lhe incapacitar. Praticamente, o seu corpo e a sua mente anseiam "ardentemente" pela aquela incrível "sensação" de equilíbrio gerado, na qual teve na primeira vez que utilizou o seu medicamento. A busca por aquele brilho será o seu caminho dos sonhos. Ou melhor, o único motivo para ele(a) continuar acordando todas as manhãs. O que por infelicidade nunca mais pôde ser alcançado, mesmo tendo realizando inúmeras tentativas para reavê-lo. Na verdade, esses eventos só lhe deram a forte impressão de que a sua vida não é mais digna de ter continuidade.

– Por quê?

Porque, anteriormente, vislumbrou a experiência de caminhar com segurança no paraíso, mas agora só consegue se arrastar nas margens do seu pequeno (ou grande) mundo mental que se tornou definitivamente infernal.

– O que acontecerá com ele ou ela? ☻

Os anos passarão fazendo com que a sua vida seja consumida nessa exploratória viagem de reaver o antigo prazer (ou brilho) que intensamente precisa abraçar.

– Ele é o culpado por ficar assim?

De forma alguma! Adquirir a íntima estabilidade é o mínimo que qualquer ser humano deveria experimentar. Além disso, saberemos que um grande círculo vicioso se formará por completo na vida dessa pessoa, representando os anos roubados dos queridos doces sonhos que nunca mais serão desfrutados.

– Qual o resultado dessa volta comprometedora?

Sua função será em destruir a esperança de uma possível futura felicidade, e interromper qualquer boa produtividade que a pessoa (um dia) poderia querer alcançar. Enfim, nessa breve história podemos "captar" o que é a busca desse brilho ou porque ele acontece.

De certa maneira, a ansiedade de não querer ter mais nenhum desses sintomas tornou-se tão intensa que essa pessoa **acreditou** (realmente) que ao começar tomar o seu medicamento (pela primeira vez), os bons resultados apareceriam logo em seguida. Isso se configura – de certa forma – como um tipo de efeito placebo onde a pessoa confia – de verdade – que um comprimido aliviará por completo a sua dor. Nunca duvide do poder que a mente têm. Essa ideia pode ser – e é – muito bem usada ao nosso favor neste livro. O seu bem estar passageiro **ocorreu de verdade** (até o ponto da retirada de sua medicação) para depois voltar todos os maléficos sintomas de forma muito mais forte do que de outrora.

– Agora, me ocorreu uma dúvida peculiar. Mesmo se a pessoa continuar o seu tratamento e não o interromper por conta própria, uma piora em seu quadro depressivo poderia acontecer?

Eventualmente que sim, ou que não. A mente humana é muito complexa para permitir que essa pergunta seja respondida por completo. A grande verdade é que se tivesse existindo antes de tudo a correta e clara **informação** diante de sua situação – como também utilizado as técnicas de mudança de pensamentos – logo não teríamos essa queda bruta de saúde desse sofrido indivíduo. A seguir vamos explicar melhor o que seria esse brilho.

Em afirmativo, podemos dizer que **esse brilho na verdade não existe**. Guarde bem esse fato. Já que ele ocorreu graças à grande expectativa (ou ansiedade) da pessoa em querer ter a sua saúde restaurada por uma fonte mágica existente. Praticamente toda a sua "fé" foi concentrada nesse tipo de tratamento desejado, de forma que a mente transformou esse intenso desejo numa efetiva realidade. Considere o cérebro como sendo um artefato fantástico que criou o cenário temporário ideal de harmonia que a pessoa tanto esperava. Ao passo que a ruptura desse meio (que seria o objeto material chamado de pílulas medicamentosas) desencadeou os sucessivos e intensificados sintomas que foram surgindo posteriormente. Sim! É claro que os fármacos tendem a contribuir para o restabelecimento da saúde de uma pessoa. Mas, como estamos lidando com transtornos da mente humana, temos que enfatizar que somente administração disso não basta.

– Por que não?

Por não ser possível mudar um pensamento com a utilização de um medicamento. Na verdade, essa atitude deve ser feita pela própria pessoa e com as devidas técnicas ensaiadas. No máximo, os remédios apaziguam algumas sensações. Por isso que é geralmente necessário fazer psicoterapia para o distúrbio depressivo poder recuar. Dado que isso dará capacidade para o enfermo poder, futuramente, locomover-se sem a ajuda de certas muletas modernas. Nesse excesso de sintomas desagradáveis, cada vez mais essa pessoa vai ter que **aumentar a sua dosagem**.

– Pra quê?

Por conta de querer sentir essa antiga sensação de prazer (reconfortante) inicial. Caso não usufrua (novamente) desse amortecedor medicamentoso de emoções ele(a) irá (sem dúvida) desesperar-se. Podemos dizer que a sua vida virou numa completa busca ilusória de um belo "brilho" imaginário que nunca mais pôde ser encontrado em lugar algum.

– *Acho que isso tudo é uma tremenda de uma baboseira.*

Se ainda não acredita nessas informações, então pense na quantidade de pessoas que estão viciadas em drogas. Observe o quanto elas anseiam tomar a sua dose diária para restabelecer o seu grande vazio interno. Visto que não podem mais encontrar a sua felicidade na fria realidade deste mundo confuso. Como ninguém explicou o porquê de estarem assim, elas continuarão se drogando para aliviar as suas dores emocionais. Ou seja, faltaram esclarecimentos adequados. Fora o fato da quantidade de substâncias químicas que as impedem de sair dessa sua cadeia de aprisionamento. Por último, ao ponderar que essa busca do ideal de perfeição não é real: qual será a sua procura de agora em diante? Sabendo que a sua vida está difícil, porém permanece uma boa possibilidade de não ter que sempre aumentar a sua dosagem. Isso por entender que essa **informação de "brilho" inexiste**. O que assertivamente escolherá aplicar?

A VONTADE DE FICAR DEPRIMIDO

Sabia que essa vontade de ficar deprimido, demonstrada na conduta de se lamentar ou de se recolher, ou de ficar remoendo toda a sua dor, ou de se sentir fragilizado, é na verdade o grande curinga no jogo da depressão? Inclusive esse fator não deixa muitas pessoas saírem do seu estado depressivo. Perceba que, de todos os sentimentos que possuímos, a tristeza é aquela da qual menos queremos largar. A nossa mente parece gostar de ficar nessa atitude de melancolia infinita. Esperando de certa forma que alguém venha um dia nos socorrer desse enraizado estado de sofrimento. Não há nada de errado em nos sentirmos triste de vez em quando. Como por exemplo, ao lembrarmos um passado ruim, ou de momentos saudosos com algo, ou alguém que se foi, ou por outra recordação difícil diversa. Pra falar a verdade o ser humano nunca fica contente ou satisfeito por muito tempo.

Eventualmente estará em busca de algo que lhe proporcione prazer. De novo, percebemos uma procura de um "brilho" ou de um tesouro escondido que incansavelmente tentamos encontrar[63]. Ocorre que esse contentamento nem sempre estará perto de ser alcançado, gerando, nessa sua ausência, nos inúmeros, desapontamentos que a vida insiste em nos demostrar. Ainda mais outros sentimentos como a frustação, a inveja, o rancor ou a tristeza podem se instalar futuramente. E nessa variedade de emoções negativas a tristeza é aquela que mais demora a desaparecer. Isso é bem sério pessoal, pois ela pode virar em depressão. Nesse cenário desagradável, encontramos um quesito que está sempre presente em todos aqueles que sofrem com esse famoso distúrbio.

– E qual seria essa coisa?

É essa vontade de não sair mais desse estado mental melancólico de profundo descontentamento.

---

[63] Supostamente buscamos incansavelmente o agradável, contudo, torna-se evidente que não temos os devidos meios para lidarmos com o que nos gera algum tipo de descontentamento.

De certa forma, a pessoa encontra-se amarrada há tanto tempo nesses pensamentos depressivos que não vê mais maneiras de fugir dessa viciante condição danosa. Apesar de não aguentar mais ficar assim, existe uma falha instalada na sua mente que não lhe permite mais enxergar a sua vida de forma diferente[64]. Em outras palavras, **a sua vontade** de querer sair dessa "prisão sem muros" está completamente comprometida na sua totalidade. Podemos afirmar que a depressão "cega" à pessoa de tal maneira que a faz ficar sintonizada numa permanente sensação de tristeza sem fim, e de pouca esperança. Basicamente esse estado mental de tristeza seria como uma espécie de **casulo doloroso** que se formou ao seu redor. O que nos leva a assertiva de que apesar de estar difícil de viver "nesse receptáculo", ainda não existe a possibilidade de tentar deixá-lo algum dia. Ou, melhor dizendo, o nosso querido amigo(a) deprimido(a) não conseguirá sair desse casulo graças a fatores como:

1) sua **alta sensibilidade**; 2) seu cansaço de **lutar** diariamente com todas as suas dificuldades advindas de sua doença.

O mero pensar em tentar sair desse invólucro configura como **a soma de mais um sofrimento** que ele(a) não sabe se poderá aguentar. Fazendo a sua condição delicada (ou fragilizada) volte e meia ter um retorno ao seu mundo de recolhimento. Mas isso ocorre por quê? Talvez pela ausência de perspectivas no enfrentamento das situações desfavoráveis? Quem sabe pelo fato de estar rodeada de pensamentos desabonadores que a inferiorizam ou desmotivam-na seguidamente? Restando somente uma única conduta que é a de sucumbir ao conforto doído do seu **casulo conhecido,** do que de adentrar no mundo desconhecido das futuras probabilidades inimagináveis.

UM PEQUENO LEMBRETE

Antes de prosseguirmos sobre essa vontade de querer ficar deprimido, gostaria de fazer uma rápida ressalva. Poderá parecer um pouco rude alguns aspectos abordados na sequência ou talvez até mal interpretados. Porém, antes de qualquer julgamento precipitado, lembre-se que este livro tem o objetivo de oferecer ajuda a todos que sofrem com os seus transtornos incapacitantes. A intenção é trazer a mais completa verdade na solução desses distúrbios. Mesmo que, para isso, tenhamos que ser os mais diretos possíveis. Por esse motivo, leia atentamente as explicações dadas e nunca se esqueça de que queremos o melhor para todos vocês.

---

[64] De modo oposto ao da depressão.

APRENDENDO A LIDAR

Continuamos o ensinamento afirmando que todos esses pensamentos voltados nessa vontade de querer ficar nesse estado depressivo (onde a pessoa sente-se triste, ou desmotivada, ou sem vontade de fazer nada, ou enrolando-se ainda mais profundamente no seu casulo de dor) está simplesmente contido no fato dela(e) não saber que está definitivamente com "**pena** de si mesma(o)".

A princípio, esse sentimento de "pena" fundamenta-se no episódio de ver somente a sua dor, ou de focar nos seus sentimentos ruins, ou de gostar de ficar na sua profunda tristeza. Veja que essas são as peças principais para entrar no combate contra a depressão. Aliás, não esqueça a ideia central que afirma que a depressão é uma doença muito egoísta.

Como anteriormente mencionado, não há nenhum problema em se recolher para preservar o seu estado momentaneamente fragilizado. De igual forma, é perfeitamente normal sentir-se triste ou ficar com pena de si mesmo de vez em quando no decorrer de sua vida. As complicações surgem quando esses sentimentos se intensificam ao ponto de consumir as suas ações por completo. Pois o tempo passou e a pessoa ainda está amarrada nesse estado de sofrimento latente. Quanto a esses parâmetros, devemos tomar medidas adequadas para por um fim nessa péssima sintonização mental. Outra verdade afirma-se que esse estado autocentrado de pena não é culpa do indivíduo, mas sim de sua doença que o fez permanecer nessa difícil situação. Ressalve-se que a depressão **muda a mente** de uma pessoa fazendo-a focar nessa posição de melancolia permanente. O que ocasiona: a) perda de energia que colabora para num; b) desgaste continuado que propicia num; c) fatal intensificado desejo de suicídio. Digamos que essas são as peças que a depressão move para derrubar o enfermo e levá-lo (aos poucos) para o fundo do poço.

Entendemos, portanto, que a sintonização de sensações desagradáveis de pensamentos negativos interfere na vontade de escapar desse estado mental inapropriado. Permitindo (dessa maneira) que a pessoa fique cada vez mais focada nos seus conhecidos tormentos. A esse foco tortuoso de difícil libertação, eu o configuro como sendo um tipo de "pena de si mesmo" atrelado na sua (precária) condição.

– O que podemos fazer para sair disto?

Em primeiro lugar, o deprimido deveria **com toda a sua vontade**: "querer" sair do seu estado de incapacitação, procurando reconhecer que é a própria depressão que está "prendendo" nesse modo continuado de recolhimento, e assim (o quanto antes) se libertar desse aspecto de pena ou de tristeza infinita. A ideia consiste em parar de dar força à sua tristeza continuada e começar a dizer para si mesmo que está absolutamente bem. Mesmo que isso possa parecer – a princípio – como uma bela de uma mentira. Na verdade, o que se propõe é uma técnica de **utilizar o contrário do que realmente se sente,** de forma a repetir continuamente essa conduta até começar a acreditar nos seus efeitos[65].

Nesse cenário imaginativo, idealizemos a visão da história da lagarta que fez o seu grande casulo protetivo. Isso porque a natureza disse que era para ser assim.

Observe que, apesar de aparentar ser feia, lenta, rastejante, ou sem qualquer propósito de vida, ela desprende-se do seu receptáculo sobressaindo as suas enormes dificuldades; Trajando-se de forma, destemida, livre e sublime, como a mais nova, nobre e agradável criatura.

> **Borboleta Feliz:** *antes, limitada me encontrava. Porém do casulo me formei. Com agora belas asas, assim subirei. Atravessando grandes campos verdes voarei. Para um novo caminho finalmente seguirei. Quanto ao que passei? Necessário foi, pois me transformei.*

Sabia que, se alguém resolver interferir nesse processo de mudança, dando-lhe uma pequena ajuda para desprender de suas amarras, fatalmente, ela não sobreviverá? Isso por conta de ser necessário cruzar essa sua travessia de maneira sozinha. Mesmo que isso possa doer ou pareça ser impossível. Ao final, depois dos contratempos, bastará somente voar para admirarmos a sua singela leveza.

Provida de novas vestes aprendemos a sua valiosa e preciosa lição que se resume na amostra de como é a mais pura e verdadeira libertação.

---

[65] No decorrer deste livro, esse tópico será explicado apropriadamente.

A VONTADE DE CHORAR

Verificamos pelo o que foi descrito até esse momento que a depressão deixa a pessoa sensível demais. Fazendo-a se magoar facilmente (ou se apaixonar avassaladoramente[66]), ou mesmo se envolver mais rapidamente do que o habitual. Nesse caso, se uma decepção[67] a atingir, haverá um intenso sofrimento que perdurará por um longo tempo. Isso porque a sua imaginada expectativa trouxe de novo um tremendo de um resultado desfavorável para o seu lado. Por consequência, isso também lhe desmotivará e acentuará o seu poder de lamentação.

Sabia que essa melancolia pode demorar a desaparecer até na realização de alguma atividade prazerosa? Como num exercício físico, por exemplo, o sujeito poderá desistir de se estimular por conta de sua constante falta de sucesso nessas simples questões. Vemos o quanto a sua mente já está condicionada nesse processo choroso. Certamente que essa vontade insistente de chorar está relacionada com algum tipo de negação interna. Mais ou menos como sendo uma espécie de exigência pessoal que se tornou bem desfavorável. Algo que fez voltar toda a sua concentração para o seu estado "ruim" atual. Não há nada de errado em chorar de vez em quando. Tristeza ou choro não são sinais de fraqueza, mas sim indicativos de que temos um ser humano que possui sentimentos. A dificuldade surge quando isso se torna frequente, acarretando o comprometimento da qualidade de vida do sujeito vencido.

– Como resolveremos esse caso de crise de choro?

---

[66] É bem provável ocorrer uma grande paixão nesta pessoa devido a esta sua alta sensibilidade. O que pode ser considerado um grave problema. Não que amar não seja bom. O perigo é em gerar mais um tipo de sofrimento (além daquele que lhe incomoda há tempos) por causa de não ter sido correspondido. Observe que quão alto ocorreu uma forte expectativa de romance, tão certo houve uma abrupta queda. O que fazer para não continuar se machucando? Ao meu modo de ver seria mais valioso se a pessoa adquirisse um pilar de segurança interno para não depositar **toda a sua felicidade** num outro ser humano desconhecido. Senão consequentemente haverá a soma de uma grande frustação plena. Resumidamente falando: a) esteja em paz consigo; b) aprecie a sua própria companhia; c) aprenda a se gostar antes de exigir que outros te amem.

[67] Essa rejeição pode nem ser tão grave assim. Praticamente uma simples má interpretação de uma situação normal tem o poder de desencadear este tipo de comportamento.

Como já tínhamos enfatizado, essa vontade de chorar ocorre porque o foco da pessoa está bem fixo (ou direcionado) em todas as suas sensações depreciativas. No entanto, se **mudarmos** esse caminho para outro sentido mais harmonioso, quem sabe possamos quebrar essa impressão de apatia repetitiva. Está com vontade de chorar agora?

– Não, não estou.

Ok! Mas, se a resposta for positiva, faça o que indicaremos a seguir para observarmos como é que vai se comportar o seu humor. Faremos um tipo de exercício mental de mudança de percepção de algo ruim, para outra direção que não transmita (unicamente) esse estado melancólico. Nessa breve atividade, tentaremos criar questionamentos que interrompam essa conduta de fazê-la(o) chorar:

a) primeiramente, feche os seus olhos sentindo toda essa sintonia de dor que quer ser extravasada na forma de lágrimas; b) pode chorar se quiser para liberar essa tensão que está acumulada; c) o problema é que às vezes nenhuma gota quer sair. Não é? Ficando somente a forte vontade de tomar essa presente ação; d) Compreenda que está sobre um forte estresse e não há nada de anormal em ficar desse jeito; e) aceite a sua dor, as suas falhas e as suas dúvidas quanto ao seu estado de sofrimento. Entenda que muito se foi e muito também se perdeu, mas essa doença chamada depressão ainda não te venceu; f) não lute contra essa emoção contida; g) direcione a sua atenção para outro ponto que não seja nesse estado de melancolia extrema (observe que tudo poderia ser bem pior, entretanto existem muitas outras pessoas que estão num cenário bem mais complicado); h) coloque-se mentalmente no lugar delas e sinta como elas estão sofrendo nesse exato momento; i) abra os seus olhos notando a sorte que possui por não estar na condição desses outros seres humanos desfavorecidos; j) conclua os seus pensamentos dizendo que vai dar mais valor ao que ainda têm; k) pare de ter pena do seu estado melancólico. Tente esquecer como se **sente** quando se concentra nos seus problemas. Não esqueça que esse sentir é a porta que abre para a depressão começar a agir.

Realizou essas atitudes? Reparou que a sua vontade de chorar diminuiu mesmo que momentaneamente? É claro que a mente está acostumada a voltar nesse sentimento de lamentação perpétuo. Porém todas as vezes que isso acontecer jogue a sua atenção em outro ponto. Lembrando que todo o processo depressivo está atrelado no direcionamento de atenção que a pessoa dá a si mesma.

Resumindo, a melhor atitude seria a seguinte: 1) Parar de se lamentar; 2) Tomar as rédeas da sua vida agora mesmo. Veja que esses sentimentos não vão embora até que se aprenda a entendê-los adequadamente. Por isso, pergunte-se: por que ainda estou desse jeito? Sei que estou passando por uma fase complicada da minha vida, mas é valido continuar assim? Acredito que tenho muitos motivos para chorar, porém vai adiantar insistir nesse ato? Será que mudando a forma como me vejo, ou me sinto, poderei modificar essa conduta? Qual é o real fator que me faz chorar? Será que não estou exigindo demais de mim? Essa concentração nessa atitude de lamento, alguma vez me trouxe contentamento? Quanto mais não quero ficar dessa maneira, mais permaneço: então, devo abraçar a minha dor e me compreender melhor? Será que não estou realmente com pena de mim mesmo(a)?

– *Ok. Agora, estou com vontade de chorar por ter lido este livro.*

Não seja tão rude assim. Permita-se alterar a sua consciência aceitando que com pequenas atitudes mentais poderá influenciar toda a sua estrutura interior. Creia que boas lições foram aprendidas. Cabendo somente a você escolher qual caminho que prefere percorrer.

Aceite que a sua vida está mesmo difícil, no entanto, não vale a pena mais ficar nesse complicado estado de sofrimento latente. Procure utilizar o modo de pensar (em reparar) na quantidade de pessoas que estão com sérios problemas neste mundo. Veja que elas fariam de tudo para adquirir aquilo que "você" possui. Perceba que isso é um tipo de exercício de mudança de foco. Aliás, **isso não significa dizer que a sua dor é menos importante do que a dos demais.** Pois não é isso que estamos propondo. A ideia consiste em alterar a sua percepção para outro ponto que não seja mais na concentração das suas lágrimas. Objetivando a interrupção de se agarrar na vontade de produzir mais tormento para si, e, assim, levantar-se na certeza de querer desejar sentir o mais puro sentimento de amor para com os outros.

PESSOAS ENGRAÇADAS

Qual a imagem mental que se tem quando vê aquela pessoa que é a palhaça da turma? Prontamente, associa-a a uma sensação de alegria, felicidade e de garantia de muitas rizadas. Não é mesmo? Agora, de outro modo, pense em encontrá-la triste ou furiosa. Qual a sua reação quanto a isso? Pode ser que ela esteja num dia ruim. Porém o tempo passou e novamente a revê dessa melancólica ou zangada maneira. Interiormente se pergunta: cadê a alegria dessa pessoa? Não admito vê-la assim. Quero a sua energia positiva que contagia o ambiente de volta. Não consigo vincular a ideia de que ela não possa mais me mostrar o seu excelente entusiasmo.

> **Palhaço triste:** *estou muito deprimido para contar uma piada para vocês.*
> **Plateia:** *há, há, há. Este palhaço é incrível.*
> **Palhaço triste:** *sério, pessoal. Não me sinto nada bem ultimamente.*
> **Plateia:** *há, há, há. Pare, pare, a minha barriga dói de tanto rir, há, há, há.*

É muito comum fazermos essa exigência "pessoal" quando nos defrontamos com alguém que, anteriormente, causava-nos alegria e, agora, não nos proporciona mais essa agradável sensação. De alguma forma, resistimos à ideia de enxergarmos de outra maneira uma pessoa que nos criou uma forte imagem mental de profundo divertimento. A nossa tendência é sempre a vermos de bom humor, não imaginando que ela também possa ter um "tempo ruim". A dificuldade em aceitarmos outra visão daquela pessoa brincalhona que sempre alterou o nosso estado emocional para melhor, impede-nos de acreditar que ela precisa de algum tipo de ajuda. Isso quando ela passa por comportamentos melancólicos ou agressivos continuados. Comparamos essa ideia da mesma forma quando temos uma primeira impressão de outro indivíduo que nos é apresentado. Praticamente, se essa nova pessoa transmitir uma boa imagem, ficaremos propensos a criar certos vínculos com ela. Porém, se algo ruim foi notado, dificilmente conseguiremos modificar essa sensação primária. Com toda a certeza, iremos querer ter um bom distanciamento desse esquisito sujeito. Por outro lado, alguém já se perguntou que, talvez, as atitudes engraçadas dessas pessoas possam estar (na verdade) mascarando as suas reais dificuldades emocionais? Então, o que se passa na mente desse sujeito engraçado? Pode ser que mesmo deprimido ele continue fazendo as suas brincadeiras para desvencilhar-se de certas perguntas inapropriadas. Isso porque ninguém admite ou entende que ele passa por algum transtorno mental incapacitante. Nessa ilusória demonstração, nada melhor do que prosseguir com o seu show cômico para todos acharem que não há nada de errado com a sua precária saúde mental.

*

Pausa para uma observação

Note que estamos falando daqueles sujeitos que sempre foram entusiasmados, alegres e divertidos, porém agora passam por atitudes extremamente melancólicas. Pode ser que os seus amigos ou familiares não entendam as causas desse seu novo comportamento. Acreditando que isso é passageiro ou que essa pessoa não esteja de fato doente. Entretanto afirmo que a depressão é algo sério e não escolhe a quem quer atacar. Qualquer um está sujeito aos seus desmandos, sejam esses de quaisquer personalidades assim forem.

*

Também, ao descobrir que não consegue mais impor outra aparência (aos demais) diferente "daquela" que muitos conhecem como hilária, ele tenha realmente se desmotivado. Nem aparentando atitudes melancólicas, ou raivosas ou sérias, o seu reflexo pôde ser modificado minimamente. Restando a esse eterno comediante continuar divertindo a sua multidão. Mesmo que isso pudesse lhe custar em uma séria ruptura dentro do seu interior.

> *– O que pode ser feito quanto a isso? Devo andar de cara amarrada?*

Sendo o mais direto possível, podemos fazer alguns pequenos apontamentos para solucionarmos estas questões: 1) não seria melhor colocar alguns limites nessas brincadeiras para não ferir ainda mais os seus sentimentos? (não me refiro a parar abruptamente de demonstrar o seu lado cômico. a ideia é preservar certos comportamentos intensos que agradam outros, porém estes prejudicam o seu estado emocional; 2) compreendendo que tudo o que é demais um dia enjoa. Ser engraçado é legal, mas quando isso serve para encobrir atitudes mentais destrutivas teremos que dosar a diversão; 3) reconhecendo que muitas pessoas não conseguem mudar uma "impressão" (ou imagem) quando fazem de certo alguém. Isso significa que é muito difícil alterar a ideia de uma "ocorrência", quando a mente já assimilou esse "fato", como que só pode ser visto de uma única maneira; 4) absorvendo que é impossível continuar vinte quatro horas por dia, alegre, risonho, ou extremamente feliz. Em certo momento, terá que se "recolher" para preservar as suas emoções; 5) percebendo que muitas pessoas gostam de sugar o máximo dos outros por não encontrarem nenhuma felicidade dentro de si mesmas[68]. O que é muito errado por sinal. Em minha opinião, cada ser humano deveria aprender a buscar esse ideal primeiramente no seu interior. Por que senão desperdiçará a sua vida com coisas vãs. O melhor é cuidar mais da sua autoestima para não precisar se desdobrar em despertar um longo sorriso num desconhecido. Compreendendo, finalmente, que aquele que mais precisa sorrir sofre obscuramente divertindo os outros.

Isso geralmente no estridente gargalhar de uma grande multidão que está a cada dia mais exigente.

---

[68] Esses são os vampiros emocionais, portanto tome muito cuidado com eles. Há muitos deles por aí prontos para dar uma mordidinha no seu pescoço. Mas quem poderá culpá-los? Se nem sabem do prejuízo que tem causado tanto para si, o que dirá para os outros que estão sendo atacados?

PENSAMENTOS NEGATIVOS

Como vimos anteriormente, esses pensamentos surgem graças ao estado mental atual (de uma pessoa deprimida) estarem sintonizados (ou "antenados") numa linha ininterrupta de negatividade, ficando cada vez mais propensos a captar uma estação de pensamentos que causam sinais em conflito.

> **Cidadão Comum:** *por que uma antena?*
>
> **Engenheiro Capaz:** *para demonstrar a ideia de que a nossa mente é uma espécie de receptor pronto a captar diversos elementos que nos rodeiam. Isto é, se tencionarmos a vermos somente notícias ruins, ficaremos sintonizados no aspecto pessimista que ela nos envolve. Tanto que enxergaremos ou consequentemente agiremos desta forma nas variadas situações do dia a dia.*

O deprimido está há tanto tempo nessa má sintonização que ele só consegue avistar a sua própria obscuridade. Não existe mais a apreciação do belo, mas somente o barulho profundo que a sua mente ecoa. De certa forma, a sua "razão" já não trabalha mais a seu favor. Isso se algum dia já trabalhou assim de forma plena. Seus sentimentos estão seriamente desregulados, bem como os seus sintomas variam a cada dia, fazendo com que a depressão sempre aumente a sua intensidade. Talvez essa aleatoriedade explique o porquê do aparecer e o desaparecer do transtorno depressivo. Pois ora ele some por algum tempo sem deixar explicações, e ora volta (mais intenso) sem que a pessoa ao menos espere. Tudo por quê? Devido a essa sintonia de pensamentos automáticos desafiadores.

*

CONVIDADOS INESPERADOS

Imagine que você tem uma casa bem arrumada e pronta para ser apresentada para os seus grandes amigos ou familiares. Certo? Então, olhando à sua volta, notará o quanto os seus móveis estão quase que milimétricamente posicionados nesse receptivo ambiente. O que é muito bom, por sinal. Mais à frente, passando pelo bonito corredor, perceberá que o seu banheiro, a sua sala de estar, a sua área de serviço e o seu quarto estão em perfeita ordem. Para falar a verdade, até os pássaros (pousados na sua janela) parecem estar cantando em tom de aprovação por todo o serviço que foi feito nesse limpo cenário. Enfim, depois de muito tempo de trabalho – finalmente – existe uma singela harmonia que se estabeleceu no seu lar. Só lhe restando a certeza de que deve descansar por ter concluído essa sua exaustiva dura missão de organização. Que maravilha! Porém, subitamente e inesperadamente, a campainha toca. Você (pasma) corre em direção à porta pensando em quem poderia ser a uma hora dessas? Mal a abrindo, um violento chute é desferido fazendo-a escancarar por completo. Na sequência uns grupos de pessoas entram na sua residência sem qualquer explicação. Eles gritam, falam alto, reclamam como a sua casa está tranquila, abrem a sua geladeira, ligam a sua televisão no último volume, sujam todo o seu chão de barro, entopem o seu banheiro, dormem na sua cama, comem a sua comida, destroem o seu jardim, espantam os pássaros que cantavam na sua janela, espalham os seus livros, mudam todas as suas mobílias de lugar e fazem uma tremenda arruaça sem medir as suas consequências. Aos berros, você implora para que eles saiam, senão vai chamar a polícia. Mas tudo o que consegue é arrancar risos da tropa que já montou acampamento no seu lar. Ainda com bravura, força-os a irem embora (colocando pregos nas janelas, travas nas portas, ou qualquer tipo de alarme eletrônico) para se livrar desse inconveniente grupo perigoso. Infelizmente, nada adianta.

Apesar dos seus esforços, eles voltam a entrar na sua residência fazendo muito mais bagunça do que antes, deixando-o(a) praticamente à mercê desses particulares indivíduos mal educados e bem abusados. Os dias, ou meses, ou até anos, passam e a sua casa virou uma zona só. Nesse meio tempo, alguns arruaceiros se foram, outros ficaram e novos foram adentrando no seu recinto. Não sabendo mais o que fazer só lhe restou chorar pelo enorme problema que invadiu a sua privacidade. Também teve que conviver com esses sujeitos agressivos de maneira há passar os dias mais como uma sobrevivente, do que como uma outrora antiga(o) apreciadora de um lar em equilíbrio. Que audácia não é mesmo?

Muito bem! Depois de visualizarmos esse terrível cenário, podemos fazer uma comparação de igualdade com o tema do presente assunto. Repare como os pensamentos negativos também se configuram como sendo (de certa forma) iguais aos visitantes inesperados que adentraram

APRENDENDO A LIDAR

na residência e a arruinaram. Veja que eles surgem quando querem. Fazem a festa, destroem, remexem e arrebentam a mente para depois caírem fora quando bem entenderem. Mesmo lutando, esbravejando, negociando, ou chorando, eles não podem ser "controlados" (ou mandados embora). Podemos dizer que, quanto mais a pessoa **impeça** que eles venham, mais eles **vão entrar** para saber o que está acontecendo[69] nesse atrativo recinto desprotegido.

*

Parte I

O que podemos fazer? Captamos que "eles" continuarão surgindo graças a sua natureza desenfreada de agir (demonstrada na forma de uma invasão). Não importa se são bons ou maus pensamentos, pois o seu aspecto incontrolável é o que faz esses convidados inesperados sempre entrarem aonde bem entenderem. Todavia a força da negatividade é muito mais atraente do que a manifestação do seu opositor. Isso significa dizer que é muito mais fácil um pensamento negativo ficar impregnado na mente de um indivíduo, do que um positivo querer se manter. Logo a melhor dica reside em parar de tentar **controlar** essa ocupação. Dado que o único poder que poderá ser desempenhado pela pessoa daqui para frente se baseia em fazer uma grande escolha.

> – *O quê? Que escolha eu tenho? Comprar um cão para afugentá-los parece-me ser uma boa ideia.*

Essa escolha condiz em aceitar as vindas e idas desses intrusos autônomos. Não mais reagindo à aparição de suas existências. Mas preferindo (permitir-se) **parar de se importar** com o conteúdo desses episódios doentios. Sim, terá que começar a ignorá-los.

> – *Por quê?*

---

[69] Você sabia que quando uma pessoa presume que está ficando louca por causa dos seus insistentes pensamentos é asseguro dizer que ela não é realmente maluca? A loucura está mais atrelada à forma de um indivíduo achar que está realmente certo, sem ao menos considerar a possibilidade de que talvez possa estar completamente errado. Como por exemplo, o caso de uma pessoa acreditar que é Napoleão Bonaparte. Sabemos que o verdadeiro Napoleão não existe há muitos anos. Isso porque temos provas concretas para evidenciar este fato. Porém o cidadão convencido crê fielmente que é este distinto personagem sem ao menos pestanejar. Enfim, se você acha que está ficando louco(a) por causa dos seus maus pensamentos, então, provavelmente, não está insano(a). A não ser, é claro, se você também pensa que é Bonaparte. :D

Porque se continuar resistindo alimentará uma semente essencial que irá germinar e os tornará ainda mais forte. Podemos assegurar que a pessoa poderá aumentar a rotatividade desses pensamentos doentes se começar a **crer que eles são mesmo verdadeiros**[70]. Ao passo que, nessa insana colheita, observamos que aquilo que era, antes, uma inofensiva sementinha, agora, se tornou numa enorme lavoura cheia de frutos que estão completamente estragados.

> *– Socorro, o que eu faço? Acho que tem uma selva na minha mente. Será que passo uma colheitadeira?*

Calma! Não se desespere, porque temos a solução. Note que o seu autor preferido usa diversas vezes no plural as suas referencias, em prol de partilhar a ideia de que **ambos** poderemos sobrepor esses respectivos conflitos internos de tortuosidades mentais.

> *– Opa, espera aí. Você não é nem de longe o meu autor preferido. Eu gosto de ler autores mais consagrados. Acredito que você não representa esse meio.*

Ok me desculpe. Eu meio que me empolguei. Muito bem! Continuamos esse assunto afirmando que não é só porque os maus pensamentos apareceram repentinamente, ou estão insistentemente em sua mente que o seu conteúdo (obscuro) vai mesmo se realizar. Ou ainda que eles sejam incontestáveis no plano geral[71]. Por isso, pratique o ato de querer (primeiramente) **desconfiar** de certos assuntos (mentais) propensos a abalar a sua moral (ou estragar o seu dia). Despertando os seus sentidos para interpretá-los como eles são na verdade.

> *– E o que eles são?*

Uma enorme e insistente mentira.

> *– Mas por que eles ocorrem?*

Por fazerem parte do "grande jogo da depressão". Acredite que todo o objetivo se concentra na tentativa de ludibriar a mente e em intensificar os

---

[70] Um indivíduo poderá acreditar nesses pensamentos negativos por conta da intensa repetitividade que eles se apresentam na sua mente.

[71] Se leu sobre os outros transtornos da mente, então, sabe do conteúdo temerário que sempre envolve esses tipos de pensamentos insistentes.

sintomas da depressão. Portanto, a partir desse momento, utilize a atitude mental que se baseia em: não acreditar mais nesses ruins pensamentos insistentes. Isto é, mantenha a porta (ou a mente) aberta para todo ou qualquer pensamento repetitivo que forçar a sua "residência". Presuma que um bom anfitrião, mesmo recepcionando os penetras (bêbados), não temerá a conduta desses seres inconvenientes se souber os tratar com o devido respeito. Mais ou menos a ideia seria em deixar os "abusadores" entrarem e fazerem o que quiserem. Quando notarem que você nem ao menos se incomodou com as suas provocações, ou com os seus maus comportamentos, eles (fatalmente) irão embora. Correrão para outro lugar despreparado onde poderão saciar as suas incansáveis agressividades. Pararão de tentar aborrecê-lo quando descobrirem que não há mais uma diversão para ser gerada no seu domínio. Nesse mesmo sentido do "lar sendo invadido", podemos fazer uma alusão à ideia de criar-se uma verdadeira **casa forte**.

> **Proprietário satisfeito:** *minha pequena muralha, meu pequeno castelo. Quem bate lá? Se for algo bom deixarei adentrar. Se for mau, não me incomodará.*

Considere que os invasores mentais vieram para originar intrigas, dúvidas, discórdias, ou inúmeras confusões. Entretanto, se uma pessoa tiver uma mentalidade sólida[72], ela(e) não será seriamente abalada(o) quando esses seres quiserem: a) Destruir os seus móveis; b) mudar as suas roupas; c) rasgar o seu colchão; d) sintonizar a sua televisão num canal inapropriado etc. Isto para fazê-lo(a) duvidar de quem se é realmente por dentro.

Captou a ideia transmitida? Portanto a dica do dia é construir urgentemente uma **base interior forte.** Com a intenção de não dar mais crédito aos pensamentos negativos ofensivos que grosseiramente invadirem o seu espaço mental. Leia, inclusive, sobre a construção do seu "Eu" interior disposto neste livro.

Parte II

Outra questão importante – no que se refere ao conteúdo dos pensamentos negativos – diz respeito em se criar uma visão mais adequada de (como deveria) se enxergar. Ou seja, uma pessoa deprimida deve assu-

---

[72] Isso se dá quando uma pessoa compreende quem se é de verdade na sua essência e não se deixa perturbar com os conteúdos mentais inapropriados reiterados.

mir a posição de que **não será (mais) os seus (intensos) pensamentos depreciativos.** Vislumbrando que todos esses tipos de questões negativas se enquadram numa espécie de **jogo da própria depressão.** Com a meta de subjugar por completo a estrutura mental de um indivíduo que está "bem" abatido. Em resumo, a pessoa deve começar **aprender a nomear esses pensamentos ruins como sendo próprios e exclusivos do sintoma depressivo**[73].

*

Você sabia?

Quanto mais água for depositada numa vasilha (ou num recipiente comprometedor), maior será a turbulência no seu interior, sendo que esse último invólucro (que é a mente humana) poderá até a rachar devido a estar completamente saturado da ação desses (cruéis) invasores.

*

Se observarmos o modo de construção desses pensamentos negativos, verificaremos como eles praticamente sempre envolvem a mesma finalidade.

– E qual seria essa finalidade?

"A de acreditar que os seus conteúdos são afirmativamente verdadeiros". Por isso, não se permita mais crer nessas grandes mentiras. Em vez de lutar, reagir, criticar, confiar, crer, ou negar, apenas: **Não faça mais nada e deixe-os, simplesmente, passar.** Esses pensamentos negativos são ecos doentes "flutuantes" que rodeiam o nosso espaço mental. Ganhando mais força na medida em que se reage de alguma forma contra eles.

– Posso saber por que você repete tanto algumas questões? Eu já entendi a sua ideia. Chega!

Faço isso para fixar o assunto e também para ver se o leitor está prestando atenção. Agora, outra informação: existe um grande **segredo** sobre todas as pessoas que têm depressão comparadas àquelas que não têm esse distúrbio.

– Qual segredo é esse?

---

[73] Lembre-se que é o seu transtorno que está falando dentro da sua cabeça para conduzi-lo ao caminho do erro.

APRENDENDO A LIDAR

Muito se diz que a depressão surge devido à falta de alguma química no cérebro. Por outro lado, ainda temos o estudo de que essa doença da mente atingem certas pessoas graças à genética ou inclusive por causa de fatores sociais traumáticos. Sendo que esse é um motivo do seu aparecimento em algum momento nas nossas vidas. Assim como outras causas específicas, ao meu entendimento, essas correlações de fatos estão certas, mas "parcialmente" explicadas.

– Como assim?

Explicarei essa proposta com o seguinte exemplo: considere a premente análise de dois irmãos gêmeos que sofreram os mesmos traumas na infância. Propriamente possuindo certa "equivalência" de pensamentos de maneira negativa – isso pelo ambiente violento vivido –, teremos que somente um deles desenvolveu depressão e o outro nem chegou perto disso. Ao indagarmos que existe um fator "x" que fez com que um deles não tenha despertado sintomas depressivos, perguntamo-nos: o que seria esse fator "x" que impediu à manifestação desse transtorno se considerarmos a ideia de que ambos cresceram em lares traumáticos?

– A mãe deles?

Na verdade, essa resposta encontra-se **no modo como raciocinamos.**

Observe o quanto a nossa mente é complexa e incrivelmente expansiva. Essa expansão seria, de certa forma, a grande variedade de informações ordenadas e categorizadas em sons, ou imagens, ou palavras que adquirimos no decorrer da nossa existência. Precisamente, esses conhecimentos foram preenchidos nas inúmeras mensagens, contatos, ou diversidades que vão ocupando o nosso interior cerebral para criarmos o enorme sistema interligado da mentalidade perceptiva. Existem infindáveis situações que poderiam ser inseridas nesse rol. É claro que a mente tem uma característica muito seletiva nesse aspecto, visto que absorve àquilo que estamos (de certa forma) prestando atenção. Isto conscientemente falando. A exemplo disso, imagine-se dentro de um espetáculo teatral que está acontecendo nesse exato momento. Apesar de estar com a sua atenção no palco, existem muitas informações que rodeiam por todas as direções. Não é verdade? Ou você consegue captar todas elas? Veja se pode me dizer qual é a cor da camiseta da pessoa na fila de trás? Não vale olhar, hein! Enfim, é lógico que não saberá por conta da "seletividade cerebral" sendo acionada para melhor entretê-lo ou preenchê-lo de alguma maneira.

> *– Ou talvez eu não consiga ver a cor da camisa da pessoa atrás de mim porque estou agora sentado na minha cama lendo este livro esquisito.*

Ok! Mas, se estivesse num teatro, acredito que não poderia responder a essa minha (estranha) pergunta. Ou poderia? No caso, apesar de os dois irmãos serem gêmeos e assim categorizarmos que as suas mentes também sejam iguais, logo, isso seria uma grande bobagem (ou algo praticamente ilógico) de se cogitar unicamente. Não acha? Isso porque cada ser humano absorve fatores externos diferenciados dos demais, graças às suas percepções únicas respectivas. Portanto podemos dizer que por fora (os irmãos) são idênticos, contudo por dentro muito diferentes, visto que registram ou experimentam acontecimentos (bem como resultados) de forma muito particular. Agora se questione: o que levou na forma de pensar um irmão ser saudável internamente e o outro ser adoecido mentalmente? Qual foi o fator "x" que deu a resposta para o "não" aparecimento da depressão num dos irmãos?

> *– Já sei. Eles não eram irmãos.*

Sim, eles eram. Em afirmativo, podemos responder a essa pergunta na seguinte posição: Acredito que o transtorno da mente surja por causa de **um ponto particularmente específico**. Em que um quesito se registrou de forma natural, juntamente a outros elementos que poderemos chamar de diferenciados. Porém devido ao conteúdo desse componente ser danoso ele se transformou em um tipo de pensamento automático. O que com certeza teve uma rejeição com os outros saudáveis. Esse invasor ocupou território como uma espécie de vírus na grande "cadeia" da mente humana. Corrompendo e consumindo diversas unidades ou arquivos mentais que antes eram benéficos, com a intenção de registrar dados e mais conteúdos incorretos no imenso sistema interno do usuário afetado. Agora pense o seguinte: se entendermos que esse pensamento negativo inicial (é claro que não sabemos qual ele é) origina muitos outros **pensamentos filhos desabonadores**: poderemos tentar coibi-lo antes que muitos sérios estragos venham a ocorrer?

Se pegarmos e aplicarmos a mesma conduta que o outro irmão fez (e, por isso, não ficou deprimido): será que conseguiremos domar essa doença incômoda? Observe que existem milhares de pessoas que passam por situações difíceis seguindo a sua vida sem sintomas característicos de depressão, ou até mesmo no caso de ficarem deprimidas por um tempo, **logo voltam ao seu cotidiano normal sem qualquer problema incapacitante permanente**. Muitas vezes, nem esses seres percebem que poderiam ter ficado seriamente doentes, ou pode ser que eles tenham alguém da família com esse transtorno, porém nem sabem muito bem como poderiam ajudá-los. Em outras palavras, esses indivíduos "sem querer" descobriram como lidar com os seus distúrbios internos, mas não souberam transmitir qual é o mecanismo eficiente para esse tormento. Ao ponderarmos (por todos esses argumentos), podemos informar qual a grande "diferença" que esse outro irmão fez – comparado com o outro doente que teve esses pensamentos negativos – visto que não foi atingido por nenhum transtorno de cunho incapacitante e, assim, retomou à sua vida normalmente.

– Vai me dizer ou ficar enrolando?

Enfim, o fator preponderante "x" específico foi que ele **não se importou com os seus pensamentos desproporcionais**.

– Ai, ai, tudo isso para dizer o que já tinha falado antes?

Isso mesmo! Ele não deu "bola" para os seus pensamentos negativos. Esse indivíduo não lutou, não acreditou, não se culpou. Mas simplesmente ignorou e **seguiu** com a sua vida normalmente. Pode até ser que esses pensamentos continuaram insistindo, entretanto ele não quis dar mais crédito para eles. Sua personalidade segura (ou melhor, o seu "Eu" interior bem construído) soube distinguir o que era prioritariamente melhor. Ele ignorou todas essas atitudes mentais negativas levando a sua vida do melhor jeito que pôde. A depressão não se enraizou e nem criou força necessária para continuar existindo. Não houve mais peças a serem encaixadas para armar-se algum jogo de desestabilização contra esse sujeito. Infelizmente para o outro irmão **a sua maneira de pensar** desencadeou num processo seriamente depressivo. Talvez pelo seu jeito **perfeccionista** de ser, associado com a sua **resistência interna** contra os seus pensamentos recriminadores, e mantidos pelo **crédito dado** para todas essas mentalidades pessimistas despertaram-lhe a vontade de ficar cada vez mais focado no que vinha lhe atormentando. O que, consequentemente, deu liberdade para que a depressão movesse todas as peças para dar início ao seu jogo dominador. Compreendeu?

Nesse apanhado de informações, apreciamos a ideia de que, ao adquirirmos o conhecimento necessário – do por que a depressão com seus pensamentos automáticos criam raízes –, entendemos que não precisamos mais ficar com qualquer receio do seu "longo" aparecimento. Sabemos, inclusive, que, quanto mais ela perdura, mais vai aumentando com o devido tempo, ficando difícil de ser combatida, mas não impossível de ser apaziguada.

Por último, quando aprendemos a dominar o seu jogo manipulador, mudamos o curso de como lidamos com ela. Entendemos os seus pensamentos negativos e passamos a não mais acreditar neles ou a resisti-los. Em razão de que tudo depende da quantidade de importância que é dada para esses fatores desproporcionais[74]. Restando-nos a ideia de pôr em prática essa saudável atitude para que os bons resultados comecem a surtir o efeito tão sonhado.

---

[74] Você sabia que essa doença pode nos enganar sem que percebamos? Como por exemplo, quando uma pessoa depressiva presume o que os outros estão pensando, sem que (ao menos) eles se pronunciem sobre qualquer coisa. O que é muito sério por sinal. Por que isto acontece? Na verdade o estado físico e mental de um indivíduo deprimido se tornou tão ruim (e sensível) que ele(a) não suporta mais ser contraditado por mais ninguém. Praticamente a sua mente imaginativa contracena as falas mais possíveis (ou apropriadas) para descrever a sua dolorida situação atual. O que obviamente não é a sua culpa. Mas sabe por quê? Porque foi a sua doença que o colocou nesta delicada posição. No geral, isso quer dizer que se uma pessoa pensa que sabe o que os outros estão dizendo sobre a sua condição, é bem certo que ele(a) está absolutamente errado(a) quanto a isto. Visto que essa conduta é meramente um modo do seu distúrbio atuar para tentar confundir o seu julgamento.

SENTIMENTO DE CULPA

A culpa é um sentimento que deve ser descartado o quanto antes por conta de somente adicionar mais estrago para aquele que já está cansado (ou desgastado) com esses sintomas intensos da depressão. Perceba que ligeiramente essa atitude de autoavaliação negativa esconde-se na forma de um perfeccionismo mascarado, em que o seu portador insere para si certos sentimentos danosos no seu organismo, graças a não encontrar mais soluções reais para o seu caso. Como por exemplo, ele(a) culpa- se por ter errado, ou falhado, ou se comportado mal – ou algo do gênero – mas de forma contínua e que dura dia após dia. Levando, até mesmo, de se esquecer de que está numa situação delicada e momentaneamente limitadora[75] por causa do seu (longo) distúrbio impeditivo. Ele(a) se punirá desnecessariamente pelo conteúdo (inapropriado) dos seus pensamentos automáticos negativos, em razão desses estarem (muitas vezes) não condizentes com a sua doutrina moral. Nesse caso temos os pensamentos blasfemos ou qualquer outro do gênero que sempre colaboram para comprometer (ou decair) a autoestima de uma pessoa fragilizada.

– E o que se pode fazer para sair dessa situação?

O ideal seria em parar de se sentir culpado(a) por qualquer situação que tentar fazê-lo(a) ficar desse modo. Ou melhor, quer culpar alguém?

– Sim, eu quero!

Então, culpe a sua depressão por estar se sentindo desse jeito[76]. São eles (os transtornos incapacitantes) os principais agentes que deixam uma

---

[75] Essa limitação não será permanente. Ela pode ser revertida com as devidas técnicas ensinadas.

[76] Você sabia que a depressão deixa uma pessoa extremamente sensível com os "sons altos" que ecoam de um ambiente? Não sabia disso? Até na hora de conversar com outras pessoas isso também pode ocorrer. Inevitavelmente isto permite que as interações sociais fiquem vistas mais como uma forma de martírio, do que propriamente como um modo de auxílio. São tão perturbadores esses barulhos que podem gerar numa forte irritação, ou num grande desconforto para àquele que já está no limite das suas emoções. O que podemos fazer quanto a isso? Um boa dica seria em aceitar esta baixa tolerância sonora e tentar (o quanto antes) se compreender melhor. Por último, não se culpe se ficou nervoso quando alguém aumentou um pouco mais o "tom" de sua voz. Observe que esta alta sensibilidade chamada de depressão também pode te afetar profundamente desta excêntrica maneira.

pessoa nessa posição. Pergunte-se que tipo de pessoa vive no seu interior ou quais são os seus reais valores morais? (Veja o capítulo do "eu" interior para entender melhor sobre essa pergunta).

A proposta é a seguinte: 1) uma pessoa deve aprender a se conhecer de verdade para poder entender que esse sentimento de culpa é (na verdade) só mais um sintoma que vem acompanhado com a depressão; 2) geralmente a culpa surge para acrescentar ainda mais dor àquele que não distinguiu que é assim que a depressão atua; 3) o melhor é descartar esse pobre sentimento de uma vez quando ele intentar em se manifestar. Não dando mais crédito a essas mentiras enganosas que brotarem ligeiramente na sua mente, e sabendo que é a sua doença que está tentando te dominar ao dizer o quão péssimo deveria sentir-se por alguma questão mal resolvida[77].

Ao "racionalizar" (categorizar ou classificar essa culpa como sendo consequência do seu distúrbio) uma pessoa deprimida, poderá parar de se martirizar com os conteúdos negativos que se reprisam em sua memória. E se mesmo assim a culpa continuar lhe afligindo? Então, questione se isso não está ocorrendo por ainda considerar que esses pensamentos (negativos) estão (mesmo que minimamente) sendo aceitos como verdadeiros na sua essência.

*

Você sabia?

Todo esse processo de reviver o que já ocorreu (ou de se autorrecriminar) além de ser uma espécie de utilização de controle – para que as coisas aconteçam da maneira como queremos –, é também pura e simplesmente uma atitude de perfeccionismo. Mais ou menos seria como no caso de "muito" pensar sobre uma situação essa poderia ser alterada de alguma forma.[78] Algo totalmente ilógico, não acha? Ou acredita que isso é mesmo possível?

*

Como dito, outra verdade é o elemento **controle** que a pessoa gostaria de "ter" sobre a forma como dirige a sua vida. Por exemplo; ela é retraída, mas queria ser descolada, ou é introvertida, mas desejava ser extrovertida, ou

---

[77] Note que esse resultado sempre se torna desfavorável para o seu lado.

[78] Aqui, estou me referindo à forma de pensamento que pode mais prejudicar do que propriamente ajudar uma pessoa deprimida. Contrariamente, essa conduta pode tornar-se bem útil se for realizada para beneficiar um indivíduo prejudicado. Obviamente, isso será explicado mais à frente.

está deprimida, mas queria ser mais alegre[79]. No geral, esse tipo de controle exercido se configura como uma espécie de **luta** interna que é acionada quando não temos algo que muito pretendíamos. Isto é, o perfeccionismo de um sujeito que deseja que os eventos ocorram nos seus bons moldes está – na verdade – lhe matando aos poucos. Evidentemente, essa busca pela perfeição – quando não condizente com o imaginado – pode gerar numa atitude devastadora de ruminação ou de culpa frequente que arruinará a vida de uma pessoa despreparada com esses imprevistos.

> *– Mas como eu posso esquecer a humilhação que eu sofri no passado?*

Uma boa dica é tentar parar de se martirizar o quanto antes, compreendendo que todos nós cometemos muitas falhas que servem para construir o nosso (primoroso) caráter. Somos todos imperfeitos, e não temos um controle absoluto presente em nossas mãos. Lembrando que a vida ensina de forma dura algumas questões para ponderarmos (ou aprendermos) que devemos continuar sempre seguindo em frente. É óbvio que não tem como oferecer a proposta de um mundo em que inexista qualquer tipo de sofrimento, porque isso não existe. No entanto podemos fixar a mentalidade que é através das duras batalhas que um verdadeiro herói pode ser devidamente bem forjado.

> *– Quer dizer que uma das maiores lições contidas neste livro é em se livrar da droga do perfeccionismo?*

Mais ou menos isso. Na verdade, para todos aqueles que estão perdidos e sofrendo com os seus transtornos incapacitantes essa seria uma boa maneira a se adotar.

> *– Por quê?*

Poxa! Ainda não entendeu que é por causa dele (o perfeccionismo) que todos esses transtornos incapacitantes ganham mais força? A mera expectativa de visão de um mundo perfeito, e essa não ocorre como o imaginado gera em quê?

---

[79] É preciso ter muito cuidado com a "expectativa" idealizada. Muitas formas de recriminações ou de frustrações de um ser humano estão contidas nesse duro aspecto. Quando as coisas não acontecem como o imaginado nos irritamos, ou nos culpamos profundamente com nós mesmos. O que é muito ruim por sinal. Por conta disso, seria melhor sermos mais esperançosos pautados na fria realidade dos fatos, de forma que não fiquemos mais sofrendo pelos nossos desejos nunca estarem se materializando (mesmo que minimamente) no plano concreto.

— Gera em motivação? Porque eu irei lutar para idealizar o meu sonho de paz entre as nações. Se eu for prefeito, utilizarei o meu poder para transformar as sociedades. Garantirei a autonomia de igualdade entre todos os seres humanos. Acesso livre ao chocolate em todas as torneiras residenciais.

Ok, foi um bonito discurso. Mas (voltando ao assunto) podemos ressaltar que talvez para alguns essa motivação em fazer tudo perfeito possa efetivamente funcionar. Porém para o cansado em sofrer com esses transtornos da mente isso gerará em mais frustração, desânimo, raiva ou desesperança. Dado o fato dos outros terem alcançado o que ele nunca conseguiu sequer a (pouco) usufruir.

— Cadê o controle nisso tudo? É o controle de quem? Quando eu vou poder usar essa atitude de não controlar as coisas? Eu tenho um controle remoto do meu aparelho de televisão. Dois dias atrás, eu perdi as pilhas e não posso mais controlar a minha TV. O que eu faço? Mudarei de canal com o quê?

Tá falando serio? Ai, ai, ok, eu explico. Mas, antes, esqueça essa televisão e preste muita atenção. Esse controle é uma espécie de luta interna contra o que não se pode dominar. Ou seja, não é o da sua TV. A pessoa tenta que as situações transcorram do seu modo, porém, sabemos que não é bem assim que acontece. Não é? Logo, isso lhe traz profundas lamentações por conta do resultado oposto do que era idealizado. Num aspecto ilustrativo podemos destacar um antigo acontecimento do passado que se desenvolveu de forma traumática. Sendo que esse evento poderá ganhar mais força graças à sua constante revivência mental.

Veja que ao tentar controlar intensamente esses aspectos (mentais) que já aconteceram – mas que vivem permanentemente na sua memória – essa pessoa tenderá a se recriminar por algo que há muito já se passou e não pode ser mais mudado. Observe que existe uma luta sem trégua ocorrendo no seu interior. Proporcionando-lhe um desgaste mental continuado que ficará cada vez mais forte com o passar do tempo.

— Uma vez fui vaiado por todos os meus colegas de classe. Desde aquele dia, eu odeio falar em público. ☹

Existem algumas questões que nos fazem assumir papéis de recolhimento fora do habitual, devido a antigos sofrimentos de humilhação na frente de outras pessoas. No entanto, se rirmos dessa situação traumática e apreciarmos que se precisa **de muita coragem** para só ter a atitude de subir na frente de um grande público, então, teremos a chance de não sermos tão críticos com as nossas pequenas falhas no passado. Lembre-se que é a vontade de ser eficientemente bem visto pelos demais, ou sem quaisquer tropeços que trouxe essa visão traumática para o presente. Esse é o perfeccionismo atuando para gerar a culpa pela "sua" não eficiente apresentação[80].

– Ok, entendi. Mas e agora o que eu posso fazer?

A melhor alternativa para tudo isso é: Parar de lutar e sempre **aceitar** esses seus conflitos internos.

– Aceitar? Você tá louco! Eu não aceito não.
Você não sabe do ridículo que eu passei naquele dia. ☹

Tudo bem, não aceite, e fique nessa briga invisível contra você mesmo. Sabendo que uma hora irá desmoronar. Se não aceitar as suas falhas, ou as suas imperfeições, nunca será de certo modo pleno. Viverá indefinidamente quebrado pelos cantos, longe de qualquer estabilidade emocional desejada.

– Mas aceitar como?

Aceite-se completamente sem qualquer julgamento desabonador. Olhe os seus erros como se fossem um belo de um aprendizado. O que inclui em ver-se como uma pessoa imperfeita que está (aos poucos) tentando sobressair as suas duras dificuldades. Vislumbre que o aspecto culpa age mais como um agravante para a sua saúde, do que propriamente como uma maneira assertiva de se manter.

*

Pausa para uma reflexão

Entendeu o que tentamos fazer neste livro? Basicamente estamos administrando atitudes de mudanças de pensamentos (com o objetivo essencial de mudarmos condições mentais precárias) para outras muito mais sólidas e saudáveis. Permita-se utilizar dessa conduta de raciocínio ao

---

[80] Você sabia que algumas pessoas veem essas situações do passado como se fossem uma espécie de filme ruim que está passando bem na sua frente? É tão vívida e intensa a imagem do passado em suas mentes que fica muito difícil encontrar meios de afastá-las quando vão surgindo.

invés daquela que lhe causa profundo descontentamento. Em suma: vamos todos juntos começar a adquirir uma nova mentalidade?

*

Fica clara a ideia de libertar-se do seu perfeccionismo para frear essas sensações permanentes que geram essa culpa acentuada. Lembrando-se, ainda, de nunca achar ser o principal responsável por tudo o que está acontecendo à sua volta. **Nem também é sensato tentar acreditar que pode manejar o incontrolável**. Observe que a sua condição atual exige certos cuidados especiais, por isso, não se culpe apressadamente. Absorva a ideia de que primeiro os seus pensamentos deverão ser organizados e somente depois disso é que as boas mudanças internas acontecerão de verdade.

Por último saiba que – às vezes – o caminho ideal consiste em soltar as velas e deixar que os ventos te conduzam ao seu destino incógnito. Apesar de a jornada ser longa ou cansativa ou do grande mar revolto estar intencionando na derrubada do seu barco – jogando toda a sua tripulação de um lado para outro e "sujando todo o convés" –, ouça a boa voz interior que diz:

– Mantenha-se confiante, meu capitão!

Uma hora haverá a tão sonhada calmaria, então, o melhor é apreciar a vista e sorrir. Pois bem sabeis que os horizontes infindáveis poderão ser facilmente atravessados. Com confiança em ti pelo seu imenso esforço em manter o seu "leme" estabilizado, aceitará aperfeiçoar a sua visão que (antes) se encontrava limitada, visto que adquiriu diferenciadas perspectivas de direcionamento. Nesse imenso oceano de contradições mistas, poderá até ficar com algumas cruéis especulações. Qual é o propósito que essa grande aventura irá me acrescentar? Ou quais são as possibilidades que se abrirão na minha frente por ter conquistado o intenso mar revolto? Em verdade, meu filho ou minha filha, essa inquisição só caberá a você apreciar.

VIVENDO NO PASSADO

Ao falarmos sobre o passado podemos dizer categoricamente que ele já acabou. No geral, isso significa que não é mais saudável ficar vivenciando os dias de glória decorridos, bem como os eventos traumáticos sofridos.

*

Uma observação importante

Sabemos quanto o leitor já absorveu o conhecimento sobre esse assunto de retorno ao passado, porém, é importante reforçarmos essa ideia para não cometermos (novamente) as mesmas atitudes mentais que causam esse tipo de sofrimento. Por outro lado também existem as dúvidas geradas por aqueles que não têm qualquer transtorno da mente, em que, ao lerem este livro, poderão até achar estranhos os conteúdos que são sempre reiterados. Desse modo, peço a compreensão de todos para que entendam que a depressão é a causadora de uma insistência de eventos que são bem desagradáveis. Sendo que esses fatores empurram a pessoa para retornar (a sua mente) aos tempos remotos (e acarretam uma piora do seu quadro presente). Mas por que isso ocorre? Talvez isso aconteça pelo simples motivo de o momento atual não estar tão bem quanto se gostaria. Então, a mente faz essa viagem rumo ao passado para aliviar as tensões existentes. Não sabemos se é isso mesmo. Porém, por todas essas questões, faz-se necessário discorrer sobre esse tópico em particular de forma a não deixar alguma dúvida pendente.

*

O PASSADO

É claro que vivenciar os bons tempos (que não voltam mais) pode ser uma atividade mental muito prazerosa e encorajadora para um cérebro manter-se em constante movimento. Em contrapartida, relembrar as falhas cometidas proporciona num duro, mas importante aprendizado que guardamos por toda uma vida. Isso porque é através do vislumbre de nossas antigas ações que poderemos adquirir um novo proceder mais harmonioso no futuro. Nesse aspecto, teremos um exercício mental que nos faz crescer (ou de fato evoluir).

O problema surge quando uma pessoa está sempre amarrada nas suas antigas recordações injustas. O que configura como sendo algo nada aceitável para uma boa evolução mental de um indivíduo adoecido. Podemos avaliar essa precária forma de viver se imaginarmos um velho homem que carrega um enorme saco de entulho no meio das suas costas. Nesse cenário perceberemos que o seu olhar se encontra entristecido e bastante cansado, já que não consegue mais largar essa grande bagagem comprometedora que vêm lhe minando. O que isso significa? Semelhantemente a essa conduta está à ideia da pessoa que se recusa em abrir mão do seu passado. Ou seja, devemos aprender a correta lição que diz que existem coisas que devem ser abandonas no caminho, senão causarão mais empobrecimento da alma, do que propriamente em algum desenvolvimento pessoal no futuro.

> – *Papai Noel carrega um enorme saco cheio de presentes. Ele também está com esse distúrbio?*

Não sabemos! Mas talvez esteja na hora de o bom velhinho aposentar-se. Não concorda? Agora (por outro ângulo) olhe na direção da sua janela e perceba quanta gente anda encurvada (na rua) com os ombros caídos. Você chama isso de má postura? Eu chamo de excesso de maus pensamentos. Entendemos, portanto, que duas escolhas deverão ser assumidas quanto a esses eventos do passado: 1) a primeira leva a uma nova mentalidade para que se escape desse acúmulo emocional que compromete as pessoas pela metade; 2) a outra se baseia em somente se manter nessa má posição, uma vez que isso lhe desgastará com o passar dos tempos. São duas alternativas: qual tentará acatar?

O FUTURO

Para aquela ansiedade futura que dá a impressão de que o seu peito irá explodir: Existe um belo conselho prático antigo que se resume em "aprender a viver um dia de cada vez". Isso, obviamente, para que se evitem sofrimentos desnecessários. Para falar a verdade, a pessoa deprimida deveria aspirar à inteligência de não dar tanta atenção àquilo que ainda não veio, ou que eventualmente possa (talvez ou nunca) ocorrer. Focar-se nessas "ilusões" colabora para o aparecimento das várias doenças que estão sendo citadas neste livro. Outra boa dica é racionalizar do seguinte modo:

Por que estou tão ansioso? Estou assim porque tem alguma circunstância pendente que quero realizar? Posso mesmo (na minha limitação) domar esse evento futuro? Será que tem algo que posso fazer para mudar essa situação vindoura? Seja sincero consigo quando for fazer esse tipo de pergunta. Veja inclusive as possibilidades "concretas" e manipuláveis ou alcançáveis ao seu favor. Vale a pena me desgastar com o que não aconteceu? Não seria melhor me focar no que tenho nesse exato momento?

Por fim, saiba que a angústia nasce graças a essa "vontade forçosa" de tentar **alterar** algum fato que ainda não ocorreu. Por outro lado, somente a própria pessoa pode compreender que esse poder não está, e também nunca esteve realmente em suas mãos.

O PRESENTE

Esse é o período correto que uma pessoa deveria se manter. Se não acredita nisso, então, questione-se desta maneira: como me sentiria se me concentrasse no que está na minha frente nesse exato momento? Será que se prestar atenção no que estou fazendo agora minha ansiedade vai diminuir? Também isso apaziguará o desconforto das recordações dos eventos passados? Sei que é difícil essa atitude proposta, pois o meu cérebro volta a imaginar coisas. Porém, se treinar todos os dias, acho que conseguirei condicionar a minha mente para permanecer no tempo presente.

Como nem tudo são flores, traremos alguns outros pequenos avisos para que essa mentalidade fique bem mais edificada.

Aviso I

Pare de ter pressa em alcançar o seus objetivos. Somente o tempo dirá qual é a hora certa para vir os resultados do seu sucesso. Aliás, o sucesso é algo totalmente diferente para muitas pessoas. Para os inválidos, o simples fato de poder andar novamente é considerado uma enorme conquista para quem antes não podia sequer a se mexer. Note que só a própria pessoa sabe qual a luta que trava todos os dias para não se perder por inteiro[81].

> **Destemido Guerreiro:** *apesar das duras lutas, tenho fé que vencerei os meus fortes adversários. Continuarei seguindo sempre em frente, mesmo que isso soe impossível. Com perseverança, não deixarei o inimigo me dominar facilmente. Nem mais me abalarei. Empenharei ao máximo para mostrar que ainda posso derrotá-lo. A partir deste momento, eu direi as regras da minha própria existência.*

Aviso II

Só se compare com as pessoas pobres. Nivele-se com aqueles que não têm "nada" e fariam de "tudo" para ter o que você possui. Pratique essa atitude sábia de se colocar no lugar dos menos favorecidos, mudando assim o modo de começar a enxergar a sua maneira de viver.

*

Você sabia?

Alguns estudos provam que as redes sociais podem afetar negativamente o bem-estar de algumas pessoas. Provocando sentimentos como a inveja, a frustração, a culpa ou a tristeza manifestem-se posteriormente. Isto é, se o indivíduo ficar vendo como a vida dos outros está indo muito bem, consequentemente, vai se sentir muito pior em relação à sua que não está se encaminhando nos conforme do quanto que gostaria. Lembrando ainda que, nas redes sociais, as pessoas colocam somente aquilo que ocorreu do seu melhor. Não mostrando o outro lado verdadeiro das dificuldades do dia a dia. Sabia que todas essas versões "editadas de felicidade" não deveriam ser acatadas como sendo verdades absolutas? Se, por acaso, elas trouxerem algum desconforto, o melhor é considerar a possibilidade de desconectar-se desse martírio por algum tempo. De fato, é isso o que importa nesse difícil momento.

*

---

[81] Um indivíduo só conseguirá reaver o que lhe fora tomado por direito, se continuar prosseguindo no resultado dos seus queridos objetivos.

Aviso III

Não acompanhe o ritmo da sociedade cada vez mais competitiva e cruel. Porque, senão, ficará frustrado pelos padrões impostos de sucesso e beleza que moldam a cabeça da maioria das multidões. Observe que cada um tem o tempo ideal para alcançar o seus longos objetivos. É óbvio que a sua doença o fez perder diversas oportunidades que nunca mais voltarão. Contudo a sua história ainda não acabou. O correto seria em sorrir (mesmo que não queira) e andar num passo de cada vez. Por último: não se aflija guerreiro ou guerreira, príncipe ou princesa, conquistador ou conquistadora, lutador ou lutadora. Tua alta montanha será logo conquistada, e seu castelo tomado por demônios será novamente reavido. Sentará definitivamente no trono da inteligência vendo com outros olhos tudo aquilo que sempre sonhou em ter.

E quanto ao tempo perdido? Esse jamais será esquecido já que firmes lições foram apropriadamente depositadas no seu cerne. Grandes patamares se estabeleceram solidamente, abrindo espaço para que um recomeço seja sabiamente obtido. Cavalgando imponentemente para o limiar avistará que novas montanhas poderão ser facilmente escaladas. Tornando-se preciosas as singelas peculiaridades que a estrada da vida ainda pôde lhe reservar. Darás o máximo de si em todos os momentos. Além disso, farás tudo de forma "bem" melhor sem se preocupar com o que tentará te refrear. Assim, numa bela e tranquila manhã, degustará com alegria do imenso sabor que virou saber: como é de fato poder, bravamente, viver.

TÉCNICA DE CONFRONTO

Tal técnica tem o poder de fazer o paciente relembrar do seu passado para que se obtenha outro ponto de vista dos seus temores internos. A princípio parece lógico adotar essa ferramenta moderna. No entanto – na minha humilde opinião – esse método não é o mais satisfatório para ser utilizado nesse tipo de caso. Além de levar muito tempo para surtir efeito, ele ainda pode piorar a condição da pessoa deprimida. Obviamente, para outra situação que não envolva a depressão "maior", esse meio configura-se como sendo algo muito útil e de boa sensatez.

– Como assim?

Como anteriormente explicado, para vencer a depressão, será preciso encontrar um equilíbrio através de meios que visam a mudanças de direcionamento de foco. Sendo que não achará isso se utilizar técnicas que buscam o **enfrentamento** de recordações indesejadas. Não parece ser o ideal fazer esse tipo de procedimento com uma pessoa que tenha uma depressão maior[82]. Essa técnica de **confronto com o passado** poderá desenvolver num aumento dos sintomas clássicos depressivos. Dado que relembrar uma situação ruim que anteriormente tinha sido esquecida naturalmente, não se configura como uma resposta **urgente** na solução desse problema presente. Por outro lado, é evidente que o processo de falar sobre os seus traumas ameniza as dores emocionais. Entretanto esse alívio diz respeito às aflições daquele momento atual, e não do assunto que estamos tratando. Entendemos que é desse modo que um profissional da saúde saberá o que está de errado com uma pessoa enferma. Mas e quanto ao deprimido? Isso o ajudará? Acredito que não, porque, primeiro, haverá muita pressão por tomar essa atitude de relembrar o seu passado. Segundo, a sua condição delicada piorará, afastando-o do desejo da "**normalidade**"[83]. Terceiro, esse

---

[82] Essa depressão maior a que me refiro é aquela onde a pessoa está totalmente incapacitada e sem qualquer esperança de reaver o controle de sua vida.

[83] Considere essa volta da normalidade como sendo o ideal do ser humano em sintonia com as suas emoções regularizadas. De forma que existem três linhas imaginárias – como antes explicado – colocadas em posição para classificar o estado de uma pessoa deprimida. O marco zero é a normalidade de fato, em que nenhum agravante existe em sua mente. Ao passo que, quando possuir uma tristeza mais prolongada, alcança-se a primeira linha da

método trará mais desgaste para a sua mente cansada. Por último, poderá até irromper numa forte confusão mental inesperada.

Resumindo, podemos dizer que esse é o tipo de estratégia que queremos evitar para não comprometermos, ainda mais, a qualidade de vida de uma pessoa doente. Certamente que, após de ter sido regularizado ou estabilizado, esse quadro depressivo é que seria o "correto" olhar esses eventos antigos por esse novo ângulo. Como forma de adquirir o pleno autoconhecimento perdido.

– Não entendi nada. Pode explicar melhor?

Veja que a ideia de **enfrentar ainda outras questões** (o que inclui o passado para entender o porquê dos conflitos internos) não é considerada uma técnica ideal para quem já está **desgastado** com os inúmeros sintomas da depressão. Não acha? Logo, a lembrança de um evento antigo (que já foi esquecido de forma natural) pode acarretar numa carga emocional muito elevada. Gerando na soma de outras sensações aflitivas com aquelas muito existentes. Registre-se ainda que a questão "tempo" é algo que deve ser priorizado em todo esse processo. Pois, quanto maior for a demora no tratamento, maior é o risco de piora para o enfermo.

– Mas por que isso acontece? Porque lembrar o passado piora ainda mais as sensações, ou os sintomas do deprimido? Estou confuso.

A resposta encontra-se no **confronto** que fazemos quando voltamos à nossa mente no que já tinha sido transcorrido. Recorde-se do gatilho "luta". Veja que esse enfrentamento não deveria ser empregado para quem está depressivo, já que não é dessa forma que se lidará melhor com a sua depressão. Esse regresso pode ser uma abordagem interessante para que uma pessoa descubra o que lhe causou esse estado de dor atual. No que tange ao deprimido que está sensibilizado, ou focado em suas sensações debilitantes, ou com pensamentos negativos insistentes, ou atormentado pela sua culpa recorrente, ou vivendo constantemente angustiado: **a melhor abordagem seria em não ir muito fundo no seu passado**. O ideal "mesmo" é ficar atento onde está direcionado o seu foco.

---

depressão leve. Se o seu estado se agrava um pouco mais, a segunda linha da depressão moderada é atravessada. Com a persistência dos sintomas a terceira linha da depressão maior é atingida. Essa é aquela que necessita de maiores cuidados devido ao alto grau de sua complexidade.

APRENDENDO A LIDAR

Será muito mais útil **esquecer** os traumas antigos, do que tentar enfrentá-los de alguma maneira. Muitas vezes, a resistência das coisas que acontecem à nossa volta é o fruto principal que origina todo o nosso sofrimento. Em síntese, trazemos muitos males desnecessários ao nosso organismo por resistirmos ou lutarmos com certas circunstâncias mentais aleatórias que têm mania de nos desfavorecer. Ao invés disso deveríamos deixá-las para trás com o fim de não causarmos mais um acréscimo de prejuízo em nosso interior[84]. Dessa maneira, a ideia de não utilizar o confronto contra nós mesmo é o melhor meio de superarmos as diversas adversidades que insistem em piorar os sintomas da depressão.

---

[84] É claro que depois de ter recebido uma boa resposta na dominação do seu distúrbio - e se sentir seguro(a) - uma pessoa deprimida poderá fazer este tipo de regresso para o seu passado sem qualquer receio. Sabe por quê? Para compreender melhor o que estava lhe traumatizando por dentro. Neste caso, nada melhor do que consultar o seu médico de confiança para adquirir esses maiores esclarecimentos.

SENTIMENTO DE INFERIORIDADE

Uma vez, disseram que as melhores lições serão duramente repetidas até que possam ser devidamente aprendidas[85], o que nos possibilita a interpretação de que temos duas simples escolhas: uma é nos abatermos pelas barreiras apresentadas e martirizarmo-nos progressivamente. A outra é aprendermos com as adversidades desses confrontos e seguirmos corajosamente em frente[86]. No geral, isso remete a ideia de não compararmos[87] à nossa vida com a dos demais. Pois cada um tem a chance de cinquenta por cento de acerto (quanto de erro) nas suas trajetórias pessoais[88]. Por outro lado, se mesmo após essa tomada de decisão os sentimentos de aflição e de inferioridade ainda continuarem batendo na sua porta, então, o melhor é utilizar a técnica de comparar à sua vida com quem tem menos a oferecer. Como por exemplo, comparando-se com todos àqueles que não têm um lar, comida ou nem uma família, ou estão com frio, com fome ou completamente enfermos e sem qualquer chance de recuperação.

O TESOURO ESCONDIDO

Já parou para analisar que todo esse processo de sofrimento talvez tenha uma espécie de enigma guardado? Cabendo à pessoa entendê-lo para encontrar a sua definitiva solução? Essa incógnita poderá até revelar um grande tesouro camuflado de valor incalculável. De certa forma, teremos um tipo de segredo que não corrói não junta traça e ninguém poderá tirar de suas mãos. A aplicabilidade dessa nova consciência irá além de trazer

---

[85] Isto significa que o modo "interpretativo" dos eventos danosos que nos envolvem é o fator preponderante na elucidação dos mesmos.

[86] Dias bons e dias maus sempre existirão. Cabendo a nós apenas retirarmos a melhor instrução de cada um deles.

[87] A concorrência não é benéfica, parecendo ser mais prejudicial do que um meio de incentivo. Estudos feitos com crianças no ambiente escolar apontaram que na colaboração elas aprendiam com mais facilidade do que quando competiam entre si. Outros dados mostraram que a eterna concorrência (uns com outros) tem impedindo o desenvolvimento da civilização humana e proporcionando situações como; o aumento da violência, do estresse, do desemprego, e de outras doenças da mente que muito conhecemos.

[88] Nunca saberemos as batalhas silenciosas que cada pessoa trava (todos os dias) em suas mentes intranquilas.

muita paz e sabedoria, como também fornecerá libertação de pensamento e satisfação da sua alma. Uma riqueza oculta que abrirá o portal do discernimento que muitos ambientes escolares nunca ensinaram a ninguém. Quem sabe ele é o verdadeiro caminho do autoconhecimento aprendido? Perceba quantas pessoas vivem as suas vidas desesperadas em somente "ter" e nunca querendo "ser". Esse "ter" está baseado em coisas concretas que lhe darão um prazer momentâneo, mas que nunca trarão uma saciedade por completo. Isto por ser depositada toda a sua **"esperança"** num artefato oferecido num ambiente corrompido qualquer. Quanto ao "ser" é o caminho de se encontrar interiormente sem se apegar nas materialidades palpáveis que se desgastam com o tempo. Qual desse você almeja ter? Ou melhor, em que etapa da vida já está para conhecer desse caminho? Acredite que está bem perto de encontrar essa resposta mais do que imagina. Com olhos recém-abertos, muitas possiblidades surgirão para apreciar a paisagem da real beleza escondida. Quanto a "o que" essa riqueza poderia ser? Digo que somente aqueles que passaram pela dor do desconhecido a interpretarão e a somarão no saber de suas doloridas existências. Não existe uma palavra certa para descrever o termo secreto desse mistério. Bastará essa tarefa, unicamente, àqueles que sofrem e estão prontos para finalmente transcendê-la.

Essa atitude de enxergar o problema dos outros (e não somente nas suas "próprias" dificuldades) serve para captar a ideia de que a sua vida não está tão mal quanto achava que estaria. Lembrando novamente que a depressão é uma doença egoísta. Também descobrirá que, para ser feliz, precisava de muito pouco, ao contrário do que realmente supunha.

> – *Para ser feliz, eu só preciso de um pote de sorvete, acompanhado da minha série favorita.*

Mas e quando acabarem esses itens? Você não irá novamente se sentir triste ou desanimado? Não seria melhor encontrar (antes) essa alegria no seu interior? Portanto quando os pensamentos ofensivos insistirem em te colocar para baixo, faça o seguinte experimento: a) reconheça e ignore essas mentiras; b) saiba que eles só ganham força se começar a lhes dar certo crédito. De fato, mar calmo nunca fez bom marinheiro[89]. É preciso passar

---

[89] A vida nem sempre é fácil, assim como o sofrimento não é opcional. Ninguém escolhe a dor por mera vontade própria. Não existe um desligamento desse aspecto. Somos seres humanos e devemos estar prontos para quando a dificuldade nos colocar à prova. Sabemos ainda que nem todos que sofrem tantos golpes na vida conseguem se manter rigorosamente íntegros. Enfim, uns conseguem se sobressair, e outros nem tanto. Porém todos deveriam criar mecanismos de defesas mentais adequados para vencer esses duros empecilhos.

pela grande tempestade e ver o seu barco chacoalhar ou quase afundar. Sentindo todo o tremor das ondulações, ou o furor do vento impactante para começar aprender de verdade como se deve navegar. Isso porque, no final, depois de passado pela aparente eterna tormenta, vislumbrará o horizonte com a mais profunda e tranquila serenidade. Justamente para que, sorrindo, conduza-se a explorar outros novos rumos, mesmo que esses sejam direcionados numa outra e desconhecida temerosa aventura.

ANGÚSTIA

Sonhamos com uma imagem mental perfeita de nós mesmos que buscamos alcançar a todo o momento. Literalmente, aprendemos a reagir com as diversas situações favoráveis (ou não) em resposta desse belo molde. Mesmo sabendo que isso pode nos prejudicar. Isto é, essa atitude mental é considerada perigosa porque tem o poder de desencadear o céu ou o inferno para quem pensa dessa inusitada maneira. O que significa que seria bom direcionarmos (essa imagem mental) para uma visão mais realística da realidade. Ou que vise nos nossos limites, não é?

– Para quê?

Para mudarmos a nossa própria visão do mundo ou das situações que nos tocam. Qual será o resultado dessa escolha sábia? A nossa saúde será bem recompensada por esse direcionamento sincero. Também entenderemos o quanto é difícil tentar ser controlador num ambiente tão caótico ou desequilibrado que se apresenta no mundo onde vivemos.

– Por que você está falando sobre isso?

Graças ao poder dos inúmeros conflitos, ou das mais desagradáveis notícias, ou de qualquer outro fator negativo que têm a força de desestabilizar – com o tempo – a nossa estrutura interna. Gerando o aparecimento (ou até na piora) dos sintomas conhecidos de ansiedade. Por esse motivo, vamos comparar a angústia como sendo um tipo de mecanismo de controle humano interno que se parece como uma espécie de relógio. Em que esse se ativa de acordo com o modo de pensamento de um cidadão preocupado.

Relojoeiro Pensativo: *se esse relógio estiver adiantado, desencadearemos uma resposta ansiosa que fatalmente explodirá num dado momento. Contrariamente, se o relógio estiver muito atrasado teremos letargia, que é um tipo de desânimo, desesperança ou um abatimento. Agora, se o relógio estiver no ponto, estaremos praticamente bem.*

Talvez, esse indivíduo esteja querendo que algo se concretize ou que nunca venha a acontecer. Na verdade, não sabemos qual é o motivo de sua angústia. Porém conhecemos que, por trás de todo esse processo, existe uma pequena forma de "desejo" propiciando esses intensos sentimentos[90]. Como praticamente essa "vontade de querer" materializa os sintomas de ansiedade, então, ao conhecermos esses mecanismos, poderemos ter uma resposta mais eficaz para sanar esses eventos angustiantes.

> *– Diga-me logo qual é a melhor resposta para desativar essa ansiedade que eu não aguento mais. Diga-me, doutor.*

Calma! Não sou nenhum médico. Sou simplesmente o autor deste livro que desenvolveu todos esses modos de pensamentos para ajudar àqueles que estão sofrendo com esses transtornos incapacitantes. Aliás, já havia informado anteriormente o que deveria ser feito para coibir essa ansiedade, o que vem a seguir consiste mais como uma fixação de conteúdo. Isto é, respondo a sua pergunta dizendo que: a melhor maneira para não sofrer com esse sintoma clássico de angústia seria em não criar tanta "expectativa" para os fatos que estão a por vir.

> *– Só isso? Toda essa conversa mole para dizer isso? Não acredito que perdi o meu tempo. A propósito, será que não poderíamos tomar uma bela de uma cerveja gelada para aliviar esses sintomas? Essa ideia me parece ser bem mais interessante.* 😊

Sim! Basicamente, é isso mesmo. E não! Você não perdeu o seu tempo. Inclusive, não é o ideal mascarar a sua aflição com o uso de álcool. Pois, além de não resolver o seu problema, também teremos um forte candidato para frequentar o grupo dos alcoólicos anônimos. Acredito que não é isso que você quer, não é? Agora, voltando a falar sobre a ansiedade, perceba o quanto a sua mente deseja conduzir a maioria dos acontecimentos ao seu favor. Lembre-se de quanta expectativa foi criada por alguma coisa (ou pessoa) e quando essa não se realizou, o que aconteceu com você?

> *– Dor no estômago?*

É! Sim, pode ser! Mas também ocorreu muita raiva e certa agonia. Não é mesmo?

---

[90] Essa ansiedade sempre traz um conhecido aperto no peito. Não seria o relógio despertando dizendo que algo está errado com o sujeito pensante?

APRENDENDO A LIDAR

– Isso mesmo, doutor, como você sabe?

Ai, ai, ok! Então, ao ter essa informação em evidência procure começar a parar de tentar controlar esses acontecimentos (ou pessoas) de uma vez. Deixe se levar pelas circunstâncias. Fazendo o melhor ao seu alcance a cada dia, e não se cobrando (ou se criticando demasiadamente). Ademais, nem espere "tanto" que algo se realize do modo exato como muito ansiou. Podemos ilustrar essa ideia desse jeito: angústia surgiu com toda a força? Dando a sensação de que o seu peito vai explodir? Questione-se desta maneira[91]: o que pensei antes que me fez ficar assim? Qual é o real poder de controle que tenho para mudar essa situação e me beneficiar? Existe mesmo alguma coisa que eu possa fazer? Essa perturbação (ou medo) poderá se concretizar ou é a minha doença se manifestando? Porque pensar nesses fatos me faz ficar assim? Será que estou criando expectativa demais num caso que não posso fazer mais nada? Sabia que é muito difícil mudar alguém? É mais fácil alterar as minhas atitudes, do que esperar que os outros as façam como desejo. Essa angústia pode ser um meio de dizer que estou "errado" em insistir com esses complicados pensamentos?

Ao ser sincero consigo, você faz algo que muitos tendem a se esquecer de quando passam por essas sensações desconfortantes. Ou seja, ocorre uma boa **racionalização**. Duvida? Então, pense em todas aquelas vezes que passou mal achando que iria ter um "treco" (ou que ia morrer). No momento em que entendeu o que tinha (isto é, racionalizou), pôde realmente se acalmar. Não é verdade? Por isso, pratique essa atitude mental de colocar-se num papel de que não é e nunca foi o mestre do tempo ou do espaço contínuo, e sim que somente se submete a ele.

– Eu sou o senhor supremo das galáxias, do espaço e do tempo. Todo o cosmo submete a minha singela vontade. Ajoelhe-se, humano, e eu te perdoarei por me ter contestado.

Ignorando o comentário anterior. É completamente normal sentir uma pequena pontada de angústia de vez em quando. Não dá para controlar esse sentimento, porque não somos "robôs" que podem apertar um simples botão e desligar essas sensações imprevistas. Contudo **podemos mudar a**

---

[91] Outros exemplos de pensamentos para a angústia: o que mais eu posso fazer hoje que está ao meu alcance? Culpar-me ou me preocupar vai mudar os fatos? Seja sincero quanto a isso. Se não posso fazer mais nada, não seria o melhor descansar e relaxar em prol do meu verdadeiro benefício interno? Fiz tudo o que podia nesse dia e não posso fazer mais nada agora. Portanto **vivo um dia de cada vez**. Quanto ao amanhã? Ele não foi escrito ainda. Por isso, o entregarei nas mãos de Deus.

nossa forma de pensar para não intensificarmos esses estranhos sentimentos. Concluímos, por fim, os seguintes ensinamentos: averiguamos que nem tudo que queremos realiza-se como o idealizado. A maturidade consiste em saber lidar com aquilo que temos à mão, ao fazermos o melhor com o que nos é ofertado. Devemos livrar a nossa mente de controlar certas coisas para não causarmos sofrimentos desnecessários que poderiam nos limitar ou nos destruir.

Se entendermos que "querer nem sempre é poder" teremos aprendido que os melhores frutos não são necessariamente os que foram colhidos à força, mas àqueles que brotaram naturalmente quando menos estávamos esperando, restando-nos a grande certeza de que eles serão inteligentemente saboreados com a nossa mais profunda alegria.

*

Momento: fórmula de fazer bolo

Pegue um pouco de *"controle"*. Adicione uma pitada de *"perfeccionismo"*. Quebre duas gemas de *"angústia"*. Amasse com um pouco de *"confronto"* do seu passado. Insira uma mistura de *"desamparo"* de forma concentrada e coloque duas colheres de sopa de *"culpa"*. Muito bem, depois de misturados todos esses elementos num recipiente e distribuí-los numa grande fôrma, conduza-os ao forno aguardando ansiosamente o resultado de suas singelas ações.

Para a cobertura, usufruiremos de uma cremosa e consistente tigela de *"pensamentos negativos"*. Coloque ainda um punhado de *"sentimento de inferioridade"* para dar mais homogeneidade. Na sequência, insira-os numa panela aquecendo em fogo baixo. Ferva durante dois minutos, cobrindo logo em seguida sob o seu bolo recém assado. Se quiser, pode desenhar um rosto triste para enfeitar a sua obra que está quase terminada.

Leve tudo à geladeira, esperando algumas semanas (para fixar bem) esses inapropriados componentes. Pronto! O que teremos, então? O seu bolo depressivo que poderá ser servido aos seus convidados, ou ser comido por você mesmo (de uma só vez). Recomendo que o jogue fora, mas como está com muita fome não irá desperdiçá-lo. Não é mesmo[92]?

---

[92] Não estamos sendo sarcásticos nesta página. A ideia é informarmos do perigo que ronda esses tipos de comportamentos. Por isso tome muito cuidado para onde esses pensamentos estão te levando.

A RAIVA

Apesar de ser estranho a raiva estar inserida aqui nesse rol, esse sentimento é muito pouco discutido quando se fala sobre a depressão. Sem delongas, imaginemos uma pessoa que se frustra diariamente por toda a sua condição incapacitante, uma vez que não encontra mais meios de escapar do seu problema atual. O que ele(a) faz? Explode em fúria. Ao fazer essa intensa liberação de energia (que já vinha sido acumulada por algum tempo), as pessoas (mais próximas a ela ou a ele) poderão até estranhar esse seu repentino comportamento agressivo. Ou podem pensar que esse indivíduo nem sofre de depressão[93]. Isso porque, se a depressão é uma tristeza profunda, então, ela não poderia ter episódios de raiva, não é mesmo? É claro que não é bem assim.

Apesar de essas sensações de impotência serem refletidas na forma de ira, isso não representa que a pessoa não esteja seriamente deprimida. Ou melhor, é por causa da depressão que essa raiva brota. Depois de tanta frustração, ainda acredita que não ficaria com muito ódio pela sua situação atual?

– O que acontecerá após essa cena de ódio?

Ele(a) irá se sentir muito **culpado(a)** por ter tido esse comportamento inesperado. Dando seguimento de extensos pensamentos recriminatórios que muito bem conhecemos, como antes explicado. Nesse círculo vicioso de elementos existentes ao qual chamamos de frustação, ira, culpa e dor, teremos a vida dessa pessoa revestida num trajeto de caminhos bem perigosos. Sabe por quê? Por conta de esse último ponto ser o gerador de diversos comportamentos autodestrutivos. Sim estamos nos referindo ao suicídio. Ilustraremos rapidamente esse assunto com o seguinte exemplo: hipoteticamente, imagine uma pessoa que apresenta um histórico depressivo por um longo tempo. Repare que isso lhe deixa

---

[93] Sabia que o comportamento de uma pessoa com depressão pode ser erroneamente interpretado? É muito comum esta doença vir acompanhada de crises profunda de melancolia, somados com atitudes mais irritadiças do que o normal. Em outras palavras teremos aqui a representação de um sujeito conhecido como o famoso "pavio curto".

frustrado e meio que irritadiço quase que diariamente. Chegando uma hora que um mero evento contraditório "qualquer" (pode ser até banal) leva-o(a) ao limite total. Causando o aparecimento de sua tão aguardada (ou guardada) fúria. A pessoa pode fazer desaforos, ou quebrar móveis, ou esbravejar etc. Logo em seguida (envergonhada por sua atitude explosiva), ela(e) se recolherá. Culpando-se infinitamente por sua ação demasiadamente exagerada. Nessa culpa intensa, poderá até mesmo se esbofetear, machucar-se, recriminar-se, ou fazer qualquer outra ação punitiva[94].

Percebeu que existe uma espécie de visão perfeccionista do deprimido, por não compreender que pode (muito bem) se irar de vez em quando? Por isso não é necessário – depois – se martirizar por seu raivoso comportamento. Será que ela(e) esqueceu de que ainda é um ser humano com defeitos, e que sofre com um transtorno (sério) que definitivamente está ditando as regras da sua vida?

> *– O incrível Hulk nas suas explosões de raiva também é uma criatura incompreendida?* 😁

Acredito que sim! Porém ele não deveria usar isso como desculpa para destruir tudo o que acha desagradável pela frente. Não concorda?

> *– Aham! E o que você recomenda quanto a isso?*

Para aqueles que não têm depressão, a dica é a seguinte: não ache que uma pessoa "não tem depressão" só porque demonstrou alguns episódios de fúria. Antes de fazer qualquer julgamento precipitado prefira entender o que está a incomodando intensamente. Acredite que essa atitude explosiva ocorreu por causa de todos esses sintomas que acompanham a depressão. Significando que ele(a) não sabe mais o que fazer para se socorrer dessa situação. Considere que a culpa que ele(a) sentirá depois desse episódio de raiva será muito mais extenuante, do que qualquer outro rancor que você possa ter tido com ele(a). Agora para a pessoa deprimida digo-lhe somente duas coisas: 1) Pare de se sentir culpado(a) quando essa "ira" surgir. Sabemos como não é nada fácil permanecer nesse estado mental de impotência, sem ao menos se sentir frustrado(a); 2) Entenda-se.

---

[94] Ela(e) se pune porque acredita que merece algum tipo de castigo.

APRENDENDO A LIDAR

> **Monge Sábio:** *mentalize a ideia que um copo cheio de água sempre transbordará. Mesmo que aparentemente a sua imagem mostre-se límpida, considere a possibilidade de que a sua fonte possa estar muito suja e contaminando todos aqueles que desfrutam desta torrente.*

Procure despejar o interior desse recipiente imediatamente. Isto para não correr o risco de derramá-lo à sua volta, ou talvez de criar a possibilidade de molhar os seus amáveis companheiros. Torne-o vazio novamente. Libertando a sua mente (que é o produto de todos os males, mas também de todas as boas criações) das equações ruins. Beba outra água de uma nova fonte. Essa advinda do mais doce autoconhecimento. Produzindo o refrescor que tu muito necessitas. Se aprender a se conhecer verdadeiramente, finalmente enxergará a verdade sobre os seus limites e não mais se recriminará. Concluirá que os conflitos internos sempre surgirão. Assim como as frustrações baterão na sua porta de forma inesperada. Entretanto terá a inteligência de não se deixar ser dominado por esses inconvenientes sabotadores. Encontrando em si mesmo uma fonte mais nova, clara e bonita que nascerá. Graças a algo "puro" que despertou dentro do seu interior.

O TEMPO

O que dizer desse tempo que passou e nunca mais voltaremos a vê-lo? Como era belo aquele dia, ou quão formosa estava àquela manhã, ou quantas oportunidades foram perdidas porque ficamos doente, não é mesmo? Será que algum dia seremos os mesmos de antigamente? Pode ser que alguns desses questionamentos lhe venham à mente, bem como outros. No que diz respeito a esses fatos, sabemos que não é possível ter todas as respostas ao nosso alcance. No entanto, algumas pequenas considerações podem ser sabiamente explicadas. Como por exemplo, na ideia de que a pessoa nunca será a mesma de antes. O que é muito bom por sinal. Hoje em dia está muito mais sábia (e forte) do que comparada há alguns anos atrás. Também nunca será tão jovem quanto que está neste exato momento. O que indica que ainda existe muito tempo para fazer o que gosta.

– Mas eu já estou velho demais para fazer certas coisas. Não tenho mais vontade de reagir. Acho que o meu tempo já acabou neste mundo. ☹

Não diga isso! Se ficar sentindo como um idoso(a), então passará agir como tal. Tente, ao menos, manter o espírito da jovialidade. Deixe de levar a sua vida tão a sério. Esqueça alguns limites que lhe impuseram só porque alguém disse que não é mais tão jovem, ou inteligente, ou capaz. Observe que geralmente as pessoas que dizem isso são aquelas que já desistiram de alcançar os seus sonhos. Elas têm medo de que outros realizem o que nunca puderam ou ousaram saborear. Nunca é tarde demais para começar a estudar, ou abrir o próprio negócio, ou convidar alguém para sair. Porque ainda existe muito "tempo" para poder fazer isso. Se não tentar, nunca saberá os resultados de suas ações. Enquanto **houver vida pulsando no seu peito**, o sonho ainda não acabou meu amigo e minha amiga. Poderá continuar lutando mesmo que ache isso aparentemente impossível.

Enfim, imagine-se sendo um lutador cansado de levar socos dos seus grandes adversários. Parece que não importa o quanto se treine.

Alguns oponentes (simplesmente) demonstram serem duros demais para caírem. Depois de tantas lutas no ringue percebe-se que o tempo passou e nem conseguiu subir no ranque dos melhores lutadores. Sim, isso é frustrante. As suas mãos já não são mais as mesmas. Elas estão sujas, cansadas e doloridas de tanto esmurrar o saco de pancada na sua frente. O que lhe faz ponderar que está realmente na hora de se aposentar dessa vida de martírio. Até já perdeu as contas das inúmeras ocasiões que já foi derrubado na lona. Não é? Porém, mesmo assim, uma voz interior lhe diz: levante-se meu filho (ou filha) e continue lutando. O que você faz? Parte para o ataque contra o seu rival indo contra todas as probabilidades possíveis. Por que isso acontece? É loucura? É teimosia? É ilusão? Ou gosta de apanhar? Nada disso! Isto é pura e simplesmente "determinação". Note que o sino não tocou ainda. O que significa que teremos muitas boas brigas pela frente. Portanto não desanime! Ainda dá para conquistar os seus belos objetivos.

> *– Acho que eu já vi essa mensagem em algum filme antigo.*

Sim! Essa parábola do Rock Balboa pode ser explicada da seguinte maneira. Esse sino que será "tocado" representará somente uma rodada da grande luta de sua vida. Pode ser que ele já tenha sido soado várias vezes. Porém o juiz não declarou a vitória definitiva para nenhum dos lados. Quem sabe quantos *rounds* ainda terá para brigar para chegar ao seu destino final? Mesmo escutando o gongo (e sofrendo derrotas sucessivas) a pessoa continua querendo encontrar uma saída para o seu problema. Logo isso é realmente o quê?

> *– Essa eu sei o que é. É masoquismo.*

Não! Isto é a mais pura e verdadeira atitude de um grande campeão.

Enquanto acreditar que algum dia as coisas vão melhorar, sempre haverá uma chance para o seu sucesso. Ou seja: falhou milhares de vezes? Não pare! Continue tentando. Lembre-se das duras lições que aprendeu até o momento. Dentre elas, uma é de se viver um dia de cada vez. Essa é a melhor lição para quem sobrepujou ou está em processo de superação de sua depressão. A outra é em não tentar realizar todas as "coisas" de uma só vez. Por isso tenha muita calma nessa hora.

> **Treinador ancião:** *não coloque estas luvas de molho, meu filho(a). Se você for derrubado milhares de vezes; Levante-se e volte a lutar. Teremos ainda muitas boas batalhas para enfrentar. Apesar do adversário não ter caído, um dia ele vai sucumbir. A propósito, sabe quem vencerá este desgastante combate? Isso mesmo! Aquele que insistir em ficar de pé.*

Comece simples. Vá devagar. Faça tudo no seu tempo (ou ritmo). Não se esquecendo de sempre respirar em todo esse processo de conversão. Nem fique mais se lamentando por todo tempo perdido ou no que sofreu. Na verdade, isso só irá acrescentar em mais sensações desagradáveis para o seu organismo. O melhor é procurar se corrigir o quanto antes. Criando atitudes mentais inspiradoras, ao invés daquelas de cunho recriminador. Pense que se continuar vivendo no passado (ou na idealização de um evento futuro incerto) trará uma carga emocional muito forte que atrapalhará a recuperação do seu delicado estado. Por isso esqueça o que poderia ter conquistado (ou no que não ganhou) por ter ficado doente. Sonhar como a sua vida poderia ter sido – caso não tivesse ocorrido certos problemas – não é uma forma saudável de se viver. Não acha? Note que a sua vida tomou um rumo totalmente inesperado do que realmente desejava. Você chama isso de azar? Eu chamo isso de transformação. É claro que foi preciso um longo caminho percorrido até resultar nesse processo. No entanto isso valeu a pena. Cogite que tipo de pessoa você seria se não tivesse acontecido tudo o que houve com você?

> *– Eu teria milhares de fãs gritando o meu nome. Subiria no palco com a minha guitarra cantando minha adorável música "my little breakfast". Estaria milionário e não seria o cara pobre que sou hoje.* ☹

O quê? É assim que você se enxerga, caso nunca tivesse ficado doente? Pode ser que tenha alguma razão quanto a isso. Por outro lado essa não é a visão das mais saudáveis no presente momento. Não é? Então, em vez de ficar se lamentando pelo o que não tem, porque não agradece o que possui?

> *– Como assim?*

Veja quem estava do seu lado quando o pior bateu na sua porta. Note que essas pessoas são as verdadeiras riquezas inestimáveis que você deveria preservar. Eles (a sua família ou amigos) representam o verdadeiro tesouro da sua vida. Algo que muitos não têm e que fariam de "tudo" para desfrutarem dessa tenra felicidade. Observe o quão rico você sempre foi e tente começar a rever os seus conceitos. Pondere sobre a presente ideia a seguir: lembra-se de quando fez autoescola pela primeira vez, sem nunca ter dirigido antes? Rememore o seu instrutor dizendo-lhe para não andar no mesmo ritmo dos outros carros. O que ele dizia?

> *– Ele nunca disse nada, porque eu não sei dirigir. Ps.: Sinto falta da multidão gritando o meu nome.* ☹

Ok! Mas quando for tirar a sua carteira de motorista – e no caso de pegar um bom instrutor –, ele dirá algo mais ou menos desse jeito: todos possuem o seu ritmo. Alguns andam mais depressa, outros mais devagar, contudo o seu destino será sempre o mesmo. Não importando qual seja a sua velocidade, o que torna válido mesmo seria em ligar os motores, acelerar o automóvel, pisar no freio (quando necessário), olhar para os lados e seguir corretamente a sinalização. Porque alguma hora – certamente – chegará ao seu objetivo final. Contanto que se **treine** para aprender a manobrar melhor a sua máquina. O que entendemos com essa pequena história?

> *– Que eu preciso comprar um carro?*

Não! O que proponho é que, ao querer acompanhar o ritmo louco dos outros carros – para quem esteve muito tempo sem dirigir ou nunca dirigiu –, favorecerá a certeza de ocorrer numa bela de uma batida do seu veículo. Além de colocar a sua vida em risco, também permitirá que outros sejam potencialmente vitimados por essa sua consolidada imprudência.

> *– O que isso quer dizer?*

Em vez de forçar a barra, ou sair potencialmente machucado, pense, primeiro, em tentar **respeitar o seu ritmo**. Adote esta mentalidade: 1) acredite que um dia conseguirá chegar ao seu destino final; 2) terá que "praticar muito" para que isso se concretize. Em compensação, pode ser que o socorro mecânico realmente venha, ou que alguém pare no caminho para te ajudar. Mas não conte com isso! Isso porque têm horas que a única maneira de prosseguir será em botar a mão na graxa (e literalmente se sujar). Tentando você mesmo resolver qual é o problema com a sua locomoção. Certamente, alguma hora esse carro vai ter funcionar, não importando quanto tempo que leve para que isso venha a acontecer.

APRENDENDO A LIDAR

– Estamos falando sobre depressão ou eu estou aprendendo sobre as leis de trânsito? Estou muito confuso quanto a isso.

Sim! O nosso assunto é sobre esse distúrbio complicado. Na verdade, foi feito somente um paralelo quanto a esses assuntos para que tudo fique bem mais fácil de entender. Ok?

Mecânico Prestativo: *não quer dizer que só porque o seu Fusca enguiçou que não vai poder voltar para sua casa. Sim, a vida é injusta. Alguns tiveram o privilégio de conduzir uma Ferrari, outros um Porche, os demais um Jipe. Porém você está com um Fusca que ficou completamente encalhado na metade do caminho, precisando urgentemente aprender a se socorrer sozinho.*

Sabemos o quanto está cansado, com fome, com frio, ou com sono e não vê o momento de voltar para a sua residência. Nem por isso se desespere! Cada um tem o tempo certo para alcançar os seus objetivos. Alguns chegam antes, outros depois e tem aqueles que nunca chegam. Talvez por terem desistido, ou tiveram medo do que poderia acontecer, ou simplesmente resolveram esperar que o socorro mecânico aparecesse. E quanto a você? Pelo menos já tentou ligar o seu motor? Fazendo uma equiparação quanto a isso reforçamos a ideia do perigo de acompanharmos a frenética corrida realizada dentro da sociedade, em que uns competem insanamente contra os outros para adquirir o seu real espaço que chamam de sucesso. Note que eles nem se importam com qual velocidade (ou artimanha) vão usar para poder ganhar dos seus concorrentes.

– E o que isso significa?

Isso expressa que você deve refletir no seguinte pensamento: "da quantidade de pessoas que perdem o seu precioso tempo para ganhar dinheiro, e depois gastam a sua renda para recompor a sua frágil saúde". Você quer ser igual a elas? É claro que não. Chega de ficar doente, não é mesmo? A partir deste momento, mude o seu pensamento quanto àquilo que perdeu, e desfrute o que ainda pode ser feito com o tempo que lhe restou. Porque sabemos que o tempo é relativo. Isto é, tudo depende do ponto de vista do seu observador. Temos muitas páginas em branco para serem escritas no livro da nossa própria história. Não é mesmo? O ideal é fazermos aquilo que realmente amamos e nos desperta bastante contentamento. Siga estes passos: a) antes de se comparar com os outros, prefira verificar o quanto ruim estava antigamente e agora não está mais; b) absorva que a saúde não

225

tem preço; c) não importa mais descobrir quem é o mais ligeiro, o melhor mesmo é chegar devagar em segurança, do que nunca poder sequer alcançar os seus objetivos; d) entendendo que tudo o que vier daqui em diante será basicamente lucro; e) os seus sonhos podem ser alcançados, já que a sua história ainda não acabou; f) no que tange aos limites ou aos obstáculos impostos para te barrarem no seu crescimento social, ultrapasse-os – se bem que isso não será problema para quem já superou tantos problemas diversos; g) por fim, veja o sol que nasce todos os dias banhando os horizontes e partilhando da sua boa energia sem cobrar nada a ninguém. Seja assim como ele. Nascendo a cada dia mais glorioso e iluminado. Dando essa saudável energia para àqueles que necessitem de seu carinho. No geral, isso significa que não é para pensar aonde a sua luminosidade chegará. Simplesmente, deixe que o seu brilho clareie a vida de quem estiver ao seu redor. Será que essa é a verdadeiramente forma de vencer uma longa batalha? Estendendo-se em ajudar os outros, sem esperar como isso te beneficiará? Isso é somente "o tempo" quem poderá lhe informar.

NADA DÁ CERTO

Às vezes, nada dá certo na vida de uma pessoa deprimida mesmo. Por mais que tente mudar o rumo da sua história, nada acontece. Simplesmente, parece que uma força invisível e inexplicável colabora para dar tudo errado. Causando sempre as mesmas sensações de aborrecimento, tristeza, desespero e de demasiada agonia. Compreendemos ainda que a ansiedade surge porque o ser humano quer que as coisas se realizem de acordo com o seu capricho, oque é nada mais do que uma espécie de tentativa de tentar controlar o que (muitas vezes) não pode ser alterado. Sabemos disso! Mas vale reforçar a ideia de que quanto maior for à expectativa em relação a algo, grande também será a sua queda. Logo tudo consiste em buscar fazer o melhor, na medida de nossas limitações humanas. Por acaso conhece a história do Conde de Monte Cristo que foi acusado injustamente de traição? Depois de anos a fio em sua cela passando fome, humilhação, frio e sem qualquer esperança de um dia escapar com vida, ele finalmente conseguiu se libertar do seu cativeiro. Com muita determinação e coragem, cavou a saída de sua própria prisão. Para falar a verdade, foi necessário aprimorar o seu corpo e mente para realizar esse difícil transcurso. Após a sua fuga deparou-se com um novo mundo cheio de novas regras e inúmeras possibilidades. Por isso teve que começar do zero a sua história para se adaptar nessa nova selva.

Ele adotou um lema que consistia no seguinte enunciado: "as pessoas poderiam apoderar-se de sua liberdade, ou dos seus sonhos, ou dos seus amores, contudo, nunca iriam retirar o seu real conhecimento aprendido". Sendo uma das maiores virtudes que um homem poderia usufruir. Podemos aprender – em muito – com essa história do Conde de Monte Cristo, se entendermos: que o nosso destino somos nós que fazemos. Isso significa dizer que é válido permitir-se pensar em **recomeçar novamente**. Para melhores resultados, o ideal seria em treinar seriamente, informar-se (ou estudar) bastante, aplicar um novo modo de pensamento, retirar as travas da mente, usufruir de variados conhecimentos diferenciados, alterar a percepção do mundo que nos envolve – para não nos surpreendermos com as grandes transformações que ocorrerem – e por fim afirmar-se num só objetivo de cada vez. Ao sair de sua jaula, estará preparado para qualquer eventualidade que forçar o seu tropeço. Sabendo que nunca é tarde demais para realizar os seus sonhos. Mesmo falhando nesse quesito, alguma boa lição será encontrada[95]. Ao passo que nos perguntamos: o que faremos quando nas encruzilhadas da vida nos depararmos com as cansativas frustrações?

Nesse caso, teremos duas alternativas: **a primeira** é em deixar que essa sucessiva onda de fracassos nos faça sofrer perpetuamente. Dando a chance para a culpa alojar-se no nosso cansado e velho coração. Já **na segunda,** desempenhamos o papel de refletirmos sobre esses fatos erráticos da vida, com a intenção de sabermos o porquê disso ainda acontecer conosco. Tencionando a entender qual é lição que esses acontecimentos irão nos agregar, para depois nos comprometermos a mudarmos (ou adaptarmos) com essas inusitadas questões, criando, assim, a famosa "resiliência" das extenuantes quedas, adquirindo camadas de inteligência que nos darão uma futura segurança quando novamente alguns desses eventos intentarem em nos aborrecer. Eu escolho a segunda resposta, e você? Qual irá adotar?

---

[95] Lembre que a vida é um eterno e constante aprendizado.

A DOENÇA DA ALMA

A depressão pode ser classificada como uma doença da alma, por justamente o espírito do deprimido encontrar-se num estado repleto de abatimento, cansaço, ou até mesmo de quebrantamento fora do comum. Tal verdade leva-nos a crer que, além de buscarmos uma solução para o **corpo** e a **mente** do indivíduo, também é necessário fortalecermos o seu **espírito**. A interligação entre esses três quesitos tornam-se vitais para desencadear um real equilíbrio harmônico preciso. *Mens sana in corpore sano*.[96]

Essa frase antiga já afirmava para os cidadãos romanos orarem para adquirirem uma mente saudável num corpo agradável. Dando-nos a ideia de que para ter-se um equilíbrio consistente no modo de viver: A mente o corpo e o espírito devem estar em ampla sintonia. Nessa linha de raciocínio, reunimos a ideia de que além das informações contidas neste livro (para aprender a lidar com o seu sintoma incapacitante) encontra-se necessário buscar "cuidar" – principalmente – do seu interior espiritual. Como estamos tratando de um assunto muito delicado – em que qualquer palavra pode ser interpretada de modo equivocado –, em hipótese alguma discutiremos qual a melhor religião que pode trazer essa segurança espiritual que tanto uma pessoa precisa, cabendo a cada um encontrar o que melhor responde às suas perguntas. O ideal é procurar algo que traga essa paz que não mais se consegue achar por si mesmo[97]. Uma boa dica consiste em escutar músicas que inspirem confiança, levantam o ânimo, dão energia, e produzem esperança de que dias melhores virão. Alguns ambientes religiosos podem proporcionar esse tipo de condição mental.

Observe que o poder da música tem forte influência no nosso estado de espírito. De fato, se escutarmos uma música triste tenderemos a nos sen-

---

[96] Em latim, isso significa "uma mente sã em corpo são".

[97] A pessoa tem que aprender a expandir a sua mente. Mas como fará isto? Através do hábito da leitura. Entendendo que é primoroso adquirir uma mentalidade "aberta" e receptiva para todo o tipo de informação que estiver à sua disposição. Isto porque se criar uma mentalidade íntegra terá meios sólidos para combater os desânimos diários apresentados na sua vida. Em resumo: além de saber como se autoajudar, também descobrirá como socorrer aos outros que necessitam de conselhos. A pessoa conhecerá de tudo um pouco em cada área do conhecimento. Aprenderá a não julgar (ou criticar) uma ideia, sem antes considerar se esta é válida ou não para o tratamento de sua enfermidade.

tir mais para baixo. Pelo contrário, se ouvirmos sons animados, ficaremos mais propensos a nos sujeitarmos à sua motivação, o que inclui em deixar de lado os problemas e as notícias ruins do mundo afora[98].

> **Escudeiro admirado:** *valoroso cavaleiro! Que armadura reluzente tu bravamente possuíste. Que segredo vós guardais para continuar tão formoso após severas e extenuantes batalhas?*
>
> **Cavaleiro:** *nada deveras extraordinário, meu pequeno aprendiz. Simplesmente mantenho limpo o meu corcel. Afio diariamente as minhas lâminas, reforço o meu bom escudo, treino exaustivamente a minha postura e nunca deixo o meu belo traje de combate enferrujar.*

A principal ideia seria em comparar a sua alma como sendo uma bela armadura reluzente. Se não for polida regularmente, ficará suja, ou não mais tão glamorosa como antes. Estando sujeita a ataques inesperados por parte dos inimigos espreito na escuridão. A ideia é ficar sempre atento como está indo essa essencial proteção. Visto que nunca saberemos quanto de castigo ela poderá aguentar se o seu próprio dono não fizer, no mínimo, a devida manutenção que essa prioritariamente merece. Em síntese, aplique essa atitude de restabelecer o seu equilíbrio interior baseado nestes três principais elementos: no fortalecimento do seu corpo, na transformação de sua mente e na dominação de sua alma.

---

[98] Tenha cuidado com o tipo de conteúdo que gostaria de absorver à sua volta.

SUICÍDIO É O INIMIGO

Ao falarmos sobre o suicídio, devemos ter a extrema cautela de não causarmos qualquer mau entendimento quanto a um tema tão perigoso, isso por conta de representar o ponto final (ou a decisão fatídica) para todos aqueles que chegaram ao limite dos seus transtornos. Torna-se evidente assumirmos um compromisso sério com nós mesmos para que, de forma definitiva, acabemos com esse modo absurdo de pensamento. Dessa forma, iremos apresentar alguns ensinamentos com o propósito de revelarmos a verdadeira vontade de uma mentalidade ficar concentrada (ou comprometida) em praticar esse impensado ato de suicídio, bem como uma pessoa **está errada** em querer realizar essa brutal conduta. Peço a todos os leitores paciência, pratiquem a prudência, permitam-se alterar a sua racionalidade e que tenham questionamentos inteligentes sobre as suas secretas intenções extremistas.

Sim! Realmente, o suicídio é o verdadeiro inimigo. Ele é o resultado final (sem volta) de todo o desgaste mental sofrido. Em outras palavras, **é assim como a depressão finalmente declara a sua vitória** e põe o fim no seu grande jogo perigoso. Num último movimento – no grande jogo da depressão –, o deprimido realiza o resultado mais catastrófico possível, não percebendo que também acometeu todos os seus familiares envolvidos. Com maestria, a doença moveu todas as suas peças do tabuleiro e armou essa armadilha mental para vitimar mais um ser humano que não soube vencê-la nesse seu jogo cruel.

– Tudo isso é culpa da vítima?

Não, é claro que não. Todas essas artimanhas ocorreram devido a essa doença incapacitante ter **distorcido a percepção do deprimido**. Aí que mora o perigo da depressão. Lutar contra uma força invisível que é sempre subestimada. Quanto a esse "big game" (ou o grande jogo) da depressão, explicarei da seguinte maneira:

> **Instrutor Substituto:** *um jogo mental que, conforme os dados são lançados, o jogador avança uma etapa. O problema é que qualquer movimento realizado consiste num novo sintoma depressivo. A ideia é confundir o participante para levá-lo ao resultado final que esse jogo tanto deseja.*

THE BIG GAME

Digamos que todas essas situações de sintomas tortuosos conhecidos fossem um tremendo de um jogo de tabuleiro armado realizado pela depressão. Um jogo onde a vida do seu participante será a grande e principal aposta (sem ao menos que se saiba disso). Ou seja, a pessoa foi empurrada dentro dessa partida contra a sua vontade. Seus parceiros de rodada são os outros transtornos incapacitantes que estão (descaradamente) roubando nas cartas, fingindo serem os seus amigos, escondendo as suas jogadas, e até mesmo o distraindo. Tudo para que o grande chefão deles, "o Senhor Depressão" possa (de fato) vencer.

– Mas cadê o juiz?

O juiz não existe, ou melhor, ele foi comprado. Tanto que isso não importa. O que interessa é que os seus dados já foram lançados. Deixando-o por conta própria nessa insana disputa acirrada. Se conseguir jogar corretamente e passar por cada etapa eliminatória (que são os sintomas), aparentemente vencerá. No entanto, se não entender, o quanto antes, como funciona esse jogo, o fim estará aguardando-lhe. Não esquecendo que todos os outros jogadores estão tentando confundi-lo e derrubá-lo a qualquer custo, não importando que artifícios possam utilizar para conquistar esse resultado. Certamente tentarão manipular, enganar ou convencer que o caminho deles é o mais correto. Muitas vezes, jogarão os teus próprios dados na direção que secretamente cobiçavam. Nesse caso, achará (até mesmo) que se compadeceram com a sua condição, ou acreditará que eles **estão falando a verdade**; – Porém não se engane! Deve-se conhecer bem esse jogo e os esquemas sujos dos outros participantes para poder mudar o resultado dessa (séria) aposta final. Se entender os mecanismos originários dos sintomas e souber utilizar as técnicas aqui exemplificadas, dominará facilmente todas essas questões.

Agora olhe por outro ângulo: pense em quantas agonias, frustrações, desesperos, raivas, choros e tormentos já foram passados. Contemple para onde esse jogo está te levando. Notou? Isso mesmo, para a glória da depressão. E o vencedor quer, no mínimo, o que foi apostado antes de começar esse jogo. Não é? Sabendo que a sua vida está em cheque: qual a atitude que gostaria de tomar? Vai deixar ela simplesmente continuar triunfando nesse jogo insano? É claro que não! Observe que, agora, pôde adquirir o conhecimento necessário para mudar essa partida ao seu favor. Inclusive entendeu **que está sendo conduzido para o caminho do erro.** Certamente **não deixará** que a depressão continue vencendo nessa partida macabra. Nem permitirá que mais uma família seja destruída (ou perca o seu ente querido) nesse jogo doentio evidenciado. Não aceitará que uma doença (como essa) estipule qual será o término de uma vida que **ainda pode fazer muitas grandes obras**. Há ainda tanto para realizar, não é mesmo?

Vai permitir que tudo se acabe desse jeito? Não vai nem ao menos "tentar" descobrir qual o propósito que lhe foi dado criar? Ou a quem possa realmente ajudar? Rapidamente, erga-se dessa mesa de jogadores com reputações questionáveis, dando um chute nas suas cadeiras para derrubar esse ardiloso tabuleiro montado. Na sequência, convide os seus participantes a debandarem com os seus cavalos para o lugar de onde vieram.

> – *Espere um pouco. Eu entendi direito, ou estou agora jogando*
> *um jogo de pôquer no faroeste?* ☉

Sim! A ideia é para ser comparada (mais os menos) nesse sentido. Nesse cenário, visualize como está correndo risco de vida por estar em más companhias. Cabendo somente a você conduzir (de agora em diante) como será o final desse seu longo desafio.

*

Duras verdades

A seguir, algumas verdades já conhecidas, mas que precisam ser colocadas na mesa (por assim dizer) em prol de não ocorrer uma futura expectativa forçada:

- A vida não é fácil. Ela é dura e nem sempre se conseguirá aquilo que tanto se almeja. Mas isso não quer dizer que ela não possa ser gratificante ou prazerosa.

Pode ser que as coisas "mudem" e se consiga ser bem sucedido na vida. Ou pode ser que não aconteça nada disso. Devendo, ao menos, tentar alterar as situações desfavoráveis na medida da sua possibilidade em modificá-las[99].

- Aos sonhos distantes, nunca deixe de conquistá-los. Pois isso é o que dá impulsão para realizar o imaginável.

Uma frase antiga diz que "somos feito de carne, mas vivemos como se fossemos de ferro[100]". De certa forma, passamos a viver de acordo com o modo que começamos a nos enxergar. Isto é, se acreditarmos que a vida está difícil, então, ela se tornará como a vemos. O contrário disso também pode ser muito bem aplicado ao nosso favor.

- Não pense que tudo que aconteceu na sua vida foi porque estava escrito, ou por causa de ter feito algo muito errado, ou também porque nunca serviu para nada. Observe que esses argumentos só servem para enriquecer o esquema do grande jogo da depressão.

Uma boa dica é começar a questionar (ou duvidar) de toda a mentalidade negativa, dando mais crédito somente ao que vier de "produtivo" do seu interior.

- Liberte-se da culpa (jogando fora toda essa carga emocional de insucesso) e aprenda a se valorizar mais.

Antes de se culpar desnecessariamente, pondere o quanto esse comportamento só te trouxe desapontamento.

- Respeite-se, agradecendo o que possui e caminhe um passo por vez.

Vá devagar e com calma. Descanse para não comprometer a sua delicada saúde. Depois de tanto desgaste emocional, é essencial dormir bem para repor o consumo de suas gastas baterias.

*

---

[99] Quando achar conveniente, pratique este modo de pensamento: "Concedei-nos Senhor, a serenidade necessária para aceitar as coisas que não podemos modificar, coragem para modificar aquela que podemos e sabedoria para distinguir umas das outras" (Reinhold Niebuhr).

[100] Frase de Sigmund Freud, o criador da Psicanálise.

APRENDENDO A LIDAR

Entendeu como jogo da depressão leva uma pessoa a cometer suicídio[101]? Sabe qual a coisa certa a se fazer? Considere que, devido à grande contrariedade dos sintomas depressivos, a visão de uma pessoa deprimida pode ficar bem distorcida. Tanto é verdadeiro esse fato que, quando a mente entra nesse "profundo estagio" de dor, ela torna-se bem mais sensível ou crítica do que o normal. O mero pensar em enfrentar as situações cotidianas necessita de um completo grande esforço por parte do enfermo. Nessa ausência de prazer, o propósito de continuar vivendo não é mais um ideal a se manter. Então aos poucos ele(a) vai sentindo-se preso num corpo (ou mente) que não lhe pertence mais. É verdade que pode até ocorrer outro fato[102] (aleatório) que se torna a gota d'água final num mar repleto de descontentamento. A partir desse ponto (com todos os sintomas presentes lhe pressionando, ou atormentando a sua mente desgastada), é bem verdade que o seu desespero assumirá o compromisso (ou o controle) de tentar acabar com todas essas questões.

Perceba que, quando a mente já está sintonizada nesse ato extremo de cometer o suicídio, ela "não está mais funcionando corretamente". Dessa forma, locomove-se baseado nesse preocupante impulso. Não existe mais uma racionalização direta propriamente utilizável. Praticamente a depressão cega todos os ângulos "bons". Fazendo a pessoa se concentrar só no que existe de "mau" à sua volta. **Por esse motivo, a chamamos de uma doença egoísta**.

A meta (desse transtorno) consiste empurrar a pessoa para consumir esse resultado desejado. Isto significa que o jogo doentio deu início. Todos os sintomas foram muito bem posicionados. Visto que essa doença faz isso há muitos anos. Faltando poucos "lances" para chegar ao derradeiro caminho da sua tão sonhada queda, ansiosamente, as suas regras levarão mais um frágil ser humano para a doce estrada da perdição. Por outro lado, os seus familiares e amigos(as) que ficaram assistindo o seu ente querido perder-se

---

[101] Está pensando em se matar, e não sabe por quê? Acredite que esses pensamentos ruins estão vindo por causa do seu transtorno depressivo. Ou seja, o grande jogo está tentando te vencer de todas as maneiras possíveis. No entanto você já entendeu como poderá derrotá-lo de agora em diante. Não é?

[102] Temos aqui um fato que pode ser normal para qualquer pessoa. Entretanto, para aquele já está no limite de suas emoções, o receberá como se fosse uma grande catástrofe. Como por exemplo: 1) quando alguém não compreende ou não escuta as queixas insistentes de uma pessoa deprimida; 2) quando uma situação desejada tornar-se aparentemente impossível de ocorrer; 3) quando existe uma briga com membro da família que sabia que podia contar, mas este o desapontou intensamente; 4) quando aparece qualquer "outra" (das inúmeras) situações desagradáveis existentes na vida que o deixa bastante frustrado. Não esqueça que o doente fica exigente para ter atenção, graças à sua depressão que o deixa mais sensível que o normal.

nesse jogo cruel, só poderão se lamentar. As suas vidas também perderão o completo sentido. No futuro, elas serão convidadas a participar da próxima rodada desse invisível e malvado desafio.

Captamos que esse é jogo dela, do mesmo modo como entendemos que as suas regras são tão absurdas quanto enganosas. Adiante, logo do seu lado, avistamos que os seus parceiros (ou os outros distúrbios) estão envolta da mesa fazendo de tudo para que se acredite nas suas famosas mentiras[103]. Eles procuram sabotar, desde o começo, a frágil mente do enfermo. Forçando-o(a) jogar os seus dados para apressar os seus questionáveis movimentos, com a intenção de causar mais episódios depressivos. Sendo que um novo avanço significará em estar mais próximo do fim[104].

Nesse esquema montado, pergunte-se: qual a perspectiva da sua situação? Considera perdendo ou vencendo essa prejudicial partida?

– Não sei se quero mais continuar lutando.

Se decidiu "desistir de viver"[105], questione-se desta seguinte forma: que grande mal acarretarei para a minha família e amigos(as) ao privar-me de minha existência? Trarei alívio para alguém ou permitirei que somente uma devastação seja alojada por aqueles que me rodeiam? Como minha família vai ficar com essa minha dura atitude? Como serei definitivamente lembrado? Será como vitorioso ou longe desse conceito fundado? Também gostaria de saber por que estou direcionado nesse único sentido de me matar? Por que razão isso parece ser a melhor maneira para os meus problemas? Será que estou sendo conduzindo para um direcionamento equivocado? Por que tantos fatos desproporcionais me levam para esse sentido sombrio? Existem forças além das visíveis que estão querendo me destruir? Por causa do quê? Tenho algo de especial que ainda não descobri? Por que essas negatividades estão fazendo de tudo para que eu não as perceba? Será mesmo que sou um fardo ou existe um propósito maior que ainda não vislumbrei? Qual é o esquema armado que me faz

---

[103] As enganações que esses outros jogadores falam constituem-se em dizer: 1) que entendem a sua situação, pois passaram por esses mesmos processos; 2) eles reiteram que são a única verdade para o seu problema; 3) falam que este jogo vai continuar para sempre, então o melhor é em se acostumar com esses sintomas; 4) dizem que nunca haverá um final feliz para a sua história; 5) afirmam que não há mais esperança para o seu caso; 6) outra mentira é que ninguém vai entender a sua precária situação mental; 7) instigam a desistir de continuar vivendo e acabar logo este sofrimento. Existem milhares de afirmações falsas. Observe que todas elas têm a intenção de levar o sujeito para o crucial desfecho aguardado.

[104] No final deste livro, teremos uma "ilustração" aproximada de como se aplica essas ardilosas questões.

[105] Será que foi você mesmo que pensou nisso ou é a depressão que está lhe enganando?

APRENDENDO A LIDAR

estar concentrado nessa idealização de cometer esse compromisso que não tem retorno? Como não compreendi o quanto todos esses questionamentos referentes ao suicídio estão atrelados na ideia do mais puro e completo egoísmo? É sensato realizar qualquer atitude quando estou cansado, raivoso, ou frustrado? Não seria melhor acalmar os ânimos e voltar a pensar racionalmente, ao invés de cometer essa insana imprudência? Tem tanta coisa que eu gostaria de realizar, de juntar, de prover, de construir, de ajudar quem necessite, ou de conquistar. No entanto, ao pôr um breve fim na minha vida, nunca permitirei que um dia isso de fato se concretize.

Ressalte-se no grande mal que causará no momento que resolver achar que o suicídio é a melhor, ou a única saída para o seu problema. Além de não trazer conforto ou alívio para ninguém, a sua família não ficará nada bem. Nem nunca mais será a mesma. Expulse toda essa brutal vontade de destruir um caminho que ainda nem se firmou. Racionalize (ou interprete) o porquê desse insano desejo egoísta (da depressão) ser reiterado. Visualize **os possíveis finais que desfrutará se vencê-la nesse intenso jogo menta**l. Procure organizar o tabuleiro, no sentido de criar um propósito que não vise à quebra de sua essência. Tenha a atitude de pagar para ver um final melhor, que você mereça e em que a vitória será a mais gratificante possível e seus doces sonhos possam ser concretizados. Cogite em quantas pessoas fariam o impossível para poder viver mais alguns anos com aqueles que são amados. Visite hospitais, dirija-se nas filas de transplantes, observe as pessoas com doenças terminais, analise os seus rostos, e os seus olhares que imploram por qualquer ajuda ou por um pouco de esperança que as acalente. Em virtude desses argumentos, é possível que algumas perguntas possam surgir antecipadamente, tais como:

1. Ao tomarmos essa atitude de nos colocarmos no lugar dos outros, o autor não está esquecendo de que a depressão é uma doença séria e que torna inviável a possibilidade de realizar essas ações por aqueles que nem tem mais ânimo ou estrutura para consolar a si mesmo? Então, como ajudará aos outros com seus terríveis problemas?

O que também leva a uma segunda questão que uma pessoa deprimida poderia questionar:

2. Sabemos o quanto a situação dessas pessoas é complicada, porém cada um tem a sua vida. Assim como os seus devidos obstáculos.

Isto é, não temos nada a ver com esses fatos. Se não cuidar da minha própria vida, quem a cuidará? Ninguém sabe como é sentir o que passo todos os dias. Em suma, não posso simplesmente fazer essas coisas propostas e voltar a pensar em ficar novamente saudável.

Esses brilhantes apontamentos demonstram qual é a percepção geral de um indivíduo com os seus reais receios. Sem rodeios, respondo a todas essas indagações do seguinte modo:

a. Notou que estamos tratando de uma doença da mente? Por isso temos que regular o modo que pensamos de nós mesmos para que ela volte a funcionar conforme os bons eixos.

b. Percebeu que a ênfase dada a toda essa concentração de sentimentos teve um forte cunho pessoal? O que gostaria de fazer quanto a isso? Continuar desse jeito? Se entupir de remédios? Ou usar a conduta de desviar a sua atenção (juntamente aos seus sentimentos doentes) para outro sentido que possa gerar mais lucro? De qualquer maneira, faça já a diferença na sua vida. Utilize as técnicas, as informações e os modos de pensamento deste livro para quebrar esse padrão mental ininterrupto de negatividade. Não tenha pena de si mesmo, nem dê sequer uma brecha para que esse caminho suicida se manifeste, pois isso é uma grande enganação armada pela própria depressão.

Outra dica é em **nunca tomar qualquer decisão baseado no seu estado emocional em conflito.** Quando se está "emocionalmente afetado" pela tristeza, raiva, ou pelo desespero, a capacidade de racionalização de uma pessoa estará **seriamente comprometida.** Muito importante essa mensagem, guarde-a na sua memória ou escreva-a para nunca mais esquecê-la. Não deixe que as suas emoções ditem as suas decisões mais importantes. Simplesmente, **espere** que essa forte emoção passe – isto é, recolha-se, descanse e recomponha-se – para num outro dia **pensar** (mais claramente ou racionalmente) sobre o que queria fazer. Na hora dos conflitos mentais (de intensas emoções), essa intenção parecia correta não é verdade? Mas acredite que **é assim que o jogo se desenvolve**, uma vez que aos poucos iria aceitar que essa ideia era terminantemente mais sua, do que de sua própria doença. No entanto **era o grande esquema formado pela depressão para (realmente) te derrotar.** Além do mais, as pressões do dia a dia tendem a piorar esse distúrbio, criando um processo contínuo de desestabilização emocional que vai desgastando a mente do sujeito doente.

APRENDENDO A LIDAR

Você sabia?

Estudos realizados indicam que os lugares mais felizes têm as maiores taxas de suicídio. Obviamente, esses dados foram feitos comparando países de qualidade de vida elevada com aqueles de condições precárias. Constatou-se uma alta concentração de suicídio nas localidades que tinham as melhores condições. Mas por que isso ocorre? Isso acontece pelo costume de se comparar com os demais, em um ambiente que impera a felicidade e tendo uma pessoa que se sente como sendo a "única" infeliz (por fracasso pessoal etc.) teremos a chance que ela ou ele tente cometer o ato errôneo do suicídio. Ao contrário disso, observamos as pessoas de países de baixo desenvolvimento social que se deparam continuamente com as dificuldades generalizadas, e, ao repararem que outros também estão no mesmo "patamar" prejudicado, procuram meios de superar os seus obstáculos com recursos concretos à sua disposição. De certa forma, adquiriram "tolerância" numa ambiente vitimado pela constante dor, sabendo que não se encontram exclusivamente sozinhas nos seus intensos problemas. Isso explica o porquê de pessoas depressivas se cercarem de outras com adversidades similares e assim aprenderem a lidar melhor com as situações difíceis que as afetam.

*

Entendemos o quanto esse momento (de último limite) é realmente difícil e desesperador. Entretanto é possível **racionalizar** – sobre o porquê de estar se sentindo com vontade de suicidar – e se acudir antes que uma grande tragédia aconteça. O ideal é continuar questionando-se das mais variadas maneiras que puder. Como por exemplo, das formas a seguir: por que estou querendo me matar? O que me levou a pensar ou a ficar nesse estado mental desesperador? Qual o sentido, ou que "bem" farei realizando tal ato extremista? Será mesmo que é um desejo meu ou estou sendo manipulado? Será que não é a depressão tentando me vencer no seu jogo sujo? Compreendido que nesse "big game" a depressão espera somente que se fique cansado[106] (de jogar), a fim de poder realizar o seu movimento fatídico (para dar o seu golpe final). Fica a seguinte pergunta: ainda moverá as suas ações para esse sentido destruidor e se deixará vencer? Ou ainda irá escutá-los?

---

[106] Observe que, geralmente, a queixa final para se cometer o suicídio é a pessoa dizer que já está "cansada" demais de sofrer. Também outros motivos são; a) fazer uma espécie de vingança por não ter sido entendido(a) corretamente; b) porque alguém lhe feriu profundamente com palavras ou atitudes duras; c) devido a um amor que não foi correspondido; d) outros diversos. Por consequência esses eventos sempre intensificam essa vontade de querer tirar a própria vida.

Lembrando que essas peças categorizadas (no grande jogo da depressão) são destinadas para: a) mexer com as suas emoções; b) manipular o seu foco; c) ferir o seu ego; d) criar o seu desespero; e) proporcionar a sua aflição; f) dar credibilidade para os seus pensamentos negativos. Se compreendeu todas essas informações, sabe como as suas emoções desesperadoras estão te levando para o destino cruel que favorece a vitória do seu incansável oponente, restando escolher (cuidadosamente) cada movimento que irá fazer – ou até mesmo não realizar movimento nenhum – quando sentir que o seu adversário está quase vencendo essa difícil partida. O ideal é **não agir sobre forte emoção** para que se possa vencer a depressão no seu próprio jogo. Creia que a sua história pode ser alterada para algo bem melhor[107]. A ideia consiste em não sucumbir mais nas artimanhas malignas do inimigo invisível chamado de depressão. Pois esse realiza trapaças bem elaboradas, oriundas de um jogo mental cruel de sintomas diversos, de maneira a fazer as pessoas desistirem de suas próprias vidas. Certo?

Um último lembrete: a melhor saída não diz respeito à soma de meios que proporcionem realizar soluções questionáveis, pois essas (um dia) não serão mais localizadas. A mais grandiosa vitória refere-se em passar por todas essas dificuldades (ou sofrimentos) e se recusar a se entregar, permitindo, assim, que se torne triunfante sobre qualquer adversidade, mesmo que essa demonstre ser aparentemente impossível de se vencer.

---

[107] Você sabia que beber de duas a quatro xícaras de café por dia diminui pela metade o risco de uma pessoa cometer suicídio? Não sabia disso? Agora que sabe, vá logo tomar um gole para levantar a sua moral. Mas sem exageros. Ok?

O FALAR

Já percebeu o que aconteceu quando conversou com alguém sobre o que lhe incomodava? Essa sensação de angústia não parece ter ido embora ou se minimizado logo em seguida[108]? Até mesmo esse fato que rondava a sua mente não parecia mais tão dramático assim. Não é? Isso acontece porque o ato de falar realmente alivia as dores emocionais.

*

Muita atenção

Apesar de ser cansativo ou até mesmo exaustivo para quem está ouvindo sobre as suas queixas rotineiras, saiba que esse ouvinte está fazendo o **melhor** que pode para captar a causa de suas reclamações. Por isso, entenda o outro lado **quando não for claramente compreendido**. Verificando que a outra pessoa possui **limites**, sentimentos e, principalmente, desconhecimento de todas as situações (ou sensações) que dizem respeito a esse transtorno depressivo. Ficou óbvio de que precisa urgentemente de uma satisfatória solução para o seu caso (mas questione se não está **exigindo demais dos outros)**. Pense que esses familiares são muitos limitados para darem alguma rápida resposta para a sua situação. Talvez porque nem eles ao menos saibam qual a solução é a correta para uma doença que se oculta nas profundezas sombrias de uma mente complexa. Coloque-se no lugar dessas pessoas, observando como elas fazem o que podem para lhe auxiliar.

*

Falar com alguém é um método terapêutico recompensador para a diminuição dos transtornos mentais. Extravasar o que lhe atormenta – e sem medo de julgamento alheio – é uma boa ideia de socorro quando uma forte "crise" mental insistir em aparecer. A grande lição a se apren-

---

[108] É bem provável que até tenha se sentido culpado por falar o que não devia algumas vezes. Porém não se martirize neste processo. Lembre que um grande sentimento estava precisando ser exteriorizado para que pudesse se aliviar. **Observação:** não importa se esse conteúdo fosse uma tremenda de uma bobagem. O que é válido mesmo é dizê-lo em voz alta para que todos o escutem.

der quanto a isso consiste em parar de guardar todo o sentimento ruim que estiver dentro da sua mente. Também outra boa dica é a seguinte: se escutar algo que não lhe agrade do seu interlocutor, não se culpe. O melhor é parar, raciocinar e pensar do seguinte modo: a) primeiro precisou se expor para aliviar as suas dores emocionais; b) segundo, o seu ouvinte não sabe como uma depressão pode afetar profundamente os sentimentos de uma pessoa; c) terceiro, está começando a racionalizar como pode lidar com o seu problema.

> *– O que eu faço quando não tenho ninguém com quem conversar?*
> *Além, é claro, de Bernard.*

Bernard?

> *– Sim! Ele é o meu amigo imaginário mais antigo. Tá certo que*
> *Bernard é um cavalo azul meio que irritadiço que não gosta de ser*
> *contrariado. Mas geralmente é ele que me aconselha a continuar*
> *cavalgando nessas estradas da vida.* ☺

Certo, continuando... Sem palavras. Quando inexistir pessoas para lhe ouvir, escreva-as – todas essas emoções negativas – numa folha de papel. O que é um excelente meio de extravasar a sua dor sem ser julgado por mais ninguém. Proceda deste modo: registre todo o seu ódio, ou frustração, ou problema, ou dor, ou sofrimento, ou angústia etc., nessa folha de papel. Sem piedade, coloque no seu caderno todas essas desagradáveis sensações mentais que estão em conflito. Depois de registrá-las, guarde-as para lê-las outro dia. Esse procedimento o ajudará a olhar por outro ângulo o que antes estava **somente guardado na sua mente**. Gerando, assim, uma espécie de nova interpretação dos acontecimentos traumáticos que agora estarão descrito na forma de um meio físico mais palpável.

> *– Meio físico mais palpável? Você está inventando isso não é? Foi*
> *Bernard que perguntou.* ☺

Não, não estou e eu explico. Quando se está com todos esses pensamentos negativos dentro da mente (e repletos de sentimentos contraditórios) fica muito confuso (para o cérebro) filtrar: a) o que é importante e; b) o que é uma bela de uma perda de tempo. Temos, aqui, a ideia de que a atenção dada para os pensamentos desnecessários colaboram na ruína

APRENDENDO A LIDAR

de uma pessoa. Basicamente, esse aspecto fica muito "pessoal" para ser processado adequadamente. Comprometendo – bastante – na escolha de ações assertivas ou coerentes de um sujeito doente. Ou talvez precisemos ouvir somente o som da nossa própria voz para avaliarmos o quanto não estávamos sendo nada racionais, com essa situação de cunho mental muito pouco proveitosa.

Note que essas desagradáveis sensações descritas não se encontrarão somente na sua mente, mas estarão em outro lugar bem mais objetivo. Seria como se antes apenas as enxergasse numa visão de "primeira" pessoa (essas ocultas contrariedades). Então, quando as escrevemos num papel, passamos a vê-las numa perspectiva de "terceira" pessoa. Essa nova localização (mais racional do que a anterior) não estará "tão" afetada por essas cansativas confusões mentais[109].

*

Momento filmes parte II

Gosta de filmes policiais? Sim? Então já presenciou quando um detetive é afastado de um caso por estar envolvido emocionalmente no andamento das investigações, não é? Na verdade, isso ocorre porque poderá deixar passar algum importante vestígio na resolução desse crime. Isto é, do mesmo modo se aplica o que estamos falando nesse sentido. O emocional tem que ser deixado de lado para que enxerguemos (com imparcialidade) qual é a melhor saída para um conflito gerado na nossa própria mente. Se praticarmos a racionalidade nos julgamentos, tenderemos a escolher uma proposta mais equilibrada, justa e proporcional pelo problema que nos foi apresentado. Ok?

*

Por último, a pessoa deprimida deve observar calmamente qual é o significado desses sentimentos narrados (e nem se envergonhar pelo o que foi exposto ali de forma ofensiva). O que importa mesmo é procurar praticar a arte de desenvolver o seu conhecimento emocional, em benefício de aprimorar a sua boa saúde mental.

---

[109] Ninguém precisa saber o que foi escrito neste tipo de diário. Esse conteúdo é para ser lido somente pela própria pessoa. Por isso, depois, rasgue, queime, ou destrua essa folha se achar necessário. O que torna válido mesmo é exteriorizar essas emoções negativas (decorrentes de traumas passados) para criar um conhecimento interior mais solidificado no plano presente.

A SEROTONINA
E A DOPAMINA

Como desempenham papéis fundamentais no combate da depressão, esses neurotransmissores não poderiam ficar de fora para uma complementação mais consistente no quadro do nosso conhecimento aplicado, sendo o mais direto possível, podemos dizer que a serotonina é um importante componente químico que atua no cérebro melhorando o humor e aliviando o desânimo. No que tange à dopamina, ela é um neurotransmissor valioso para a motivação e a produtividade de uma pessoa. Já que dá a recompensa necessária para o pleno funcionamento do nosso sistema. Ela permite que tenhamos sentimentos de prazer e de entusiasmo pela vida. Quando existe uma baixa concentração da dopamina ou da serotonina, é possível ocorrer problemas como o mau humor, a dificuldade de sono, os distúrbios da memória, a sonolência, a inibição sexual, ou pode aparecer a vontade de comer o tempo todo. Alguns alimentos, como a banana, o chocolate, o abacaxi, as castanhas, o leite (e seus derivados) e outros, servirão para aumentar a produção dessas substâncias. Pessoas com deficiência de dopamina carecem de energia e de motivação. Ao passo que necessitam constantemente de estimulantes, tais como a cafeína, o açúcar, o álcool, o cigarro, ou realizar compras em excesso, ou investir em jogos (de azar) etc., uma vez que nesse processo de compensação (para sentir prazer) adotam comportamentos abusivos, bem como autodestrutivos para conseguir a sua básica (ou necessária) elevação de dopamina. Inclusive, existe a probabilidade de usarem drogas para cobrir essa sua ausência de incentivo.

Os sintomas correlacionados à carência de dopamina são geralmente semelhantes aos da depressão. Como por exemplo, a fadiga, as mudanças de humor, a pouca libido, a apatia, a falta de motivação, a perda de memória, o desespero, a dificuldade de concentração etc. É de suma importância compreender o resultado da carência desses neurotransmissores para aprendermos a nos "acudir" (ou a nos socorrer quando começarmos a sentir algum dos sintomas mencionados). Isso porque geralmente **quem melhora**

da depressão têm medo de que ela novamente retorne. No entanto pode ser que somente se precise compensar essa sua baixa taxa de dopamina.

*

Atenção

Observe como o seu corpo e a sua mente "reagem" quando se está com esses típicos pensamentos negativos. Pode ser que fique extremamente irritado, ou desmotivado, ou nem consiga se olhar no espelho. Todavia lembre-se desta frase: **a própria pessoa é a primeira linha de defesa quando esses sintomas surgirem.** Não é preciso lembrá-lo(a) que nós somos o nosso(a) melhor amigo(a) e o nosso principal motivador nesse longo processo de restabelecimento de emoções perdidas.

*

Vale reforçar a ideia (outra vez) de que todos esses sintomas são semelhantes ao da depressão, levando-nos a ponderar que **os níveis de dopamina, ou serotonina de uma pessoa, talvez estejam mais baixos do que o recomendável.** O que faz com que o seu organismo lhe alerte com indicadores ou sintomas para que se tome alguma atitude no restabelecimento desses nutrientes[110].

– O que isso quer dizer?

Significa que não há nada de extraordinário ou desesperador acontecendo com o nosso organismo que não possamos facilmente resolver. Isso, é claro, se utilizarmos algumas dicas básicas, somados com certos cuidados essenciais.

ALIMENTOS

Existem muitos alimentos que podem aumentar a produção da dopamina e da serotonina de forma natural. Dentre eles, encontram-se os iogurtes, as maçãs, as bananas, os abacates, o café, os peixes, as beterrabas, as amêndoas, o feijão, a farinha de aveia, o chocolate amargo, as nozes, as castanhas e afins. Esses alimentos devem ser consumidos diariamente em pequenas

---

[110] Com este nível baixo fica muito difícil de ter pensamentos claros ou objetivos. Basicamente o sujeito sente toda a negatividade à sua volta e acha que a sua vida não tem mais qualquer solução.

porções várias vezes ao dia. Já o açúcar aumenta a dopamina, mas tem um efeito pouco duradouro em todo esse processo. Logo precisaria cada vez mais de doce para complementar essa intensa carência.

EXERCÍCIOS

A melhor forma de ajudar o seu cérebro será fazendo exercícios físicos. Ao se exercitar a pessoa produzirá um maior fluxo de bons nutrientes que invadirão todo o seu organismo, ocasionando na famosa sensação de bem estar que todo bom atleta conhece[111].

MÚSICA

Sabia que uma música agradável libera uma boa dose de dopamina no organismo de uma pessoa desmotivada? É claro que sabe sobre isso. Essa música especial pode dar até uma encorajada no enfrentamento das complicadas situações do cotidiano[112]. Logo, ela deveria ser apropriadamente selecionada para que o seu dia possa mudar para algo bem melhor, já que ela tem um alto poder influenciador na autoestima de uma pessoa desmotivada, ou pode ser alterado para pior dependendo do gosto musical que fora escolhido.

REFORÇANDO ENTENDIMENTOS E AFIRMANDO IDEIAS

Quando estiver com os índices baixos de serotonina ou de dopamina, inevitavelmente, pensamentos negativos irão afetar a sua mente. Praticamente tudo ao seu redor não será mais agradável ou nem fará mais sentido. Até uma vontade louca de querer desaparecer, ou de fugir de casa, ou de virar mendigo[113] poderá brotar com muita força. Logicamente, essa sensação cessará quando esses nutrientes novamente forem reestabelecidos. **Observação:** uma pessoa ficará tão incomodada quando isso acontecer que não importará quantos livros de autoajuda tenha lido, ou no quanto os outros venham a falar para se alegrar com

---

[111] Sabia que uma boa caminhada traz poderosos benefícios para o seu corpo e para a sua mente? Então, que tal começar a correr hoje mesmo pessoal?

[112] Estudos comprovam que não basta só ouvir a sua melodia, deve-se cantar junto à sua banda favorita.

[113] Acredite que isso é serio. Dá muita vontade de fazer isso mesmo.

a sua vida. Pois certamente que nada disso adiantará. Saiba que quando estiver nessa hora de extremo pessimismo um véu se formará (na sua frente) e comprometerá a sua boa visão. Isso, figurativamente falando, é claro. Fazendo com que fique muito difícil de buscar qualquer auxílio ou motivação para o seu caso. Também será bem complicado empreender exercícios físicos, ou enxergar uma solução para os seus males presentes quando estiver desse modo[114].

– Ok! Qual é a dica de ouro?

Ao sentir esses sintomas (parecidos com a depressão), a pessoa deve assumir a responsabilidade de que irá "tentar" – primeiro – regularizar esses sintomas de carência. Isto é, irá comer algo doce, beber café, alimentar-se apropriadamente, escutar uma música que lhe estimule e fará exercício físico (mesmo se não estiver com vontade). Na sequência, **observará** como a sua condição reagiu (ou atuou) nessa sábia experimentação alimentar e mental. Como é que se comportaram os seus sentidos e também o seu humor? Sua visão pessimista mudou? Se sentiu melhor do que antes? Repare se (o véu) diminuiu, ou mudou depois de que se alimentou corretamente.

– Não estou sentindo nada diferente e ainda odeio todo mundo. Inclusive você! Mais uma vez Bernard se manifestou. Desculpe-me, ás vezes ele é meio que incontrolável. 😊

Calma! Respire fundo e tente de novo. Lembre-se que os resultados demoram a aparecer, e é necessário aplicar essas condutas com as mudanças de pensamentos ensaiadas. Por outro lado se a sua resposta foi positiva, então, **entendeu que pode começar a mudar a sua condição atual**.

– Quer dizer que volte e meia ocorrerá essa falta de nutrientes? Por esse motivo, eu tenho que me alimentar corretamente?

Sim! Precisamos do devido combustível para seguirmos a nossa boa viagem. Na falta desse "elemento", o carro pode não andar mais. Resumidamente, podemos nos comparar a um tipo de máquina complexa que é formada por lataria, motor e combustível. Sendo necessário (de vez em quando) ser ajustada para não ficar completamente emperrada.

---

[114] Esse será o papel do véu: encobrir toda a verdade para proporcionar somente a visão distorcida que o véu assim dispôs a demonstrar.

APRENDENDO A LIDAR

– Agora eu sou feito de lata? Sou também um fusca que tá parado pedindo gasolina, e o preço é tão alto que não posso usá-lo? Cadê os meus amigos: o leão covarde, o espantalho e a Dorothy? ☹

Mais uma vez, eu peço calma. O que estou tentando explicar é que nós somos um aparelho muito bem construído. Todavia, por causa de alguns contratempos, alguns reparos deverão ser realizados para que continuemos com o nosso trajeto. Isto é, devemos conduzir a nossa máquina conforme manda o seu ilustre manual. O que nos leva a afirmar que é muito importante aprendermos (um pouco) como funcionam esses variados componentes.

– Por quê?

Porque, do contrário, teremos que levá-lo sempre ao mecânico, no caso de algum estranho barulho (no motor) intentar a irromper. Enfim, podemos afirmar que temos maneiras saudáveis de regularizar esses neurotransmissores. Por outro lado, existem formas destrutivas que são a porta de entrada para certos vícios perigosos. Significando que cabe a cada um de nós escolhermos o método mais saudável que nos satisfaça para que sem demora o equilíbrio venha a ser de novo restaurado.

PASSO A PASSO 4

- Está sentindo-se fraco, desmotivado, desconcentrado, desesperado, desamparado, sem vontade de fazer nada, com baixa libido, ou inclusive com humor depressivo? Considere a possibilidade de que talvez o seu nível de dopamina ou serotonina possam estar realmente muito baixo.

- Procure não se desesperar, pois adquiriu o "manual" do conhecimento aplicado. O que exprime que sabe do porquê de estar dessa estranha maneira. Comece a regularizar essa baixa produção de agora em diante e não a deixe se agravar. Veja que aprendeu melhor do que ninguém que é a primeira linha de defesa no combate desses sintomas.

- Alimente-se com alguma coisa doce. Entendendo que esse efeito não durará por muito tempo. Os seus níveis de dopamina diminuirão novamente. Precisando sempre de mais estímulo. De fato, o café dá certo ânimo para aquele longo dia que vem pela frente. Contudo os seus efeitos também desaparecem rapidamente. O ideal (mesmo) é se exercitar ainda que não queira. Pratique essa atitude independente da resposta do seu estado emocional.

- Terá dias que estará bem e outros que nem tanto: respeite a sua condição! Prefira descansar para repor as suas (gastas) energias. Ao acordar, balanceie o seu modo de vida com uma alimentação mais saudável.

- Procure aproveitar a luz natural do sol. Ela aumenta os níveis de serotonina e dão o bem estar que o seu organismo urgentemente carece.

- Alguns dias nublados podem piorar a sua disposição de enfrentar as situações rotineiras. Por isso, pense: "a nebulosidade do dia não pode ser alterada, mas a forma de reagir positivamente a ela será um grande diferencial na resposta de sua recuperação".

FAÇA ALGUM EXERCÍCIO

Esse é um ótimo conselho para todos aqueles que estão deprimidos, porque traz vários efeitos importantes na luta contra os transtornos da mente humana. Dentre eles teremos: a disposição essencial para o enfrentamento dos obstáculos que a vida acumula, a regularização da pressão arterial, o aumento da autoestima, a melhora da circulação sanguínea, a diminuição dos pensamentos negativos, a redução da tensão acumulada (ou também da ansiedade e da dor), a alteração do humor (pra melhor), e por fim o cérebro produzirá os famosos nutrientes que contribuirão para que o estado mental de uma pessoa doente fique mais equilibrado. Sabemos que esse bem estar é apenas temporário. Ele dura algumas horas, e os sintomas de abatimento voltam a aparecer. Por esse motivo, a ideia seria em criar um hábito regular para quebrar esses efeitos desmotivadores que a depressão gosta de manter.

A realização de uma atividade física rotineira pode desenvolver uma espécie de botão interno na mente de uma pessoa. Significando que ao acioná-lo (com um exercício físico) poderemos clarear as ideias que antes se encontravam depressivas. Ou seja, antigamente, esses pensamentos estavam convictos por imporem a estagnação. Porém "agora" foram reconhecidos (ou corrigidos) para trazerem a motivação "básica" que alterará essa antiga programação. A ideia de movimentar corretamente o nosso corpo irá possibilitar numa sensação de prazer que será bastante recompensadora. O que permitirá com que uma pessoa possa retirar o poder desse "véu" comprometedor que empobrece a sua boa visão. Em resumo, esse mau utensílio não poderá mais continuar encobrindo os seus queridos pensamentos, e nem mais irá impossibilitar que seus caminhos sejam vistos de forma bem mais otimista. O que aprendemos ate aqui?

– Não faço a menor ideia.

Compreendemos que o exercício físico tem o poder de dar um clareamento mental nos sentimentos, ou nas ideias (ou nos pensamentos) de uma pessoa deprimida, e alterar eficientemente o ponto de vista pessimista de um Indivíduo desmotivado. Além do mais, vai fazê-lo ficar novamente concentrado nos aspectos positivos que a vida oferece.

– Tá maluco? Está muito frio lá fora e não estou a fim de fazer nada por enquanto. Muito menos exercício de qualquer tipo. Acho que vou pular essas dicas para continuar comendo os meus doces. Sinto-me bem melhor assim. ☺

Escolha o que melhor funciona para a sua situação. Todavia (como antes dito), além do doce ter um efeito temporário na sensação de prazer, ele vai te fazer engordar. E, quando isso acontecer, a sua autoestima vai despencar. O que certamente te deixará deprimido novamente. Quando afirmo que o ideal é fazer exercícios para levantar a moral, não estou impondo a ideia de a pessoa ter que virar uma massa de músculos ambulantes. Ou tornar-se um atleta de primeira linha. O que proponho baseia-se em estimular os nutrientes necessários para que não fique mais nesse estado terrível de lamentação. Aliás, se estiver gordinho(a) e se sentir feliz, continue com o que lhe traz contentamento[115]. Lembre-se de que o que importa mesmo é se sentir bem e mentalmente saudável.

– Gostei tanto dessa dica que vou agora comer outro pedaço de bolo. ☻

Finalizando: exercite-se mesmo que não queira. Quando tudo disser "um **NÃO** bem grande", persista no "**SIM**" da busca do seu "Eu" sadio. Tenha ânimo e força de vontade para continuar prosseguindo em seu bom caminho. Focando-se no objetivo de não deixar que a sua doença dê a ultima palavra no seu modo de como sempre sonhou em viver.

---

[115] Ignore todos os padrões de beleza impostos. Não se compare mais com aquelas pessoas que "aparentemente" têm o corpo perfeito, senão poderá ficar frustrado ou decepcionado quando os maus dias chegarem.

DIGA QUE ESTÁ BEM

No decorrer deste livro, analisamos várias informações úteis que serviram para mudar o atual estado mental de uma pessoa enferma. Nesse entendimento, acrescentaremos outra técnica muito importante que poderá produzir excelentes resultados na coibição dos distúrbios enganadores da mente humana. Sendo que nesse método o enfermo declarará que não existe mais uma doença incapacitante presente na sua mente.

– Como assim?

Aplicaremos uma espécie de reforço mental reiterado que funcionará (mais ou menos) como um tipo de auto-hipnose proclamada. A intenção é em fazer o contrário do que essa negatividade vem insistindo em afirmar. Nesse caso, a pessoa terá que crer (com todas as suas forças mentais) que está bem consigo mesma, ou sem qualquer receio quanto às circunstâncias desabonadoras que lhe envolvem atualmente.

– Há, há, há. Essa definitivamente foi à coisa mais insana que eu ouvi hoje. Por acaso você está bem? Precisa descansar um pouco doutor.

Sim! Eu estou muito bem, e não! Não sou um doutor. Sabemos que essa afirmação de dizer que está "muito bem", quando na verdade está se sentindo "muito mal" é (a princípio) muito difícil de ser acreditada. No entanto, mesmo que esses dizeres não sejam completamente uma absoluta verdade a intenção será em criar **uma nova condição mental favorável**. Obviamente longe de qualquer antigo estado de desregularização. Elaboraremos a possibilidade de dar um "reboot"[116] na máquina mental que está no momento meio que defeituosa. Quem sabe se isso formará um estado mental forte, renovado e propício a boas mudanças?

*

---

[116] A ideia é fazermos um "reinício" do nosso sistema mental para eliminarmos os vírus que estão comprometendo todo o sistema bruto.

Você sabia?

Estudar ou pensar demais pode causar depressão. Quanto mais se exige que a mente trabalhe incessantemente, sem que ao menos se tenha algum tipo de intervalo, maiores são as chances de um belo transtorno mental se desenvolva. Portanto um pouco de cautela nos estudos, ou nos projetos pessoais, (ou na imaginação desgovernada) é o ideal para que um cérebro possa voltar ao seu pleno "vapor". O que inclui em dormir na medida certa para poder restabelecer as energias mentais consumidas nas intensas atividades durante o dia a dia.

*

Se um sujeito conseguir se afirmar positivamente na recuperação da sua condição mental, entendemos que ele poderá começar a **acreditar que não existe mais nenhuma doença afetando a sua pobre mente.**

> *– Simplesmente não posso aceitar que de tanto eu pensar numa coisa, essa irá ser modificada de alguma maneira. Ps.: "Caro autor deste livro maluco, por favor, pare de ler revista em quadrinhos e se atenha na realidade". Obs.: Bernard também não gostou desta página.* ☹

Duvida? Não acredita nisso? Então, você não conhece o poder da força do pensamento positivo. Podemos chamar isso de fé ou de força de vontade, conforme o ponto de vista de cada um. No entanto o que temos em nossas mãos consiste num método que realmente funciona. Só depende do desejo do ser humano em se manter focado numa específica meta para poder alcançar um tão sonhado resultado. Pense da seguinte forma: está ruim há tanto tempo que os seus sintomas não o deixam sentir outra coisa a não ser em ficar nesse péssimo estado de recriminação, não é mesmo?

> *– Sim!*

Digo que só sairá dessa visão tortuosa quando achar outra vista mais encorajadora que te faça sorrir. Mas como é que uma pessoa poderá alterar um estado péssimo para outro mais saudável, se nem tem vontade de ao menos fazer esse movimento? Simplesmente o modificará como numa espécie de programação mental centralizada – ou num tipo de auto hipnose consentida – em que afirmará **constantemente** a real "vontade" de querer estar completamente apto e rapidamente sadio.

*

APRENDENDO A LIDAR

Sim, você pode

Sim, você pode mudar, você pode vencer, você pode sorrir, você pode prosseguir, você pode se permitir, você pode alcançar, você pode levantar, você pode se libertar, você pode fazer o que gosta, você pode estar saudável, você pode quebrar as correntes, você pode ser feliz, você pode acreditar, você pode ser uma nova pessoa, você pode ter sucesso, você pode ter esperança, você pode alterar, você pode parar de sofrer e você pode viver. Contanto que, ao menos, acredite que isso irá realmente acontecer.

*

Em outras palavras – mesmo se não estiver se sentindo bem – firmará o compromisso mental de pensar – sem qualquer sombra de dúvida – de que se encontra sem nenhum transtorno mental incapacitante. Lembre-se de que a sua mente se esqueceu de como é estar desse jeito. Portanto essas atitudes precisam ser aplicadas em prol de poder mudar a sua insistente e atual mentalidade doente[117]. Mentalize "sempre" que não há nada de errado com a sua situação atual. Assim como toda a sua angústia (ou qualquer forma de controlar situações desfavoráveis) foram deixadas para trás. Observe que aprendeu que existem dois modos de enxergar a sua vida: uma é de forma ruim e a outra é de maneira positiva. Felizmente, escolheu a segunda alternativa, que é a mais agradável.

> *– Quer dizer que, se eu quiser voltar para o passado, como por exemplo, para a década de 20, eu só terei que me vestir como as pessoas daquela época e me concentrar intensamente nesse cenário dramático, que poderei realizar essa boa viagem no tempo?* ☺

Acredito que isso que você acabou de insinuar é de um famoso filme antigo, em que o protagonista volta para o passado para reencontrar o grande amor de sua vida. Sabemos que a mente humana tem um poder incrível para realizar muitas coisas, porém "aquilo" era ficção, e "aqui" estamos falando da realidade.

---

[117] Fará os dizeres afirmativos de que está sem qualquer distúrbio incapacitante desta forma: Ao deitar, ao acordar, ao comer, ou quando for realizar qualquer outra atividade rotineira.

> **Treinador Motivador:** *acredite que boas mudanças ocorrerão no momento que a sua mentalidade estiver concentrada em se tornar saudável. Não duvide do poder que existe dentro de ti. Aplique a meta de que irá fazer o que aparentemente parece ser o impossível.*

Por último, faça esse ritual de dizeres afirmativos pela manhã ou quando for deitar, crendo sinceramente no sucesso da realização do seu bem estar e na concretização do seu estado mental de fortalecimento. Focando-se nos resultados otimistas que sempre desejou desfrutar. De modo que estará preparado para encontrar uma resposta positiva na busca da sua tão sonhada e aguardada felicidade.

PEQUENO PASSO A PASSO

Você antes de ler este tópico: eu não tenho vontade de fazer mais nada. Sinto-me péssimo e doente. Os sintomas da depressão estão mais fortes do que antes. Ninguém gosta de mim, todos me ignoram e não gosto do meu trabalho (ou nem arranjo um emprego nessa condição). Não posso me dar ao luxo de namorar. Estou muito cansado, enjoado, nervoso e aflito. Não sei mais o que fazer para poder me socorrer.

Você depois de ler este tópico: eu estou muito animado hoje e quero fazer tudo o que eu gosto nesse dia. Sinto-me ótimo, e a depressão foi embora. Não tenho mais nenhum sintoma incapacitante. Não existe mais nenhuma doença que possa me refrear. Eu sei que lá no fundo as pessoas gostam de mim. Aprendi também a apreciar a minha companhia. Adoro o meu trabalho (ou vou procurar algo que eu realmente goste de fazer). Sinto-me animado, calmo, tranquilo e satisfeito. Tudo de bom poderá acontecer. Contanto que eu continue seguindo destemidamente em frente[118].

---

[118] Mesmo que não se sinta deste jeito, continue afirmando essas ideias todos os dias. Até que essas se tornem automáticas de tanto que foram repetidas.

EM BUSCA DA FELICIDADE

Pesquisadores descobriram que, quanto mais a mente divaga, menos felizes as pessoas estarão com a sua situação atual. Isso significa dizer que, quanto maior for o tempo que pensamos em algo, mais ficaremos deprimidos. Então a melhor solução seria em não pensarmos em mais nada? É claro que não é bem assim. Visto isso soa meio que impossível de tentar fazer. Não concorda? Sabemos que a mente foi feita para pensar. Tanto é verdadeira essa informação que compreendemos que quando a cabeça não pensa o corpo padece. Logo o que faremos para não sofrermos nesse aspecto? A solução pode estar no modo que cada ser humano enxerga o seu autêntico galardão. Talvez ele esteja na soma dos bens materiais? Ou na tão sonhada carreira conquistada? Ou no companheirismo de um casamento bem arrojado? Ou no reconhecimento dos outros pela visualização do seu trabalho? Ou na idealização de uma vida plena e estável? Ou quem sabe aviste-o quando usufruir da eliminação de seus transtornos da mente? Quanto a isso não sabemos. Pois o próprio explorador terá que encontrar por si só a resposta para essas intrigantes questões. Além do mais, quem é esse autor para dizer onde se encontra a real felicidade escondida?

Para cada um a estrada da felicidade pode ser interpretada de acordo onde aponta o seu coração. Porém quem sabe dizendo onde encontrei a minha, assim possa ajudar em buscar a dos leitores. Pois bem! Digo que a localizei onde sempre sabia que ali ficava. O que obviamente se encontrava junto de minha família e também dos poucos bons amigos que possuía. Outras vezes achei-a nos lugares mais simplórios. Ao focar-me no presente e valorizar as pequenas grandes coisas que já desfrutava. Por último a descobri no desconhecido: Quando pude ajudar quem mais necessitava de auxílio. Esses eram aqueles carentes em afeição e que não tinham mais meios de tentar se socorrer. Nesse aprendizado parei de focar-me na ansiedade do amanhã para finalmente contemplar a beleza do momento vigente. O que pude ganhar por toda essa ação? Basicamente foi à libertação dos medos, o fim do sofrimento e a retirada dos tenebrosos sintomas incapacitantes. Ainda mais, conquistei a surpresa da importância de ajudar alguém sem esperar nada em troca. Enfim, eu pergunto: onde estará a sua felicidade?

MEDITAÇÃO

Antes de qualquer confusão compreenda que a prática da meditação não elimina inteiramente os pensamentos negativos intrusivos[119]. Nem ao menos ocorrerá uma transformação milagrosa de controle emocional por completo. Permitindo não ficar mais aborrecido ou incomodado com algum problema que possa vir a decorrer futuramente. A meditação não faz esse tipo de mutação rápida. A pessoa ainda terá a visita dos conhecidos pensamentos negativos.

– Então, o que a meditação proporciona?

Ela permitirá que ocorra um autoconhecimento maior sobre quem realmente a pessoa é nesse exato momento. Os problemas ainda estarão à sua volta, mas a sua concentração estará direcionada para outros aspectos que não sejam somente visados nessas adversidades, ou nos pensamentos e sentimentos indesejáveis. A meditação[120] ajudará um indivíduo a não dar muito crédito para as situações fora do seu controle. O que é preferível? Focar-se no sofrimento que não pode ser alterado de qualquer forma possível[121], ou concentrar-se nas sensações de calmaria, compreensão, compaixão e amor que podem ser alcançadas dentro do seu interior? Para quem sofre com sintomas depressivos, nada melhor do que meditar para acalmar os seus pensamentos intranquilos. Lembrando que o passado só vive em sua mente. O futuro não nos pertence, ou nem começou, e o momento atual ainda pode ser mudado para algo bem melhor.

– Como eu medito e quanto tempo isso deve durar?

O ideal seria em fechar os olhos e concentrar-se nos sons que envolvem o ambiente. A pessoa deve praticar algo em torno de 15 minutos diários

---

[119]   Esses pensamentos ainda continuarão aparecendo inesperadamente, mesmo com a prática da meditação. Ocorrerá que eles diminuirão de intensidade na medida em que se adotar esta atitude.

[120]   Ela atuará como uma espécie de filtro, separando o que é importante do que não é.

[121]   Como por exemplo, algum problema financeiro sério, ou uma doença grave, ou até certos desentendimentos pessoais etc.

de meditação (sem esperar nada em troca), pensando somente meditar por meditar.

> *– Fechei os olhos e vi tudo escuro nos primeiros cinco minutos. Depois, me lembrei de toda a minha vida e do quanto nunca gostei de meditar.* ☹

Percebeu como os olhos da mente não permitiram que um momento de relaxamento ocorresse? Veja quantos flashes de memória brotaram interferindo na concentração do tempo presente.

> *– O que eu faço?*

Procure não lutar mais contra eles. Apenas siga em frente, focando-se nas batidas do seu coração, no ar que entra nos seus pulmões e nos sons que ecoam pelo ambiente. Passado o tempo estipulado da meditação, note como está se sentido. Está mais calmo(a)? Menos ansioso(a)? Mais tranquilo(a)? Se a sua resposta foi positiva, torne essa experiência num bom hábito. Não precisa pagar nada, nem sair de casa, ou ter qualquer crença religiosa para realizá-lo. Tudo consiste em somente sentar para relaxar a sua própria mente. Nada mais importa a não ser a paz profunda que precisa ser alcançada interiormente.

*

Momento de pura recordação

Sabia que os pensamentos negativos automáticos são os responsáveis pelos tormentos que uma pessoa passa? Observe como seria a sua vida se não tivesse nenhum desses pensamentos ansiosos. Não seria maravilhoso? Pois é! Infelizmente, não dá para eliminar de vez esses seres incontroláveis. Sabe por quê? Porque eles fazem parte da mente criativa de um ser humano normal. O que isso quer dizer? Significa que eles sempre estarão vagando nas profundezas da nossa vasta memória[122]. Como eles são uma pequena

---

[122] Recordando o que foi anteriormente explicado: 1) esses pensamentos negativos automáticos são decorrentes dos transtornos incapacitantes; 2) uma pessoa deve saber identificar e culpar o seu distúrbio pelo aparecimento desses pequenos inconvenientes (ao invés de prontamente se martirizar pelos seus surgimentos imprevistos); 3) no que diz respeito a eles estarem sempre na memória, isto se deve porque a mente humana também armazena péssimas informações mentais. No caso de alguma situação eventual ocorrer, existe uma forte possibilidade de essas negatividades regressarem ainda mais fortes; 4) de agora em diante, será possível lidar com esses convidados cansativos sem ficar sofrendo com as suas ruins revelações.

parte (confusa) que não pode ser eliminada, resta entender que não adianta mais ficar reagindo contra eles. O verdadeiro poder está contido na escolha de aprender a ignorá-los. Sabe como conseguirá fazer isso? Lendo este livro é um bom começo, e também utilizando a prática da meditação.

*

Existe outro ponto importante que não pode ser deixado de lado: pense no quanto habitualmente reagimos mal graças ao aparecimento de alguma situação inesperadamente desfavorável. A exemplo disso, temos as discussões familiares, ou amorosas, ou as notícias calamitosas, ou as variadas mágoas, ou as frustações sequenciais, ou a falta de controle com fatos aleatórios etc. Uma vez que isso nos faz agir ao contrário do que realmente pretendíamos.

> *– Meus movimentos são friamente calculados e não tenho esse tipo de problema. Mas, mesmo assim, eu gostaria de saber por que isso ocorre.*

Por estarmos saturados da batalha que guerreamos contra nós mesmos no nosso interior. Permanecemos tão sobrecarregados de pensamentos negativos (de pessimismo generalizado, de péssimas influencias, de falhas sucessivas, de ausência de reconhecimento, de violências nas metrópoles, de falta de soluções imediatas, de descontentamento por nosso corpo, ou por pensamentos erráticos, ou outras questões) que facilmente sucumbimos às pequenas pressões do dia a dia, restando-nos uma única explicação possível: não temos mais paz. Por isso, reagimos tão mal quando uma nova situação (ruim) vem bater na nossa porta.

> *– Será que estamos todos mentalmente doentes?*

Acredito que não! Porém diante de tantas pressões (cotidianas) devemos procurar certos métodos práticos para não sermos completamente despedaçados nessa enxurrada de tribulações somadas. Isto é, a arte de domínio próprio traz a vitória esperada nas questões imprevistas que se esforçam em nos limitar. Por fim fechamos este tópico com alguns apontamentos. Compreendemos que não é possível mudar como os outros reagem ou lidam com as peculiaridades que insistem em lhes envolver. Melhor dizendo, não dá para impor os nossos métodos neles ou tentar controlá-los como bem gostaríamos. Nem também seria sábio fugir de certos assuntos que precisam ser sanados de forma urgente. Entretanto, a forma de alterar a nossa percepção da realidade parece ser a medida correta para transformarmos algum evento exterior impossível, numa lição de paz interiormente alcançável[123].

PASSO A PASSO MEDITATIVO

- Fique num ambiente tranquilo sem qualquer tipo de distração ou interrupção. Coloque uma música serena (se assim desejar), marcando um tempo de duração de 10 minutos para começar a meditar. Poderá, depois, aumentá-lo a seu critério. Sente-se o mais confortavelmente possível. Endireitando as suas costas, mantendo a sua coluna reta, fechando os seus olhos e relaxando todo o seu corpo. Agora, concentre-se na sua respiração, ou pense numa palavra que te cause paz.

- Muitas imagens ou flashes de memória surgirão, tentando atrapalhar a sua meditação. Ignore-as e continue a prestar a sua atenção no momento presente. Poderá também ficar com os olhos semicerrados até obter o aprimoramento dessa atividade. Nunca lute contra todo esse conflito de pensamentos. Pois, quanto mais lutar, mais eles teimarão em aparecer.

- Se estiver com dificuldade de se concentrar com os olhos fechados, então, abra-os, observando qualquer objeto na sua frente. Note cuidadosamente cada detalhe, curva, falha, ou contorno desse pequeno utensílio.

- Continue prestando atenção na sua respiração ou na palavra saudável escolhida. Deixe virem todos os pensamentos automáticos sem nunca os julgar ou negá-los. Apenas aceite as suas idas e vindas como se fosse apenas um observador que está presente para contemplar suas passagens confusas.

- Mesmo que estiver difícil de meditar, não desista. Marque para outro momento fazer essa importante atividade. Entendendo que terá dias que conseguirá se concentrar e outros que nem tanto. O importante é seguir em frente nessa prática meditativa. Com o tempo a sua atenção melhorará, a sua ansiedade diminuirá, e os seus pensamentos negativos tomarão outro rumo. Por fim, ficará cada vez mais equilibrado mentalmente.

---

[123] **Nota importante:** a meditação foi indicada neste livro, exclusivamente, para poder exercitar a atenção de uma pessoa para o momento presente. Porém no caso de não se sentir bem com esta prática, deve-se interrompê-la imediatamente. Não prossiga com essa técnica se ela lhe trouxer algum tipo de incômodo na mente.

SEJA UM MOTIVADOR DE SI MESMO

Ser o seu próprio motivador significa dizer que uma pessoa não precisará mais esperar que os outros venham ao seu encontro, sempre que começar a se sentir mal. Isso porque passará a ter uma visão mais compreensiva ou realista dos seus próprios problemas. Saberá como coibir as liberações de energia negativas e danosas que se aproximarem do seu recinto. No geral, ela(e) será o seu próprio apoio em momentos de crise depressiva[124]. Não haverá mais uma ruína mental que comande a vida de um sujeito, se o mesmo estiver bem preparado com **artifícios motivadores** do seu lado.

> – *O que são esses artifícios motivadores? Eu conheço fogos de artifício que são disparados em toda a virada de ano. Seria mais ou menos isso?*

Não, longe disso. Esses artifícios motivadores são a soma de informações uteis que darão armas eficientes para erguer um indivíduo que se sente derrotado. Eles podem ser: a) saber conversar consigo; b) ler frases para enaltecer o ânimo; c) ouvir músicas que animam a alma; d) filtrar conteúdos que valem a pena acompanhar (para se sentir positivo); e) ter um personagem que admira para se espelhar numa conduta assertiva; f) ler livros motivacionais; g) adquirir uma cultura voltada para a inteligência; h) conhecer de tudo um pouco, isso para poder ter uma opinião formada sobre qualquer assunto que lhe for apresentado; i) questionar comportamentos mentais não condizentes com a sua índole; j) auferir métodos de abordagens inicialmente práticas nas resoluções dos conflitos; k) compreender as suas limitações; l) assistir filmes, documentários, ou palestras que lhe deem uma visão diferenciada daquela que usualmente dispõem) ter um pleno autoconhecimento centrado.

Sugerindo, nesse ideal, a atitude de transformar a pessoa numa espécie de ***personal trainer* motivador** de sua própria mente. Assumindo um

---

[124] Como já foi mencionado anteriormente: Nós devemos ser a primeira (ou a principal) linha de defesa quando a desmotivação insistir em aparecer.

compromisso de ser o seu maior amigo (ou ser o seu melhor médico, ou ser o seu compreensivo psicanalista, ou ser o seu mais novo técnico, ou ser o seu principal capitão) na busca da interpretação dos seus temores. Sabe por que devemos tomar essa atitude? Porque, se não soubermos dominar a nossa mente, então, alguma outra "coisa" terá o poder para fazer isso, como por exemplo, os transtornos mentais que já conhecemos.

> *– Eu posso ser o meu próprio Capitão América? Empunhando o meu famoso escudo para lutar pela justiça contra os inúmeros malfeitores que me rodeiam?*

É claro que sim. Mas só se isso lhe trouxer conforto e segurança. A ideia é usar um modelo que motive um indivíduo, proporcionando valores e esperança de que dias melhores virão. Dando a garra para continuar prosseguindo sempre em frente nessa tortuosa batalha mental que deflagra invisivelmente todos os dias. Sabia que os verdadeiros duros combates são aqueles travados no plano mais profundo de nossa mente?

> *– Eu acho impossível poder continuar seguindo em frente sem a ajuda do meu amigo Bernard. Sem ele, os verdes campos não são mais verdes.*

Ok, (aham) eu entendo. Agora, vamos a uma rápida demonstração de como poderíamos criar uma proveitosa conversa interna.

*

Uma breve conversa interna

Imagine que o desespero virou uma rotina na sua vida, graças a essa sua terrível doença. Tanto é verdadeiro esse fato que se sente na maior parte do tempo, cansado, aflito e com muito medo de ficar para sempre desse jeito. Apesar de todos esses males, ainda é possível criar um diálogo interno motivador para apaziguar esse mar de pensamentos negativos. A seguir teremos um exemplo de como fazer essa conversa interna motivadora. Onde existirão dois indivíduos para representar este presente esquema: um sujeito chama-se A, e o outro B. O "**indivíduo A**", não usa técnica alguma para solucionar os seus problemas. Por outro lado, temos o "**indivíduo B**" utilizando nosso método *profissional trainer motivador moderno.*

APRENDENDO A LIDAR

Indivíduo A: o tempo está chuvoso lá fora. Estou fraco, doente, e sem vontade de fazer mais nada. Minha vida é uma droga e acho que nunca mais vou melhorar. Observação: Esse é o típico sujeito sintonizado na sua extrema negatividade. Não encontrando mais forças ou esperança para todos os seus dilemas mentais.

Indivíduo B: anime-se (diga o seu nome), tá difícil a situação, mas continuarei perseverando. Tenho ar em meus pulmões, então, ainda resta muita força para nunca desistir. Note o quanto passei por dificuldades e ainda continuo andando. Sou, de certa forma, um herói só de, ao menos, tentar realizar essa atitude de nunca me entregar. Quebrarei as regras, assumirei sérios riscos e continuarei buscando o melhor que com certeza eu mereço. Observação: esse é um tipo de diálogo motivador que pode ser feito sempre que se sentir doente ou cansado. A infinidade de conversas internas a serem feitas depende somente da vontade da pessoa em querer aplicá-las.

Indivíduo A: mas eu errei, eu fracassei. Fico revendo os meus infinitos erros. Observação: aqui, ela(e) continua se martirizando. Não dando chance para o perdão e criando ainda mais conflitos internos.

Indivíduo B: eu sei que errei (diga o seu nome) e não tenho mais medo disso. Errarei novamente e outra vez. Falhar é o que traz o combustível para um dia poder acertar. Pararei (inclusive) de me preocupar com que os outros pensam a meu respeito. A partir desse momento, serei a primeira linha de defesa quanto aos meus temores internos. Observação: outra vez ele utilizou a criação de um diálogo interno que visa a entender o seu lapso de comportamento, da mesma forma que soube que a recriminação não é o modo certo de se manter. O ideal mesmo é continuar levantando-se todos os dias sem se importar com os aspectos negativos das situações imprevistas.

Indivíduo A: o meu pai, a minha mãe, ou o meu esposo, (ou a minha esposa), não me entendem. Ninguém compreende a minha doença que está me consumindo aos poucos. Estou terrivelmente aflito com tudo isso. Não sei mais a quem recorrer. Observação: a pessoa ainda está carente de afeto e necessitando de muito auxílio.

Indivíduo B: espere aí! Sei o quanto a depressão é difícil de ser entendida. Isso porque ela não é visível. Além disso, notei que esse é o "trunfo" que a faz ser tão perigosa. Também reconheci que os meus pais (ou o meu cônjuge) são falhos. Ou seja, eles são imperfeitos e limitados demais para compreender essa doença articulosa. Acredito que, na medida do possível,

265

estão fazendo o máximo ao seu alcance para assimilá-la. Será que não estou exigindo demais deles? Percebi que eu sou o meu melhor amigo e o meu principal motivador. Devo, então, encontrar meios de sair dessa situação. Descobri que a depressão é uma doença egoísta. Sei que todos esses sintomas decorrem desse contundente fator. Portanto vou vencer, vou prosperar e finalmente vou fazer de tudo para sobreviver. Na verdade, tudo isso me lembrou de certas frases que tinha lido certa vez: 1) "cuidar bem de mim para não sofrer sem necessidades"; 2) "a paz que vem de dentro supera as adversidades exteriores"; 3) "quando tudo parecer der errado adote três conselhos: o primeiro resume-se em deixar que esses fatos te destruam. O segundo diz para permitir que isso te represente. E o último afirma para ignorar os anteriores e aprender de uma vez a se tornar mais forte por causa das adversidades impostas". Gostei tanto desses modos de pensamento que vou aplicá-los na minha vida. Também procurarei outras frases motivacionais que possam me ajudar ou me completar. Observação: O indivíduo B se auto ajudou de forma plena e eficaz com esses tipos de atitudes mentais. Agora, cabe a ele se aprimorar cada vez mais.

*

Talvez os leitores achem que conversar consigo é uma atitude de louco. Entretanto afirmo que não é bem assim. No meu entender, loucura consiste em não tentar encontrar métodos que possam ajudá-lo de alguma maneira mais vantajosa. Insanidade é ficar se desgastando com aquilo que te faz muito mal, permitindo que isso continue tirando a sua paz todos os dias. Resumindo, aprendemos que devemos fazer esses tipos de atitudes racionais:

a. Motivar-se sempre;

b. Aprender a ser um otimista realista;

c. Conversar consigo;

d. Questionar os seus sentimentos ruins;

e. Rir dos seus erros. O que também faz parte desse processo;

f. Conhecer os seus limites;

g. Adquirir um propósito na sua vida.

Ao analisarmos esse último item, podemos averiguá-lo como sendo uma condição muito importante para que toda essa técnica funcione devidamente.

– Por que você diz isso?

Porque, ao termos uma missão (ou um propósito) para realizar, teremos um objetivo específico para conquistar.

– Mas eu não tenho objetivos. Não sei mais o que quero. Nem sei qual a minha função nesta vida. Se nem quero sair do meu quarto, como é que eu posso pensar em fazer outra coisa? Na verdade, eu gostaria de continuar assistindo os meus seriados favoritos para sempre.

Mesmo se não tiver qualquer meta na vida em longo prazo, procure ter um em curto prazo. Também, antes de se sobrecarregar demasiadamente, pense primeiro em começar a alcançar um pequeno objetivo de cada vez.

*

Momento para o café

Sabia que o café é um excelente aliado no combate da depressão? Tanto é verdadeiro esse fato que especialistas recomendam de três a quatro xícaras diárias dessa saudável e saborosa bebida que deve ser servida bem quentinha. É claro que não devemos exagerar em suas doses. Dado que (em excesso) trará efeitos contrários do que era realmente pretendido. Por isso, o melhor é utilizá-lo com a devida moderação. Aos depressivos, uma xícara de café oferecerá um ânimo extra que o ajudará no reforço em busca de uma boa qualidade de vida.

*

A sua vontade não é a de ficar saudável?

– Sim, é.

Então, você já tem uma meta para percorrer. Sabia que só o fato de buscar a comida no supermercado configura-se como um tipo de meta? Essa ação tem um grande propósito que é o de não passarmos mais fome.

*

Momento filmes parte III

Já viu algum filme em que a pessoa fica presa numa ilha deserta? É claro que sim! Será que ela(e) devia não fazer absolutamente nada até o resgate chegar? Isso se ele realmente vier? É claro que não! Não seria mais prático estabelecer algumas pequenas metas para tentar ao menos salvar a sua própria pele? Isso porque que se ela(e) não se mexer para buscar abrigo, ou comida, ou providenciar uma fogueira, fatalmente não poderá sobreviver. Não é? Ao criar essas pequenas missões (em busca de continuar prosseguindo na sua luta diária de sobrevivência), a oportunidade de ser resgatado com vida tende muito a aumentar, ao contrário do que simplesmente paralisar e não fazer absolutamente nada para se acudir. Não concorda? Pode ser que a pessoa fracasse inúmeras vezes sem ao menos conseguir fazer uma simples fogueira. Então, só por causa disso, ela(e) deve desistir? Irá comer a sua comida crua? Ou passará frio à noite? É lógico que não. Enfim, tudo dependerá do quanto ela(e) quer realmente sobreviver. Uma vez que não irá parar de tentar fazer o seu fogo, se estiver realmente empenhada(o) nessa sua meta de sobrevivência. Mesmo que, para isso, falhe milhares de vezes na realização desse seu longo projeto. O que podemos aprender com esse homem perdido nessa ilha deserta?

*

> – Que eu preciso assistir a esse filme? Ou tenho que falar com o
> Tom Hanks?

Não! Devemos entender que esse ensinamento de sobrevivência também pode ser posto em prática no tratamento contra a depressão. Um sujeito deve **colocar o fracasso como uma ideia para ser explorada**. Por conta de que um sucesso advém das inúmeras derrotas sofridas.

Podemos enxergar a falha como uma espécie de lição amarga, dada por um professor rude que tenta ensinar (diariamente) aos seus difíceis alunos que esse erro pode ser um dia muito bem compreendido. Além disso, o deprimido deve confiar que pode se recuperar (e voltar a se levantar) mesmo que caia infinitas vezes. Assumindo nessa análise a responsabilidade quanto a sua situação atual, e a ideia de que pode encerrar de uma vez todo esse negativismo que surge à sua volta. O objetivo seria esse: a) respeitar os seus limites; b) descansar quando achar que deve fazê-lo; c) retornar as atividades quando sentir-se apto para realizá-las;

d) não se culpar excessivamente, sem ao menos pensar na possibilidade que também não é perfeito.

Não é sábio focar a sua motivação apenas nos seus sentimentos em conflito. A sua atenção deve estar voltada no aspecto **racional** da realização de suas principais atividades. Para que esse entendimento fique mais claro, analisaremos o fato de um indivíduo que precisa trabalhar cedo:

Sabemos que o trabalhador apesar de estar se sentindo indisposto, com frio, ou cansado, (ou tendo que enfrentar um tempo chuvoso lá fora) irá se levantar do conforto da sua cama quentinha para poder ir trabalhar. Isso é loucura? Masoquismo? Insanidade? Nada disso, senhoras e senhores. Toda essa garra (ou vontade) é necessária para ele poder sustentar a sua bela família. Observe que, embora as suas emoções (ou sensações) negativas forçaram-no a permanecer inerte, a sua "razão" prevaleceu sobre essas contrariedades. Em outras palavras, o aspecto motivador "família" deu a propulsão necessária para realizar esse ato difícil (ou aparentemente impossível) de ter que ir trabalhar. Qual o grande ensinamento que pode ser retirado sobre esse fato?

– Não sei.

Somente o deprimido poderá saber qual o aspecto racional motivador que tem o poder de fazê-lo **levantar.** Seria a vontade de mudar a sua situação? Ou talvez alguém que necessite de seu auxílio? Ou esse evento acontece por algum aspecto primitivo de sobrevivência condicionado a todo ser humano para não se deixar morrer? As situações são inúmeras, porém a verdade é uma só:

Existe algo que **faz a pessoa esquecer como está a sua situação emocional atual** – que pode ser boa ou ruim – levando-a(o) a se erguer de sua bela cama. E isso é um tipo de meta. De uma forma ou de outra, cada um deve descobrir qual é o seu componente motivador que dá a propulsão para acender a sua chama interna. É a sua família? É um grande amor? É uma avassaladora paixão? É um ideal? É um sonho? É uma verdade? Ou é simplesmente encontrar a sua paz?

Podemos dizer que uma pessoa deveria adotar "artifícios informativos" que possam ampará-la em tempos de crise depressiva. Sabendo que, além de ser o seu melhor amigo(a), também será aquele(a) que está mais interessado(a) ou envolvido(a) para encontrar o verdadeiro significado de sua existência. Tudo porque quando se encontra apoio dentro si mesmo(a), não sofrerá muito se não os achar do lado de fora. Enfim, qual será o aprendizado de todo esse evento? Será que partilhará de um intelecto mais racional, compreensivo e motivador que poderá sem quaisquer receios: ser rapidamente bem acessado.

OS OUTROS COM DEPRESSÃO

Conhece alguém que trata os outros de forma ríspida, ou indelicada, ou até mesmo demonstra repetidamente atitudes pouco amistosas? Certamente, esses tipos de pessoas parecem agir como se não gostassem ou se importassem com mais ninguém, além delas mesmas. Não é verdade? Por diversas situações, elas (ou eles) tentam demonstrar que "não" possuem dificuldades na realização de algumas tarefas que exigem certos cuidados essenciais. Procurando fazer "tudo" do seu específico modo. Ou seja, se não for do seu jeito, então está tudo praticamente errado. Tomando (às vezes), nesse trajeto, decisões de maneira estúpida, ou grosseiras, ou muito mal pensadas[125]. Sendo que as consequências de suas impulsivas ações, somados com as discussões diárias, vão tornando a vida familiar num ambiente consumido pela adversidade.

Nesse turbilhão de emoções, os seus familiares podem querer excluí-los de suas vidas, por causa dessa série de comportamentos inadequados. Ainda mais, depois do clima ter chegado ao seu ponto crítico, pode ser que ninguém nunca mais tenha se falado ou tido qualquer contato próximo. Isso pela certeza de que essa complicada pessoa nunca iria, de fato, mesmo mudar. Quem poderia culpá-los por não aguentarem mais viver num clima constante de ausência de paz? Não é mesmo?

No entanto, através dessas atitudes precárias dos nossos indivíduos polêmicos, esconde-se um oculto significado. Sabe qual é? Praticamente, há 90% de chance de que essas pessoas agiram dessa forma porque também odiavam a si mesmas. Tudo porque o nosso exterior reflete o que se passa no nosso interior.

*

---

[125] Talvez elas ou (eles) façam isso para se sentirem importantes. Isto é, pensam que este é o único momento de suas vidas que podem demonstrar que não são tão insignificantes assim quanto os outros o(a) imaginam.

Você sabia?

Muitas vezes, algum tipo de vício acompanha essas pessoas complicadas. Tais como, a bebida, o cigarro, as drogas, os gasto excessivo com dinheiro, a jogatina, ou até mesmo na forma do abuso da comida. Transformando-os em possíveis alcoólatras, ou em usuários de drogas, ou em extremamente obesos, ou por fim em fumantes inveterados. Observe qual desses elementos viciosos o seu membro familiar encaixa-se. Seria o certo categorizar essas viciantes atitudes como sendo uma espécie de autopunição por seu inusitado comportamento? Ou temos uma compensação de prazer que só é encontrada nessa opção repetitiva? Já lhe ocorreu a possibilidade de elas (ou eles) serem muito mal preparados para uma vida em conflito? Por não saberem lidar com as situações desfavoráveis que lhes atingem, descontam nos demais, sem ao menos pensar no dano que tem causado pelas suas insistentes ofensas. Ou melhor, acredita que eles são realmente bravos, admiráveis ou espontâneos por conta de sua conduta explosiva?

Nada disso, meus queridos leitores. Em minha humilde opinião, vejo esses seres como sendo solitários, tristes, fracos, carentes, tem medo de serem abandonados, ou de ficarem sozinhos e são bem sensíveis. Em resumo, estão muito mal preparados para os seus sérios embates internos. Por conta disso, mascaram o seu comportamento através de atos grosseiros para que ninguém perceba o quanto confusos realmente são por dentro.

*

Por que estou falando sobre isso? Devido à probabilidade de essas pessoas estarem afetadas pela depressão e não saberem sobre isso[126].

É claro que em hipótese alguma estou defendendo a agressão verbal (ou física) como sendo uma maneira da pessoa dizer que está obscuramente precisando de certa ajuda. Isso seria muito ilógico de ser aplicado como um "todo". Não concorda? Na verdade, cada caso deve ser analisado cuidadosamente para que se entenda o que se passa no interior de uma pessoa agressiva.

O que proponho se baseia naqueles punhados de indivíduos que não cometeram atos cruéis, violentos, ou insanos. Mas que fizeram ações questionáveis contra os seus familiares. Em outras palavras, eles ou elas agiram

---

[126] Elas extravasam as suas emoções reprimidas do único modo que aprenderam: Ao serem agressivas contra elas mesmas e também com os demais.

assim por ignorância, ou por fraqueza, ou talvez por imprudência. Sendo que foram consideradas loucas(os) na época, graças aos seus episódios de delírio ou de cólera, ou por terem tentado cometer suicídio algumas vezes. Ou também quando quiseram explicar que estavam erradas foram negadas(os) por todos os seus companheiros envolvidos. Pelo fato de já ser tarde demais para qualquer de uma de suas conhecidas desculpas.

Como não tiveram ninguém para ensinar como podiam dominar as suas emoções em conflito – ou para desvendar qual é causa originária desse comportamento esforçado em desagradar os outros –, elas continuaram se expressando dessa precária maneira. Já parou para pensar o que aconteceu depois dos seus desnecessários comportamentos agressivo?

– Ficaram felizes?

Não! Elas ou eles se afundaram num mar de culpa, por conta de não compreenderem por que sempre tomaram atitudes centradas no afastamento daqueles que mais a estimam. É esse tipo de pessoas a que estou me referindo.

Obviamente, com essas repetitivas atitudes errôneas, conseguirão, no futuro, alcançar esse objetivo de solidão premeditada, pois ninguém é obrigado a aguentar desaforos sucessivos. Assim, abusarão desenfreadamente dos seus mais variados vícios que, enganosamente, parecem ser os únicos que podem preencher o imenso vazio de suas almas frustradas. Agora, ainda acredita que essas pessoas têm esse comportamento agressivo porque possuem uma personalidade forte? Ou que são pessoas destemidas, bravas, valentes ou até mesmo más, ou cruéis? Está enganado em julgá-las dessa maneira.

Note o quanto eles(as) são realmente sensíveis, com uma baixa tolerância a perdas, ou inseguros(as), ou tem um medo constante de ficarem sozinhos(as), ou também são extremamente incapazes de lidar com os seus conflitos emocionais. Ou melhor dizendo, esses particulares seres humanos complicados estão categoricamente "muito" deprimidos e nunca vão admitir essa grande verdade. Ainda não concorda? Duvida que a depressão cause um ataque explosivo de raiva?

Relembre os sintomas clássicos da depressão e repare que o ódio aparece seguido de uma autopunição. Examine também a alta sensibilidade que acompanha uma pessoa deprimida. Analise as características negativas escondidas por alguém que através da agressividade encobre as suas fraquezas (ou uma baixa autoestima) [127].

– Qual é a grande lição final?

Da próxima vez em que encontrar um indivíduo assim, ou melhor, quando tiver (ou teve) alguém da família com essa personalidade difícil, pense na possibilidade de vê-la(o) sob duas óticas:

1. De brigar, ou de discutir, ou de sofrer, ou de fugir. Já que soube que não têm mais jeito tentar mudar esse complicado sujeito. Aqui a pessoa deixa que o tempo se encarregue desse respectivo assunto. Porém dá margem para que essa mágoa se estenda por muitos longos anos.

2. Preferirá entender que essa pessoa não é má. Ela só não sabe como lidar com os seus sérios problemas internos. Isto é, age agressivamente porque não consegue encontrar outra resposta que não seja a que sempre aplicou. O que fazer, então? Se ainda houver tempo entre vocês repensará a ideia de perdoá-la(o). Mesmo que isso venha a ser algo muito difícil, ou talvez soe impossível de fazer devido à gravidade do conflito ocorrido no passado. Por outro lado, também descobriu os artifícios poderosos que essa doença incapacitante chamada de depressão possui para prejudicar a formação de uma antiga estrutura familiar. Nesse cenário de escolhas difíceis: qual alternativa o leitor irá abraçar?

Em contrapartida, pode ser que, talvez, ainda não seja o momento propício para realizar essa intenção de aplicar esse perdão. Não é? Isso por causa do ressentimento ser tão profundo que nem ao menos exista à vontade de querer considerar fazer esse tipo de ação. Para esse caso se questione deste modo: onde esse rancor irá te levar? Vale a pena manter essa ofensa por muito mais tempo? Não seria a hora de dar um basta em todo esse sentimento de rejeição? Pode ser que essa pessoa já tenha falecido e nem adianta mais relembrar dos traumas que ela causou. Não é mesmo? Errado! Toda essa mágoa ainda vive dentro de você.

Como dito anteriormente: o poder de escolha está nas mãos de todos nós. Não pertencendo a ninguém dizer qual é o melhor caminho que uma

---

[127] Em vez de tentar mudá-las(os), comece fazendo uma profunda alteração dentro do seu interior. É muito mais alcançável transformar as suas atitudes que converter outra pessoa da maneira que acha ser realmente assertiva. O que significa que devemos tentar ser mais tolerante com o comportamento dos demais. É melhor ser mais exigente (ou polido) com nosso tipo de postura que esperar (eternamente) que os outros façam essa incrível mudança essencial. Pense que essas pessoas ainda não estão preparadas para fazer esse tipo de conversão profunda.

pessoa deveria cumprir. Só cabe ao próprio indivíduo fazer isso. Todavia este livro tem o compromisso de mostrar a real possibilidade de essas pessoas estarem seriamente afetadas por essa terrível doença conhecida como a depressão. Isso graças às características dos seus repetitivos comportamentos evidenciados, o que infelizmente, por falta de informação, não souberam agir de outra forma menos destrutiva do que como sempre partilharam. Ocasionando – dado a essa ausência de autoconhecimento e de ignorância quanto a sua doença – em atitudes brutais que praticamente quebraram muitos vínculos afetivos. Os anos se passaram, e muitas delas se foram. Incompreendidas, vitimadas, chamadas de loucas, sem ninguém para socorrê-las, ou entender que estavam seriamente prejudicadas por essa doença invisível que as caracterizou. Enfim, por todas essas pessoas indefesas, este autor vem em sua defesa dizer:

– O vazio das suas existências não foi e nunca será esquecido.

Do mesmo modo, aos seus familiares, deixo a seguinte mensagem: perdoem-nas, compreenda-as e aceite-as. Saibam que o grande culpado por todas as suas reações estava escondido na forma de uma doença muito audaciosa que compromete e mata milhões.

PASSO A PASSO FINAL

- Está se sentindo triste, raivoso, aflito, com vontade de chorar e pensando constantemente em suicídio? Já considerou a possibilidade de que possa estar com depressão?

- Reconhecido esses sintomas clássicos é bem certo que poderá agir antes que piore ainda mais a sua condição. Nem terá vergonha de falar em voz alta aos quatro ventos a seguinte frase de efeito: eu tenho depressão e sei como domá-la.

- Entendeu que o seu foco conjuntamente aos seus sentimentos merecem uma atenção especial. Portanto direcionarão esses dois elementos para outro lugar que não seja mais em sua antiga e dolorosa condição. Como por exemplo, tentando se colocar no lugar de uma pessoa querida: ou começar a observá-la se está triste, ou precisando de alguma ajuda, ou se outros menos favorecidos querem apoio etc. O propósito baseia-se em analisar como o seu transtorno responde quando momentaneamente se esquece do seu estado depressivo, verificando qual a boa transformação interna permanecerá na sua mente, quando realizar essa simples ação de caridade.

- Se, mesmo depois de utilizado toda essa técnica e a sua concentração ainda estiver voltando para os sentimentos depressivos, decidirá que o ideal é não ficar desesperado. Lembrará que os seus pensamentos fazem isso por terem permanecido nesse estado melancólico por muito tempo. O melhor é continuar insistindo nessas "novas percepções" até que elas se tornem um novo hábito.

- Acompanhou o importantíssimo entendimento de que a depressão é uma doença egoísta. Fazendo a pessoa ficar sempre focada no seu estado latente de dor.

- Certificou que existe uma espécie de um grande jogo muito bem armado. Seu objetivo baseia-se em levar quantos jogadores puderem no caminho da sua perdição. No caso dos seus participantes desconhecerem as suas regras, a partida já estará praticamente ganha. Sendo que é assim que a depressão declara a sua famosa vitória.

- É evidente que o jogador só vai alterar esse cenário depressivo, quando tomar alguns comportamentos saudáveis. Um deles consiste em começar a fazer exercícios físicos para clarear as ideias que antes se apresentavam confusas.

- Para a vontade de chorar que nunca acaba, desvendou que tem todos os motivos do mundo para continuar fazendo essa dolorosa expressão. Houve muitas perdas, lutas e frustrações no decorrer do seu caminho. Pouca situação foi realmente solucionada, outras jamais mudaram e o pior foi que o tempo nunca esperou até que se pudesse conseguir definitivamente apaziguá-las. Na verdade, quanto mais não se quer chorar maior é a chance de que esse sentimento volte com muito mais potência. Logo o melhor será em seguir em frente e se perdoar; Pois muitas boas histórias ainda podem ser contadas na sua vida.

- Palavras encorajam, enaltecem e tem poder em transformar multidões. Por isso, conversará mais vezes com as outras pessoas sobre o que têm lhe incomodado, sabendo que o simples ato de falar alivia realmente as dores emocionais.

- Se não tiver ninguém para lhe escutar, escreverá o que sente numa folha de papel, criando um pequeno diário de anotações para narrar cada sentimento ruim.

- Quanto ao passado, ele deve ser deixado definitivamente para trás. O que passou já se foi e não pode mais ser alterado. O amanhã ansioso ainda não ocorreu. O que significa dizer que tentar controlá-lo nunca será humanamente possível. Mas e o presente? Esse é um bom lugar para se manter concentrado.

- Identificou que permanecer angustiado com algo que poderá ou não vir a ocorrer não mudará os fatos futuros como intimamente sonhava. Toda essa imaginação desenfreada se origina na vontade de querer controlar o que nunca pode ser completamente dominado. É evidente que o mundo não para e as circunstâncias variam o tempo todo. Nada é fixo e tudo é fluído.

- Uma boa dica é administrar melhor o seu "Eu" interior. Ele é um elemento fundamental para que se vençam as mais duras adversidades da vida.

- Quando futuros pensamentos mentirosos chegarem à sua mente, não acreditará mais neles. Com inteligência irá desmascará-los e interpretá-los como sendo enganadores para desequilibrar o seu real "Eu" fortalecido.

- O tempo é relativo. O que significa que tudo acontece quando menos se espera. Só porque os outros já conquistaram os seus objetivos, isso não condiz que não possa alcançar os seus de algum modo. É evidente que a depressão rouba um tempo muito importante na vida de uma pessoa, ensinando também uma dura lição de autoconhecimento para as incansáveis intempéries da vida.

- Ao suicídio analisou que esse é o fim de tudo. Quem somente triunfa nisto é a depressão no seu jogo perigoso. Todos os sentimentos negativos parecem mais como peças armadas apontadas para alguma terrível direção. A visão de uma nova jogada pode mudar todo o andamento desse delicado cenário comprometedor, dando a vitória ao combatente jogador que soube como devolver o xeque-mate para a traiçoeira depressão.

- Outro passo legal visa ao aspecto dos três elementos essencialmente reunidos que compõe um indivíduo. A sua alma, o seu corpo e a sua mente. De fato, para ter uma vida mais saudável e equilibrada, seria necessário começar a cuidar melhor desses singelos aspectos interligadores.

- A autorrecriminação (ou a culpa) não leva a lugar nenhum. Perdoar-se vale ouro sendo a ordem do dia para levar uma vida mais leve e feliz;

- Tentará se libertar das amarras do perfeccionismo, adotando a visão de que errar não é um modo tão terrível quanto achava que imaginava. A falha é mais um aprendizado que deve ser continuamente explorado.

- O seu melhor amigo é você mesmo. Independentemente do que houve, o ideal é continuar motivando-se com todo o conhecimento que foi obtido.

- Existem muitos outros doentes incompreendidos que, através da agressividade, mascararam o seu transtorno depressivo. A sua missão poderá ser de começar a ajudá-los de alguma maneira. Pois somos todos irmãos necessitados de queridos ombros amigos, o que remete à ideia de que ninguém poderá viver saudável estando numa ilha isolada, temos que ter algum tipo de contato humano, mesmo que seja o mínimo possível.

- Por fim, para aquele que achou que um dia estava completamente perdido, agora, pôde finalmente observar qual caminho trilhará, com essa sua nova mentalidade adquirida.

O LADO BOM DESSES TRANSTORNOS

Sabia que, geralmente, as pessoas que possuem esses transtornos são aquelas que têm um alto senso de responsabilidade? Elas são extremamente honestas, honradas, comprometidas, bem organizadas, possuem bom desempenho profissional e ainda são ávidas nos desafios sociais. Devido a sua preocupação excessiva com o que é correto, igualmente como a sua imagem será vista pelos demais, apresentam a vontade incessante de proporcionar a melhor solução possível para todas as partes envolvidas. De forma a evitar conflitos, discussões desnecessárias, ou alguma insatisfação que alguém possa ter com as suas breves (ou permanentes) ações.

Não existe um egoísmo propriamente dito, mas sim uma vontade em agradar o outro lado. Essas pessoas realmente se importam com que os outros pensam a seu respeito, aliás, gostam de demonstrar uma imagem confiável que advém do seu bom nome. Elas são práticas, altruístas, honestas, verdadeiras, humildes e muito perfeccionistas. Tem um bom coração, sabem ser discretas, ou engraçadas, são boas ouvintes, respeitam os argumentos dos outros, são reservadas, tímidas, aplicadas, severas, ou duras com elas próprias (ou muito exigentes), afetuosas, leais, carinhosas, carentes, gostam de um abraço (o que ás vezes é tudo o que querem receber depois de explicar o que lhes incomoda), inclusive recolhem-se quando estão ofendidas (só saindo quando são perdoadas), às vezes são temperamentais[128] e, por fim, são bem introvertidas. Basicamente, esse é o perfil das pessoas que estão **mais propensas** a desenvolver esses transtornos incapacitantes. Devido a essas informações, pode ser que alguma pergunta seja indagada neste sentido: não seria melhor não termos nenhuma dessas características para não desenvolvermos esses transtornos da mente? Quanto a isso, respondo da seguinte forma: ao analisarmos essas qualidades, podemos afirmar (com toda certeza) que pessoas assim são raras hoje em dia.

---

[128] O temperamento explosivo ocorre porque não sabem expressar em palavras, o que verdadeiramente lhes incomodava por dentro. Por isso é que são tão mal compreendidas na maioria das vezes.

Num mundo em conflito, onde a ganância impera, a desonestidade reina, ou a lei de quem é o mais belo (fisicamente) prevalece, e ainda termos indivíduos com esses ideais humanos? A meu ver, isso se compreende em algo notável e de digna admiração. Quanto aos transtornos decorrentes dessas características nobres de comportamentos, eles ocorrem (ou podem ocorrer) devido à **intensidade** dada a atitudes como: o perfeccionismo, ou a competitividade[129], ou o aspecto de controle (que foi anteriormente explicado neste livro). Enfatizamos que deve haver certo equilíbrio para não se criar condições que favoreçam o aparecimento das possíveis doenças da mente humana. Além do mais, é inteiramente possível domar as peculiaridades mentais (que possam aparecer) e ainda assim se manter íntegro. Depois de todas essas explicações, resta uma pequena pergunta: quais os ensinamentos que podem ser adquiridos com todos esses tormentos?

VIVENDO E APRENDENDO

Descobrirá que muito tempo se passou e muito se perdeu, mas duras lições foram (afinal) aprendidas. Uma delas diz que continuar se lamentando pelo o que aconteceu: não adiantará em mais nada. A outra insinua em realizar um novo começo ou uma nova vida de infinitos rumos ou decisões. Apesar de estar assustado, lá no fundo entende que se considera bem preparado para o que vier te atingir.

Compreenderá que não é ruim dizer "não" para os outros. Porque isso significa que está falando um grande "sim" para si mesmo. Ao estabelecer limites, saberá que existem situações que estão além do seu alcance: Sobre-pujá-las, talvez possa agradar aos outros. Mas não fará bem nenhum para a sua autoestima. Saberá que nunca é tarde para realizar grandes sonhos: devendo simplesmente persegui-los um de cada vez.

Assimilará que depois de todas as suas dificuldades, ou empecilhos, ou lutas, os seus ideais nunca foram seriamente destruídos: sua integridade continua intacta e uma nova pessoa mais sábia, compreensiva e compro-metida passou a prevalecer no seu interior. Entenderá que o pior do que fracassar é o medo de nunca querer errar: às vezes, o perfeccionismo parece mais como uma falha e o erro mais como um acerto. Distinguirá que não deve mais se comparar com os outros. Cada um tem a sua própria história

---

[129] Eventualmente, tencionamos a procurar muitas diferenças entre nós mesmos. Porém nunca pensamos na possibilidade de que todos somos (de certa forma) muito mais parecidos do que imaginávamos.

para contar. Ocasionalmente se ganha, de vez em quando se perde: O que se torna válido é não parar de "tentar" em todo esse complicado processo.

Perceberá que a concorrência não contribui para o progresso como haviam lhe ensinado. A cooperação soa algo bem mais agradável: a sua utilização transmite uma ideia beneficamente alcançável. Captará que as suas derrotas nem sempre significam perdas. Talvez isso seja uma maneira da vida segurar o seu voo para não sofrer uma grande queda: com a cabeça erguida entende a sua limitação. Esperando que num belo dia o sol lhe dê a esperança de que uma nova e saudável amanhã finalmente desperte.

Valorizará o momento do hoje: porque o futuro é incerto demais. A estrada é longa e o "agora" é a oportunidade de construir todo o seu plantio. Decidirá que, muitas vezes, a melhor saída é o perdão: o veneno do ressentimento corrói a alma, aniquila famílias e espalha discórdias. Não vale a pena deixar esse triste sentimento criar raízes. Em algum momento da vida, alguém ou alguma coisa irá ferir. Propondo tudo se resumir em quanto tempo levará para finalmente se perdoar, ou aos outros por essa imatura antiga ação. Resolverá dar valor para quem estava do seu lado nos momentos mais difíceis de sua vida: entendendo que apesar de todos os defeitos dessas pessoas, elas fizeram o impossível para te ajudar e as agradecerá por isso.

Considerará que as situações diversas, assim como o ambiente têm influência no seu humor: cabendo a ti a responsabilidade de como é que reagirá a todos esses estranhos eventos. Discernirá que leva muito tempo para tornar-se o arquétipo ideal que tanto deseja ser. Mas com força de vontade e a compreensão de que a perfeição não existe: poderá chegar um dia lá. Identificará que algumas pequenas coisas podem ser controladas e outras nem tanto. Por isso, sofrer nesse redemoinho de contradições não será uma resposta válida. No mínimo, aprender com as duras instruções parecem ser o primeiro passo para entender que tudo muda o tempo todo: restando por sinal a bela mensagem que diz para continuar sempre seguindo em frente.

Aceitará que ser adaptável torna-o mais flexível. O que é bom, pois todas as situações têm dois lados. Descobrirá que não será fraco se mudar a sua opinião para evitar confrontos desnecessários. Nem será derrota quando utilizar meios que destinam preservar a sua paz: isso é sinal de respeito próprio e prudência. Concordará que adquiriu muita paciência por esperar que os cenários se modifiquem. Antecipar quanto a isso pode não ser a saída ideal: restando, ao menos, relaxar para aguardar que novos bons ventos venham do horizonte, por fim soprar.

Por último afirmará que poderá realizar a mudança que gostaria de alcançar ao alterar a sua forma de pensar. Notou o quão forte se tornou por suportar tantas adversidades. Reconheceu o seu valor, as suas qualidades, as suas virtudes e conquistou o seu respeito próprio. Trajou até novas vestes. Sendo estas advindas do mais profundo autoconhecimento. Tornando-se o que nunca achou que um dia jamais seria: Uma nova pessoa, pronta e permanentemente completa. Renascida das cinzas de uma dura, invisível e perigosa batalha que subjugou milhões, mas que, com perspicácia, pôde neutralizá-la.

CONSIDERAÇÕES FINAIS

As técnicas empregadas são relativamente simples e podem ser empregadas por qualquer pessoa. Sendo válido apenas que se façam algumas mudanças de raciocínio. Outro ponto importante foi que, "muitas vezes", certas ideias foram propositalmente repetidas para que se fixassem na mente do leitor. De fato, alguns ensinamentos podem ter ficado mal compreendidos, dada a extensa variedade de informações que foram exemplificadas. Quanto a isso, peço as mais sinceras desculpas antecipadas. Como antes informado, o objetivo deste livro é trazer conforto e alívio para todos aqueles que sofrem com esses agravantes incapacitantes. Por isso, cada palavra foi cuidadosamente escolhida na medida do possível, no sentido de não causar qualquer espécie de má interpretação para aqueles que estão tentando entendê-las.

Note que sempre haverá um grande "porém" quanto ao assunto dos problemas da mente. É perfeitamente normal que os sintomas surjam novamente de forma inesperada. Contudo, com as devidas técnicas ensaiadas, aliados aos conhecimentos desenvolvidos, será possível coibir a evolução desses distúrbios insistentes. No que consta sobre a depressão, a fobia social, o transtorno obsessivo compulsivo e a síndrome do pânico, posso dizer que foram colhidas durante muitos anos diversas informações cruciais, somados com inúmeras experimentações próprias de pensamentos, de forma que se atingisse a uma elucidação justa para esses quatros incapacitantes.

Durante muito tempo de análises, estudos, conclusões e também de infindáveis questionamentos, deparei-me com uma resposta adequada para todos esses tormentos. Nada melhor do que alguém que passava por toda essa condição preocupante (e sem qualquer resultado satisfatório) para poder encontrar um método que desfizesse essas amarras invisíveis.

Onde não existia mais ninguém para ajudar, encontrei a resposta perdida dentro do meu próprio interior. Transformei-me no meu próprio objeto de experimento. Fui o meu próprio professor, o meu eterno médico, o meu mais novo aluno e o meu mais sincero grande motivador.

No decorrer dos anos, seguindo satisfeito com os meus projetos pessoais e vivendo absolutamente livre de qualquer transtorno de cunho incapacitante, vislumbrei a quantidade de pessoas que ainda sofriam com esse intenso mal. Percebi que muitos deles se suicidaram, outros desesperados (sem soluções) pensavam imediatamente em colocar esse plano em prática. De outra extremidade, existiam aqueles que somente iam suportando (e levando as suas vidas como podem) sem ao menos imaginar quando é que poderiam ficar novamente sadios. Prontamente, questionei a real possibilidade de haver alguma chance de ajudar (com o que aprendi) os outros que não encontravam a efetiva solução para os seus suplícios. Nesse ímpeto de paixão, tornei presente este livro, com o propósito de partilhar com todos os interessados um método que trouxesse excelentes resultados.

Assim, nasceu esta pequena obra, pronta a fazê-los aceitar que existe uma grande chance de recuperação para os seus transtornos incapacitantes. Cabendo somente ao leitor escolher se vai se arriscar com os ensinamentos oferecidos. Lembrando que conhecimento nunca é demais faz bem à mente, ao coração e pode salvar uma vida. No mais gostaria de agradecer a todos os médicos, os psicólogos e os demais profissionais da saúde que aderiram à profissão mais bonita que existe que é a de salvar vidas. Por fim, desejo aos leitores o melhor que possam absorver ou aplicar com o conteúdo que foi demonstrado. Anseio com muita intensidade que todos possam conquistar verdadeiramente a plena saúde mental e emocional.

Portanto: chega de armadilhas, ou laços mentais e basta de sofrimentos desnecessários. Reine de agora em diante a plena e sonhada vitória. Inspire-se sabendo que esses ensinamentos não são exclusivamente meus, mas sim respectivos a todos vocês. Um grande abraço e fiquem com Deus.

FASE DE BÔNUS I

COMO LIVRAR-SE DO CIGARRO

Fuma durante muitos anos e não aguenta mais? Já tentou de tudo, mas sempre volta para o vício? Ainda tem o agravante do amontoado de problemas que surgem na vida dificultando de largá-lo? Sente-se angustiado, agressivo, nervoso e ansioso sem o cigarro? Quando não "tem", fica raivoso. Porém, quando usufrui o bendito, pensa em parar. Meio que contraditório não acha?

Apesar de todos os males, a impressão que dá é que ele é o seu único e fiel amigo. Aquele que não te deixa na mão nas horas mais cruéis, estando presente em qualquer momento da sua vida (quando desejar chamá-lo). Basta somente ascendê-lo e como num passe de mágica: *Shazam*! Aí está o seu prazer e a sua alegria. Isso que é a verdadeira fidelidade, não concorda? Mesmo que obscuramente – apesar da aparente agradabilidade que ele proporciona – exista um pequeno grande detalhe. Algum dia esse velho companheiro de guerra irá te enterrar.

– O quê? Jamais! Nem quero pensar nisso. Vira essa boca para lá, rapaz.

Ok! O clima pode ter ficado um pouco pesado depois desse direto comentário. No entanto, infelizmente, é isso mesmo que vai acontecer. Restando-lhe a seguinte pergunta: ainda quer continuar fumando depois disso?

– Sim, porque nada do que disser irá me fazer desistir do meu único parceiro de aventuras.

Tudo bem, a escolha é totalmente sua. Ninguém vai impedi-lo ou forçá-lo a fazer algo contra a sua vontade. Portanto faça o que melhor lhe agrade ou te dá sustentabilidade. Na verdade fica mais o alerta do grande risco em continuar com o seu camarada ilusório. Podemos prosseguir o raciocínio se compararmos o ato de fumar como sendo (mais ou menos) como uma espécie de filme de romance, misturado com certa dose de suspense.

Nesse cenário hipotético, imagine que o seu cigarro fosse (na verdade) uma bela de uma pessoa charmosa, intrigante e admirável que lhe encantou. Por isso foi assumido um compromisso que já perdura por muitos anos. Obviamente o seu grande amor traz a segurança, o conforto e o bem estar necessários para manter esse ansioso relacionamento. Porém, lamentavelmente, devido alguns sinais (claros) existe certa desconfiança que se firmou na sua mente, em que você percebeu que a sua parceira (ou o seu parceiro) têm algumas tendências meio que psicóticas.

A sensação que dá é que ela (ou ele) possui uma faca escondida pronta para te apunhalar (a qualquer momento). Mesmo que não consiga imaginar como seria a sua vida sem ela(e). Ou apesar de confiar na fidelidade da(e) sua(seu) carinhosa(o) amada(o). Lá no fundo, algo lhe diz que um dia ela(e) irá mesmo te matar. Só não sabe quando, nem deseja que isso lhe aconteça. Pode até acontecer isso com outras pessoas. Ou quem sabe escape desse destino cruel? Preferindo se arriscar um pouquinho mais nesse estranho relacionamento. Nesse ímpeto de fuga da realidade, continua ignorando os pequenos sinais desse louco e intenso amor. Sinistro, hein?

Pois bem! Agora a pergunta que não quer calar. O que poderá fazer (e que nunca fez antes), mas que realmente possa funcionar para se livrar dessa enrascada? Isso se quiser mesmo se afastar desse relacionamento fadado ao fracasso. Como sabemos, a primeira regra de ouro para todo ou qualquer objetivo seja alcançado se deve pelo fator: **força de vontade**. E, aqui, especificamente, essa vontade refere-se ao ato de não querer mais fumar. É lógico.

Portanto devemos atacar essa verdadeira causa que faz cada pessoa acender o seu amigo(a) (falso) chamado de cigarro. Isto é, temos que combater o gatilho originário que sempre permite atender a essa ordem incontrolável. Sabe qual é?

> – *É o fosforo! Se eu não o acender, não terei as chamas para ativar o meu vício.*

É evidente! Mas isso não refreará a sua vontade quando esta se tornar mais agressiva. Na verdade, o que deve ser trabalhado mesmo é o ato de "gostar" de fumar. Por causa de ainda **gostar de fumar** que tem falhado em tentar parar. Sabia disso? Então, como uma pessoa vai descontinuar esse hábito se não combate antes esse primeiro grande desejo?

– Eu gosto de fumar cigarro de chocolate. Tem problema quanto a isso? 😊

É claro que não! Uma vez que isso não tão faz mal quanto fumar um cigarro de verdade. Não é? Mas obrigado por sua participação neste livro, bem como pelas suas perguntas criativas.

– Sou também viciado em bolo de chocolate com cobertura de morango. Sei que um dia isso irá me engordar, mas continuo comendo. 😊

Muito bem! Agora, voltando ao nosso assunto, perceberemos que, se combatermos esse gatilho de gostar de fumar, dificilmente voltaremos a fazer essa antiga (ou atual) ação. Não é verdade? Mesmo quando tivermos um novo problema no futuro. Mas sabe por quê? Porque a princípio não gostaremos mais de fazer essa questionável conduta. Concorda com essa minha linha de raciocínio?

– Não sei se posso acatar, mas concordarei discordando de suas ideias. Ps.: Achou que eu já tinha ido embora? 😊

Ok! Não vá embora ainda porque o livro ainda não terminou. Nessa perspectiva, vale mencionar a existência de dois aspectos muito interessantes nessa ação de acender um cigarro.

1. O primeiro baseia-se na forma da autoimagem que a pessoa faz de si mesma quando utiliza o seu vício.

É assertivo reconhecer que o ato de fumar traz uma visão poderosa na mente de um fumante, refletindo sensações de liberdade ou de importância ao seu alcance. Ao passo que a ideia que isso possa parecer eventualmente perigoso ou proibido torna tudo muito mais gostoso. Entretanto sabemos que essas sensações são falsas. Onde está a **liberdade real** se a pessoa está terminantemente presa no seu próprio vício? Essa ideia de liberdade parece não existir. Ou melhor, essa ilusão ficou fixada somente na cabeça do seu usuário. Observe que subsiste uma espécie de rebeldia demonstrada por todos aqueles que partilham dessa atitude viciosa. Note quantos personagens reais ou fictícios transmitem a sua virilidade por confirmarem que também fumam. O problema é que, se o cigarro não viesse acompanhado de uma infinidade de problemas de saúde, não estaríamos aqui (agora) incentivando as pessoas para largarem os seus particulares vícios.

2. A segunda questão refere-se ao comportamento de uma pessoa quando fuma.

Como a ideia de liberdade, poder e interatividade estão fortemente presentes na mente do fumante fica, por vezes, difícil conquistar esse espaço de sociabilidade, **sem, ao menos, estar acompanhado do seu vício respectivo**.

Causando, assim, um forte receio (ou certa insegurança) de não poder largar o seu cigarro, por temer demonstrar que tipo de pessoa realmente é sem a segurança de sua famosa dependência. Por exemplo: um(a) jovem pode ficar encabulado(a), ou tímido(a), ou receoso(a), ou insuportável, ou antipático(a), ou qualquer outra característica que cause desaprovação para si, ou para os outros num ambiente social diversificado.

Em outras palavras, temos esses fatores que "impossibilitam" uma pessoa de largar o seu vicio[130]: a) a insegurança; b) a sensação de poder ou de liberdade; c) a interatividade nos grupos sociais; d) a ideia de ser uma pessoa descolada. É claro que os inúmeros componentes contidos no cigarro colaboram em muito nessa sensação de dependência tanto física quanto emocional, transformando a tarefa muito mais complicada do que o normal, em deixar esse vício mencionado. Ao entendermos esses parâmetros, perguntamo-nos: o que podemos considerar de uma pessoa que fuma, num mundo repleto de indivíduos que condenam essa danosa atitude?

A meu modo de ver o fumante é uma tímida pessoa incompreendida que se preocupa com a opinião dos outros a seu respeito. Assim como é sonhadora, vaidosa, ansiosa, triste, não gosta do seu físico, ou de si mesma e gostaria de abandonar a sua dependência, mas, por medo de sofrer, não o faz por conta do receio de não poder encontrar apoio em outro lugar mais acessível. Assim, ela(e) segue com o seu vício **na esperança de algum dia poder largá-lo**[131].

---

[130] Existem outros motivos, mas prefiro manter somente a essas características importantes e não me estender além do necessário.

[131] Não concorda com isto? Então, prove-me parando de fumar. Ps.: Queremos somente o seu bem. Por isso, não se zangue com essa colocação de ideias. O nosso objetivo é fazê-lo(a) largar do seu vício terrível.

– Para mim, é ao contrário. O meu vício tenta me rejeitar, mas eu não o deixo. Certo dia ele quase escapou pela janela, porém fui mais rápido e o segurei pelo rabo. Ps.: Sim! Também acho estranho ter um gato com nome de vício. 😄

Nessas análises finais, ressaltamos os seguintes entendimentos preponderantes:

1. Quando atacamos o gatilho "gostar" de fumar, será possível obtermos sucesso onde, por diversas vezes, fracassou-se.

2. Adquiriremos uma verdadeira liberdade palpável.

3. Não será mais aquela fantasiosa segurança que uma pessoa achava que estava desfrutando.

COMO LIDAR

Como sabemos que o gatilho é o ato de gostar de fumar, então, tudo o que uma pessoa terá que fazer é começar a odiar o cigarro. Como numa espécie de programação mental insistente, o fumante deve mudar o seu pensamento, no sentido de fazer o contrário do que ultimamente tem estipulado.

Passo I

A ideia é passar a enumerar todas as péssimas características do hábito de quem fuma, bem como no que de ruim esse aparato pode causar-lhe. Por exemplo, a pessoa deverá reiterar os seguintes dizeres: o cigarro fede, ou a fumaça fica impregnada na minha roupa, ou na minha pele, ou no meu cabelo, ou no ambiente que me encontro, ou ainda que me causa falta de ar, ou baixa a minha resistência etc. Inclusive, seria sensato analisar-se do seguinte modo: observe quando entrar no elevador e sentir o cheiro de uma pessoa que fede a cigarro.

Qual será sensação que isso irá lhe trazer? Ou nos outros? Por acaso, não terá uma má impressão? Pois é, meu amigo ou minha amiga, agora sabe que esse é o mesmo efeito que outras pessoas sentem quando ficam perto de você. Isso depois que acabou de pitar o seu vício. Em outro sentido, imagine a falta de fôlego que o cigarro ocasiona. Nem para subir as escadas ou fugir de alguma situação de emergência (quando for preciso), conseguirá fazer direito. O que fará no momento que um evento danoso exigir a sua aptidão total para salvar outra vida? Pense também nas doenças que envolvem o ato de fumar. Veja quantas pessoas morrem de câncer de pulmão todo ano. No entanto isso poderia ser muito bem evitado se tivesse abandonasse o seu terrível vício.

Sabia que, depois de diagnosticada a doença, fica muito mais difícil voltar a ser saudável? Aproveite para largá-lo enquanto não tem nenhum sintoma inesperado. Porque, depois, pode ser tarde. Reflita sobre o envelhecimento precoce que o vicio proporciona. Verifique como os dentes ou unhas ficam amarelados. Pense que os seus anos de vida irão ser abreviados. Cogite àquela pessoa especial que lhe abandonou só porque ela(e) odiava o cigarro. Reflita na piora da circulação sanguínea, no aumento da pressão arterial, nos problemas do coração, no aneurisma, na amputação de membros, na impotência, na dificuldade de concentração, no pigarro, no mau hálito, no câncer, na dor do estômago, no risco de derrame e no seu cansaço demasiado. Fora outros sérios problemas desconhecidos. Pensou em tudo isso? Ótimo! Agora idealize como seria o seu mundo sem o cigarro.

Passo II

Imagine que a sua vida sem o cigarro irá lhe proporcionar no aumento do fôlego, do ânimo, do bem estar, da disposição, da liberdade (isto é, a verdadeira), da saúde ideal e de mais dinheiro no bolso (devido ao valor alto de cada carteira hoje em dia. Além disso, ainda teremos: a) eliminação do mau cheiro; b) regularização da pressão arterial; c) diminuição da ansiedade; d) libido em alta; e) nível de oxigenação elevado; f) circulação sanguínea regularizada; g) função pulmonar mais ativa; h) redução das infecções; i) minimização do risco de câncer; j) ausência de amarelamento nas unhas ou nos dentes; k) freada do envelhecimento precoce; l) melhora da boa concentração; m) volta do olfato, ou do paladar; n) controle emocional completo; o) acidente cardiovascular evitado; p) muitos mais anos de vida.

Vislumbre aquela bela pessoa (ideal) sorrindo na sua direção, ao passo que você retribui (o sorriso) advindo de um hálito totalmente refrescante.

– O que é isso agora? Propaganda da Colgate?

APRENDENDO A LIDAR

Mais ou menos isso. Idealize todas essas situações, assim como muitas outras, e **comece a odiar o cigarro.** Feitos esses primeiros modos de pensamento, iremos, na sequência, agregar outras semelhantes boas explicações, com a intenção de informar as variadas atitudes mentais importantes que a pessoa deve fazer para "cessar" esse vício maligno.

a. Inicialmente, quando assumir esse compromisso de parar de fumar: nunca conte para ninguém que fará isso.

Estudos recentes chegaram à conclusão de que, quando se conta para as outras pessoas que vai realizar uma tarefa importante (como a de parar de fumar), o cérebro entende que metade do caminho já foi, de alguma forma, alcançado. Então, fatalmente, a motivação de realizar todo objetivo ficará comprometida pela metade. Seria como se o próprio ato de falar causasse uma momentânea sensação de prazer na pessoa, por causa de ter sido informado esse incrível evento. Logo não precisaria mais se esforçar "tanto" para completar o resto da dura caminhada. Resumidamente falando, podemos transmitir a seguinte mensagem: conte os seus planos para alguém se quiser que sejam seriamente frustrados.

b. Marque um dia para parar de fumar.

Como o seu objetivo é mesmo acabar com esse vício (por isso que está aqui lendo este capítulo), então o melhor é estipular um prazo para que a sua tarefa comece a ser iniciada. Não force a barra se ainda não se sentir preparado para dar a partida nesse seu projeto. Espere aquele dia ideal em que tem a certeza de estar pronto para terminar (sem hesitar) a sua relação com o seu amigo(a) psicopata. Tomando essa excelente ação mesmo que tenha uma carteira cheia à sua disposição. Na sequência, aproveite e jogue fora esse "maço" de uma vez. Será nesse dia de confiança que se fumará o seu "último" cigarro. Prepare-se mentalmente para mostrar quem está no controle das suas principais escolhas. Ou prefere que o seu vício defina como será o seu destino?

c. Cuidado com a palavra "não" e "nunca mais".

Essas palavras nem sempre são boas de se ouvir, parecendo ser o término de algo que nunca mais poderá ser feito. Quando se coloca a meta de que "nunca mais irá fumar", geralmente, a propensão em realizar esse ato tornar-se-á bem mais irresistível do que antes. Não concorda? Por isso que é muito difícil tomar uma importante atitude como a proposta. Ou seja, uma pessoa irá sabotar de alguma forma o seu projeto pessoal, se começar a pensar que jamais poderá realizar essa sua antiga ação que tanto gostava. Lembre-se daquela frase: "O proibido é muito mais gostoso". E essa informação torna-se extremamente verdadeira quanto ao assunto cigarro.

d. Maneire com o café e com as bebidas alcoólicas.

Cuidado com esses dois estimulantes que atiçam as clássicas dependências. O ser humano é uma criatura de hábitos, dentre esses, os ruins são os mais difíceis de lidar. Para não cair na antiga habitualidade de velhos comportamentos, nada melhor do que evitar alguns chamarizes da nicotina. O fumante não deve ficar se "testando" para saber o quanto se é realmente forte sem as suas velhas tentações, o melhor é diminuir a intensidade da cafeína e dar um tempo com a bebida alcoólica. Até se sentir apto a usá-las novamente e sem estar em conjunto às suas antigas ruins ações

e. Sempre existirão problemas a se resolver.

Outra questão que leva muita gente a não parar de fumar dá-se pelos problemas advindos do estresse, da baixa autoestima, das altas contas em vermelho, do desemprego, ou de empregos desmotivadores, ou de péssimos relacionamentos, ou de conflitos familiares, ou de maus chefes, ou dos transtornos diversificados etc. Quanto a isso, surpreenda-se pensando na impossibilidade de achar que algum dia os problemas finalmente desaparecerão por completo, somente se ascendendo um cigarrinho.

As dificuldades sempre existirão de algum modo, não adiantando querer encobri-las como desculpas para não parar certas condutas destrutivas que têm ultimamente realizado. Não seria sensato imaginar que o mero ato de fumar resolverá qualquer dura situação. Sabemos o quanto são difíceis as circunstâncias que se mostram à nossa frente, também entendemos como todos esses problemas são outra desculpa para não parar com o vício habitual. Em algum momento inoportuno, ocorrerá algum tipo de empecilho que fará com que essa vontade de fumar venha

APRENDENDO A LIDAR

novamente à tona, significando que se não der o primeiro passo nunca vai sair de onde está. Portanto mãos à obra e venha em direção à luz[132].

f. A vontade de fumar que aparece.

Essa vontade perdura mais ou menos de 10 a 15 minutos e some logo em seguida. Durante esse meio tempo, a pessoa ficará muito tentada em acender um cigarro. Poderá até ficar irritadiça, ansiosa, ou bastante deprimida momentaneamente. Mas não se espante quanto a isso, pois as emoções logo se regularizam. O que realmente deve ser feito é tomar um belo de um copo d'água nessa crise passageira. Esse ato aliviará o intenso desejo de fumar que bem conhecemos. O que certamente não será mais tão acentuado assim no decorrer das semanas.

g. A abstinência e seus efeitos.

Muitas vezes, o fumante por medo de sentir os efeitos da falta de nicotina, evita tentar largar o seu vício, o que é outra de suas muitas desculpas. Basta comparar esses sintomas de abstinência com os sintomas do malefício do cigarro e pensar: qual realmente é o pior?

h. Saudade da fumaça nos meus pulmões.

Sobre aquela sensação prazerosa de soltar a fumaça que percorre todo o sistema circulatório inundando os sufocados pulmões. O ex-fumante poderá saciá-la com uma boa e velha caneta. Observe que a mente ficou condicionada com essa imagem saudosa de prazer. Por isso quando esse extremo desejo vier à tona o indivíduo deverá supri-lo da seguinte maneira: coloque a caneta nos seus lábios, aspirando e soprando lentamente até perceber que satisfez essa antiga ansiedade. Isto é, terá que imitar como se estivesse fumando. Ao aplicar esses singelos movimentos quebrará o condicionamento desse antigo (e péssimo) hábito que ficou marcado profundamente na sua (doce) memória.

---

[132] Essa luz que estou me referindo não é as chamas do cigarro. Não use esta frase como desculpa para ascender outra vez o seu vício. Saiba que a única pessoa que está enganando é aquela que não quer ouvir a mais pura das verdades.

i. Odeie fumar.

Não se deve esquecer que o ex-fumante deverá projetar a ideia de que odeia (de verdade) o cigarro. Como por exemplo: fixando a imagem mental de que não suporta o cheiro, o fedor, as doenças, ou a indisposição que ele conduz. Ou ainda, afirmando que esse vício dará ansiedade, mal-estar, dor de cabeça, náuseas, cólicas, fedor, tremor, impotência etc. Uma boa dica seria em fazer essas mentalizações quando se preparar para dormir. Porque assim o cérebro trabalhará subconscientemente essas projeções fazendo que elas fiquem mais fixas (ou claras) para serem pensadas num outro dia.

A ideia é procurar criar as mais diversas sensações desagradáveis possíveis que existam e associá-las com o ato de fumar. Quer parar mesmo com o cigarro? Então, faça isso. Realizando esse procedimento (todas às noites ou dias), criará uma nova programação mental no seu cérebro, em que transmitirá essa vontade de fumar como sendo algo repulsivo. Lembrando que não basta somente pensar, mas também tem que ter o desejo de **sentir** o quanto é desagradável esse vício. No começo, parecerá ser difícil realizar essas tarefas. Contudo as repetições desses pensamentos trarão a mensagem certa no prosseguimento da sua meta.

> *– E se mesmo depois de todas essas afirmações de pensamento, a pessoa ainda acender um cigarro? Ou fumar um cachimbo de chocolate?* ☻

Se isso ocorrer ela não deveria recriminar-se. Aliás, quem sabe tenham feito isso para poder provar que podem fumar um único cigarro sem se viciar? Ou foi só um pequeno deslize? Ou foi só para se lembrar do gosto horrível de cinzas? Porém isso não importa. O importante mesmo é não se culpar ou nem usar esse lapso como desculpa para retornar com o seu antigo vício. O melhor é lutar, perseverar e se socorrer enquanto ainda existem forças para serem aplicadas nesse seu trajeto, dado que, com saúde, não se pode e nem se deve brincar.

Orgulhoso Viajante: *na vontade de vencer o grande inimigo o forte guerreiro empunhou a sua famosa espada. Com coragem adentrou sorrateiramente no campo de batalha. Mesmo com intenso receio focou-se no seu objetivo principal e assim obteve a sua tão sonhada vitória.*

Se for voltar a fumar (depois de muito tempo sem fazer isso), perceba o quão ruim é sentir esse gosto que fica amargo na sua boca. Guarde essa sensação, somando-a como outro motivo para não continuar com essa sua dependência. Registre na memória o quanto não se satisfez mais com esse vício tóxico. Reveja todos os ensinamentos e técnicas empregadas neste livro. Lembrando que não importa o que digam ou falem: o fumante é o único que tem o poder de parar essa precária conduta, assim como é o principal culpado se quiser continuar alimentando permanentemente a sua dor.

FASE DE BÔNUS II

ACNE

Para quem sofre de acne severa, a dica é a seguinte: não tome nenhuma medicação que tenha inúmeros efeitos colaterais ou que possa comprometer em definitivo a sua preciosa saúde. Se estiver receoso(a) que futuramente isso irá lhe prejudicar, então não utilize desse tipo de medicamento. Nem se desespere com a sua pele que está ruim nesse momento.

O grande segredo encontra-se dentro da sua alimentação. Se pesquisar na internet, encontrará pessoas que tiveram excelentes resultados para a sua acne quando resolveram fazer uma dieta balanceada, livrando-se de certos alimentos que continham excesso de gordura. Busque esse percurso, ao invés de outro que possa causar uma infinidade de efeitos adversos.

Não vale a pena ser enganado e sofrer por muitos anos por causa de alguém que lhe deu um remédio que prometia uma cura definitiva para o seu problema. No entanto isso comprometeria seriamente a sua saúde em outro desconhecido aspecto. Se começar a controlar o que entrará no seu organismo, a sua pele poderá melhorar. Quem sabe até se surpreenda com belo rosto, devolvendo-lhe um fantástico sorriso num requintado espelho qualquer?

FASE DE BÔNUS III

O HERÓI INTERIOR

Nessa ultima fase, teremos uma tirinha retirada da revista do Capitão América[133], juntamente a uma breve análise proveitosa. Prossiga lendo, é logo a seguir.

– O que está acontecendo agora? Seria um momento "zen" de revista em quadrinhos?

Mais ou menos isso. A ideia é deixar este livro agradável para os leitores e não causar qualquer tipo de confusão.

– Eu estou confuso, e agora?

Se estiver sentindo confuso, respire profundamente e leia novamente este livro. Faça isso todas as vezes que se sentir atacado pelos transtornos incapacitantes.

– Não estou confuso quanto a isso. Estou meio incomodado para saber quando este livro irá acabar. Cansei de ficar lendo o tempo todo. Quero assistir a algum filme de comédia.

Ok, não se preocupe. Depois destas páginas, será o fim. Um grande abraço.

– Também não precisa ir já se despedindo assim. Eu me sinto um pouco sozinho aqui. Será que daria para escrever outros livros para eu te visitar mais vezes?

Quanto a essa questão, não saberia como responder adequadamente. Talvez, futuramente, conceba outros livros nessa direção. Isso, é claro, se alcançar boas respostas para aqueles que necessitam de auxílio.

---

[133] História originalmente retirada de *Captain America*, 326 (Fev. 1987, Marvel).

– *Então, só se fizer sucesso irá escrever outras obras?*

De certa forma, seria isso mesmo.

– *Vixe! Então, eu sinto muito, doutor. O seu livro não é tão interessante assim quanto o senhor imagina.*

Ok, obrigado pela sua sinceridade.

– *Posso fazer uma ultima pergunta? Por que não escolheu o Batman? Ele é bem melhor que o Capitão América.*

Figura 1 – Capitão America: o herói interior

Fonte: *Editora Abril Jovem*, n. 134, p. 22, 1990

Podemos analisar essa história da seguinte maneira, se colocarmos em entendimento tudo o que foi descrito neste livro.

a. Existe um vilão originário que criou armadilhas mentais enganadoras para criar a ideia de que o suicídio é uma boa saída.

b. Os falsos familiares ilusórios instigando a cometer suicídio são os maus pensamentos.

c. O poder de escolha cabe somente à pessoa fazê-lo.

d. Depois que o nosso famoso herói se recusa em cometer esse ato extremo, o vilão originário aperta um novo botão para lhe proporcionar outra espécie de aflição, de modo que possa derrotá-lo de alguma maneira.

e. Nossos familiares e amigos verdadeiros jamais gostariam que tomássemos essa atitude de por um fim às nossas vidas.

f. Todos nós temos o nosso herói interior. Basta apenas ativá-lo.

Obrigado, Capitão, pela lição!